Rahmenbedingungen und Handlungsspielräume europäischer Außenpolitik im Zeitalter Ludwigs XIV.

ZEITSCHRIFT FÜR HISTORISCHE FORSCHUNG

Vierteljahresschrift zur Erforschung des Spätmittelalters u. der frühen Neuzeit

Herausgegeben von

Johannes Kunisch, Klaus Luig, Peter Moraw
Volker Press

Beiheft 11

Rahmenbedingungen und Handlungsspielräume europäischer Außenpolitik im Zeitalter Ludwigs XIV.

Herausgegeben von

Heinz Duchhardt

Duncker & Humblot · Berlin

Die Deutsche Bibliothek – CIP-Einheitsaufnahme

Rahmenbedingungen und Handlungsspielräume europäischer Aussenpolitik im Zeitalter Ludwigs XIV. / hrsg von Heinz Duchhardt. – Berlin : Duncker und Humblot, 1991.
(Zeitschrift für Historische Forschung : Beiheft ; 11)
ISBN 3-428-07208-1
NE:Duchhardt, Heinz [Hrsg.]; Zeitschrift für Historische Forschung / Beiheft

Satz: Klaus-Dieter Voigt, Berlin 61
Druck: Berliner Buchdruckerei Union GmbH, Berlin 61
Printed in Germany

ISSN 0931-5268
ISBN 3-428-07208-1

Vorwort

Auf dem 38. Deutschen Historikertag in Bochum fand am Vormittag des 28. September 1990 eine Sektionssitzung „Rahmenbedingungen und Handlungsspielräume europäischer Außenpolitik im Zeitalter Ludwigs XIV.“ statt. Die damals gehaltenen und diskutierten Referate werden – z. T. in erweiterter Form und unter Berücksichtigung von Gesichtspunkten, die in der Aussprache eine Rolle gespielt haben – nunmehr der interessierten Öffentlichkeit zugänglich gemacht.

Es ist hier nicht der Ort, über das seit einigen Jahren auch in Deutschland zu beobachtende neue Interesse an internationaler Politik und zwischenstaatlichen Beziehungen zu reflektieren – ob, was zu vermuten ist, etwa auch die Gegenwartserfahrung des Aufbrechens mächtepolitischer Grundstrukturen, denen eigentlich eine große Konstanz und Festigkeit unterstellt werden mußte, bis in die historischen Wissenschaften ausstrahlt und Fragen provoziert nach dem Gestaltungswillen von Einzelpersönlichkeiten und Völkern, nach kollektiven Ressentiments und Antihaltungen, die der Außenpolitik eines Staates eine andere Richtung zu geben vermögen, mag deswegen auf sich gestellt bleiben. Wenn man sich indes dafür entscheidet, für die Frühe Neuzeit exemplarisch die Faktoren, die Außenpolitik bedingen, und die Mechanismen und Ko- bzw. Adhäsionskräfte, die staatliches Neben- und Gegeneinander gestalten und verändern, zu illustrieren, dann drängte sich das Zeitalter Ludwigs XIV. förmlich auf: ein gutes halbes Jahrhundert, das im zwischenstaatlichen Raum ganz ungeheuer bewegt war, weil die Staatenkonkurrenz und die Fürstenrivalität bisher unbekannte Dimensionen erreichte. Grundmoment und Motivationskern dieses Neben- und Gegeneinanders der Staaten war zum einen der Kampf um Plazierungen und Positionen in einer neuen, für Festschreibungen und Veränderungen noch offenen Staatengesellschaft, für die die Fürsten als die eigentlichen dynamischen Elemente des Zeitalters alles Verfügbare zu instrumentalisieren suchten bis hin zum eigentlich grundlos vom Zaun gebrochenen Krieg; zum anderen stand die Epoche vor der Herausforderung erdrückender Großmachtsysteme, die es abzuwehren oder denen es sich zu beugen galt. Das Zeitalter Ludwigs XIV. erlebte vor dieser Folie den Kollaps des Friedenssystems von 1648 und das Suchen nach einem neuen Regulativ der internationalen Politik, das man gegen Ende des Jahrhunderts mit der Formel vom Gleichgewicht der Kräfte dann auch gefunden zu haben glaubte, es erlebte eine ungeheure militärische Anspannung und Eskalation, die sich in einer Fülle von Kriegen verschiedener Abschattierungen, die der Epoche eine ganz eigentümliche Signatur verliehen, entluden, es erlebte den fast ideologischen Zusammenprall von Herrscherpersönlichkeiten und nicht zuletzt auch qualitative Veränderungen im Völkerrecht. Im vorrevolutionären Europa ist dies die Epoche, in der Statik und Beharrung gegenüber Veränderung und Beschleunigung in der internationalen Politik am weitesten zurücktraten.

Die hier vorgelegten fünf Beiträge fragen einerseits nach der Typik bestimmter Konflikte und Phänomene der internationalen Politik, d.h. suchen die für die Epoche typischen Faktoren, die für Krisen und Kriege verantwortlich waren, zu präzisieren (Kunisch) bzw. thematisieren im Längsschnitt Probleme der Kriegführung (Sicken) und der „ideologischen Unterfütterung" von Konflikten (Burkhardt). Andererseits werden in zwei „nationalen" Studien die außenpolitischen Konzeptionen, Optionen und Zwänge zweier dominierender Staaten und Fürstenpersönlichkeiten sowie das Zusammenspiel von Innen- und Außenpolitik in Frankreich (Malettke) und England (Recker) schärfer und neu beleuchtet.

Den Autoren gilt ein erster Dank, weil sie sich nicht nur von der der Sektion zugrundeliegenden Idee haben „anstecken" lassen, sondern auch ihre Beiträge sehr zügig druckfertig gemacht und damit erst die Voraussetzung geschaffen haben, daß diese Bochumer Sektion rasch in das wissenschaftliche Gespräch gebracht werden kann. Johannes Kunisch bot unmittelbar nach der Sektionssitzung spontan an, daß die Vorträge in der von ihm mitherausgegebenen Reihe der Beihefte zur Zeitschrift für Historische Forschung publiziert werden; die Mitautoren und der Herausgeber wissen sich ihm und dem Verlag, der das verlegerische Risiko einging, in besonderer Weise verbunden. Meine Mitarbeiter in Münster haben mich in der Phase der Vorbereitung der Sektion und beim Redigieren der Manuskripte nach Kräften zu entlasten gesucht; auch dafür sei herzlich gedankt, insbesondere Dagmar Schnelle M. A.

Münster, im März 1991

Heinz Duchhardt

Inhaltsverzeichnis

Der Nordische Krieg von 1655 - 1660 als Parabel frühneuzeitlicher Staatenkonflikte

Von Johannes Kunisch, Köln

Gerade in der deutschen Geschichtswissenschaft wird vielfach noch immer die Auffassung vertreten, daß die „Haupt- und Staatsaktionen“ im allgemeinen und die der frühen Neuzeit im besonderen ein Szenarium darstellen, das von absoluter Willkür und Beliebigkeit geprägt ist. In der Geschichte des Nordischen Krieges, eines scheinbar lokalen Ereignisses an der Peripherie des sich formierenden Staatensystems, läßt sich jedoch der Nachweis führen, daß es eine ganze Reihe von Faktoren gibt, die das mächtepolitische Geschehen der frühen Neuzeit in struktureller Perspektive zu erfassen vermögen[1].

Zunächst ist auf die dynastische Komponente hinzuweisen. Wie ich an anderer Stelle schon ausgeführt habe, beschwor jedes Erbfolgeproblem

---

1 Vgl. zur Einordnung dieses Krieges in die Geschichte des frühneuzeitlichen Staatensystems *Klaus Zernack,* Das Zeitalter der Nordischen Kriege von 1558 - 1809 als frühneuzeitliche Geschichtsepoche, in: ZHF 1 (1973), 55 - 79, und *Stuart Oakley,* War in the Baltic, 1550 - 1790, in: The Origins of War in Early Modern Europe, hrsg. von Jeremy Black, Edinburgh 1987, 52 - 71. Die neueste Gesamtdarstellung aus militärhistorischer Perspektive hat *Eckhardt Opitz* vorgelegt: Österreich und Brandenburg im Schwedisch-Polnischen Krieg 1655 - 1660. Vorbereitung und Durchführung der Feldzüge nach Dänemark und Pommern (Wehrwissenschaftliche Forschungen, 10), Boppard 1969. Zum Gesamtpanorama der Zeit auch *Carl J. Friedrich,* Das Zeitalter des Barock. Kultur und Staaten Europas im 17. Jahrhundert, Stuttgart 1954, hier bes. das 8. Kapitel: Die östlichen Dynastien: Habsburg, Romanow, Hohenzollern und Wasa – 1610 - 1660, 256 - 280; *Pierre Jeannin,* L'Europe du Nord-Ouest et du Nord au XVIIe et XVIIIe siècles, Paris 1969, und *Johannes Kunisch,* Absolutismus. Europäische Geschichte vom Westfälischen Frieden bis zur Krise des ancien régime (UTB, 1426), Göttingen 1986, 130ff. und 157 - 171. Zu den Grundfragen der Staatenpolitik des 17. Jahrhunderts darüber hinaus: *Konrad Repgen,* Kriegslegitimationen in Alteuropa. Entwurf einer historischen Typologie, in: HZ 241 (1985), 27 - 49.

Ich will mich im Zusammenhang dieser Untersuchung nicht darauf einlassen, den Nordischen Krieg unter dem von Michael Roberts gegebenen Stichwort der sog. „Militärischen Revolution“ zu erörtern. Die von Roberts genannten Eckdaten 1560 - 1660 scheinen das hier behandelte Kriegsszenarium zwar ausdrücklich einzubeziehen. Aber Kategorien wie ein Zeitrahmen von hundert Jahren und der von Roberts und neuerdings auch Parker verwendete Revolutionsbegriff erscheinen mir zu vage, um sie für das Anliegen dieser Studie nutzbar zu machen. Auf Einzelaspekte beider Systematisierungsversuche wird gleichwohl einzugehen sein. Vgl. *Michael Roberts,* The Military Revolution, 1560 - 1660, in: ders., Essays in Swedish History, Minneapolis 1967, 195 - 225; eine deutsche Übersetzung dieses Aufsatzes in: Absolutismus, hrsg. von Ernst Hinrichs (Suhrkamp Taschenbuch Wissenschaft, 535), Frankfurt a.M. 1986, 273 - 309; *Geoffrey Parker,* Die militärische Revolution. Die Kriegskunst und der Aufstieg des Westens 1500 - 1800, Frankfurt a.M. 1990.

einer Dynastie eine Krise des Staatswesens in seiner Gesamtheit und damit beinahe zwangsläufig auch den Konflikt mit solchen Mächten herauf, die bei der Aufteilung des Erbes nicht abseits stehen wollten[2]. Es waren immer wieder die inneren, auf Thron- und Erbfolgestreitigkeiten beruhenden Krisen der Fürstenstaaten, welche die Mächtepolitik des Ancien régime beherrschten und die Voraussetzungen für die großen Umverteilungen der politischen Gewichte in Europa schufen. Sie stellten Länder und Territorien als „erledigt" zur Disposition, deren politischer wie staatsrechtlicher Zusammenhalt auf der alles verbindenden Klammer der Krone oder der Dynastie beruhte. Als strukturelle Voraussetzung absolutistischer Staatenpolitik ist deshalb im Auge zu behalten, daß die Fürstenstaaten des Ancien régime noch keine geschlossenen, eindeutig umgrenzten Gebilde wie die Nationalstaaten der späteren Neuzeit darstellten; ihre Staatlichkeit beruhte vielmehr auf der Dynastie. Geriet diese durch eine Thronvakanz in eine Krise, war auch die Monarchie in ihrer territorialen Integrität bedroht und ein Staatenkonflikt in der Regel unvermeidlich.

Die Erbfolgeproblematik zumindest der großen Dynastien war demzufolge ein maßgeblicher Faktor frühneuzeitlicher Staatenpolitik. Sie ist in ihrer Bedeutung auch an dem Aufschwung ablesbar, den die wissenschaftliche Erörterung dieses Themas im Laufe des 17. und 18. Jahrhunderts genommen hat. Der mit Arbeiten zu den genealogischen Implikationen mächtepolitischer Zusammenhänge schon mehrfach hervorgetretene Rechtshistoriker Armin Wolf hat kürzlich auf ein umfangreiches, 1712 erstmals erschienenes Kompendium des seinerzeit als Königlicher Hofgerichtsreferendar tätigen Christoph Hermann Schweder hingewiesen, das den aufschlußreichen Titel trägt: „Theatrum historicum praetensionum et controversiarum illustrium in Europa Oder Historischer Schauplatz der Ansprüche und Streitigkeiten Hoher Potentaten und anderer regierender Herrschaften in Europa, Darinnen vorgestellet wird Der Ursprung, die Gründe, Gegen-Antworten, und der ietzige Zustand der meisten und wichtigsten

---

[2] *Johannes Kunisch,* Staatsverfassung und Mächtepolitik. Zur Genese von Staatenkonflikten im Zeitalter des Absolutismus (Historische Forschungen, 15), Berlin 1979; *ders.,* Hausgesetzgebung und Mächtesystem. Zur Einbeziehung hausvertraglicher Erbfolgeregelungen in die Staatenpolitik des ancien régime, in: ders. (Hrsg. in Zusammenarbeit mit Helmut Neuhaus), Der dynastische Fürstenstaat. Zur Bedeutung von Sukzessionsordnungen für die Entstehung des frühmodernen Staates (Historische Forschungen, 21), Berlin 1982, 49 - 80; *ders.,* Staatsbildung als Gesetzgebungsproblem. Zum Verfassungscharakter frühneuzeitlicher Sukzessionsordnungen, in: Gesetzgebung als Faktor der Staatsentwicklung (Der Staat, Beiheft 7), Berlin 1984, 63 - 88. Vgl. ferner auch *Hermann Weber,* Die Bedeutung der Dynastien für die europäische Geschichte der frühen Neuzeit, in: Das Haus Wittelsbach und die europäischen Dynastien, München 1981 (zugleich ZBLG 44/1), 5 - 32; *Ernst Otto Czempiel,* Strukturen absolutistischer Außenpolitik, in: ZHF 7 (1980), 445 - 451. Eine Fülle von Anregungen bietet jetzt auch der Sammelband: Das spätmittelalterliche Königtum im europäischen Vergleich, hrsg. von *Reinhard Schneider* (Vorträge und Forschungen, 32), Sigmaringen 1987.

Praetensionen, welche die in Europa regierenden Potentzen und Herrschafften gegen einander theils annoch haben, theils aber nach geschlossenem Westphälischen und Pyrenaeischen Frieden untereinander abgethan und beygeleget; Aus Historicis, Actis Publicis, Deductionibus, Informationibus und andern Scribenten zusammen getragen, auch hin und wieder mit genealogischen Tabellen erläutert Von Christoph Hermann Schweder, ..., Leipzig 1712" (Abb. 1)[3]. Auf dem Frontispiz dieses aufwendig ausgestatteten Foliobandes sind in der Mittelpartie des Kupfers links und rechts des lateinischen Titels vier Frauengestalten angeordnet, die sich durch entsprechende Inschriften als Personifikationen der Historia (mit den Flügeln der Muse Klio, einer Feder und einem aufgeschlagen vorgezeigten Buch), der Geographia (mit ausgerollter Landkarte), der Jurisprudentia (mit aufgeschlagenem Buch und den Aufschriften *Jus naturae et gentium* und *Jus civile et feudale*) und der Genealogie (mit entrolltem Stammbaum) zu erkennen geben (Abb. 2). Sie repräsentieren jene Wissenschaften, mit deren Hilfe die „Ansprüche und Streitigkeiten hoher Potentaten ... Aus Historicis, Actis Publicis, Deductionibus, Informationibus" und anderer Quellen offengelegt und registriert werden konnten[4].

Bemerkenswert ist nun, daß die auf dem Titelkupfer dargestellten Figuren zwischen den Sphären des Friedens und des Krieges angesiedelt sind. In der oberen Hälfte des Blattes ist offenkundig ein Vertragsabschluß mit der Ausfertigung der entsprechenden Dokumente abgebildet, während unten ein Feldlager und im Hintergrund ein Reitergefecht vor einer mit Artillerie bestückten Festungsanlage dargestellt ist. Die Gelehrsamkeit „in Jure publico vel Historia", deren Ergebnisse in diesem Handbuch ausgebreitet werden, tritt auf dem „Theatrum praetensionum" also als jene Instanz hervor, die den Ausschlag zwischen friedlichem Ausgleich und militärischer Auseinandersetzung zu geben scheint. Sie setzt durch die Aufdeckung und Dokumentation der erbrechtlichen und genealogischen Zusammenhänge die Maßstäbe, an denen sich die Entscheidung über Krieg und Frieden messen lassen muß.

Nun war dem Bearbeiter der zweiten Auflage, Adam Friedrich Glafey – einem Juristen, der ebenso wie Schweder bürgerlichen Standes war –, zwar durchaus bewußt, daß er sich mit diesem verschlüsselten und gleichwohl unmißverständlichen Anspruch auf ein Terrain begab, das im Zeitalter des

[3] *Armin Wolf,* Geographie und Jurisprudenz – Historia und Genealogie. Zum „Theatrum praetensionum ... in Europa", in: Jus Commune 14 (1987), 226 - 245. Eine 2., überarbeitete und stark erweiterte Auflage des Werkes von Christoph Hermann Schweder erschien 1726 unter Federführung von Adam Friedrich Glafey, der wie Schweder Jurist war.

[4] Zu Grundsatzfragen der Interpretation von Bildquellen dieser Art vgl. *Bernd Roeck,* Titelkupfer reichspublizistischer Werke der Barockzeit als historische Quelle, in: AKG 65 (1983), 329 - 361.

Chriſtoph Herrmann Schweders
THEATRUM HISTORICUM
PRÆTENSIONUM
ET CONTROVERSIARUM
ILLUSTRIUM,
Oder
Hiſtoriſcher Schauplatz
der Anſprüche und Streitigkeiten
Hoher Potentaten und anderer
regierenden Herrſchafften
in Europa,
Worinnen dargeſtellet wird
Der Urſprung, die Gründe, Gegen-Antworten, und der ietzige Zuſtand der meiſten und wichtigſten Prætenſionen, welche die in Europa regierenden Potentaten und Herrſchafften gegen einander theils annoch haben, theils aber nach geſchloſſenem Weſtphäliſchen und letztern Friedens-Schluſſe unter einander abgethan und beygeleget;
Aus Hiſtoricis, Actis Publicis, Deductionibus und andern Scribenten ans Licht geſtellet, anietzo aber ſuppliret und continuiret
Von
D. Adam Friedrich Glafeyn, JCto.
Nebſt einem vollſtändigen Real-Regiſter.

Leipzig, verlegts Moritz George Weidmann,
Sr. Königl. Majeſt. in Pohlen und Churfl. Durchl. zu Sachſ.
Buchhändler, 1727.

Abb. 1: C. H. Schweders Theatrum Historicum

Abb. 2: Schweders Theatrum Historicum, Frontispiz

Absolutismus in die alleinige Kompetenz der Herrscher und Kabinette fiel. So äußerte er in seiner Vorrede die Hoffnung, durch sein Unterfangen „den respect und [die] Consideration, welche ein Privat-Mann vor gecrönten Häuptern, souverainen Fürsten und anderen Regenten zu machen schuldig ist, keineswegs überschritten zu haben". Er habe vielmehr „bey keiner eintzigen Controverse zu decidiren" sich unterstanden, „sofern nur aufs höchste die künfftigen Deducenten in solchen Sachen zu besserer Meditation in Hebung der gegentheiligen Argumente aufgemahnt" und in Fällen, wo ihm das Thema zu delikat erschien, nur das Exzerpt geliefert, „ohne etwas von dem meinigen hinzuzuthun"[5]. Aber wie bei allen enzyklopädischen Kompendien des 18. Jahrhunderts, die ausschließlich den Wissensstand zu erfassen vorgaben und als Argumentationshilfen für die eigentlich Entscheidungsbefugten hervortraten, ist auch beim „Theatrum praetensionum" unverkennbar, daß sich die Absicht des Verfassers darauf richtete, durch die Offenlegung der erbrechtlichen Hintergründe Einfluß auf das mächtepolitische Geschehen zu nehmen und zugleich einen Diskurs darüber zu eröffnen, was bislang noch selbstbewußt und diktatorisch zu den „arcana imperii" gezählt wurde.

So ist ein Buch wie dieses auf seine Art ein Beitrag zu dem, was als „Strukturwandel der Öffentlichkeit" umschrieben worden ist. Dabei hielt man sich zugute, mit der Veröffentlichung einer systematischen, aufklärend bilanzierenden und nach Möglichkeit umfassenden Dokumentation aller erbrechtlichen Verbindungen und der daraus erwachsenden territorialen Ansprüche etwas durchaus Umwälzendes begonnen zu haben, obwohl es Bestrebungen, erbrechtliche Deduktionen und genealogische Belege bei der Durchsetzung von Machtansprüchen ins Feld zu führen, selbstverständlich auch vorher schon gegeben hatte[6]. Aber neu war in der Tat, daß man jetzt unabhängig von konkreten Konflikten handbuchartige Kompilationen vorlegte, die schließlich einen höheren Grad an Verrechtlichung und Transparenz der mächtepolitischen Beziehungen zur Folge hatten. Sie bildeten zusammengenommen jenes „Jus publicum Europaeum", wie es charakteristisch für die Staatsräson und das völkerrechtliche Instrumentarium des 17. und 18. Jahrhunderts geworden ist[7].

---

[5] *Wolf,* Geographie und Jurisprudenz (Anm. 3), 231.

[6] Ebd., 228f. Zu den fruchtbarsten Kompilatoren des 18. Jahrhunderts auf dem Gebiet der Staatsbeziehungen ist übrigens *Jean Rousset de Missy* (1686 - 1762) zu zählen, der neben einer Fülle meist vielbändiger „Recueils" ein (in der 2. Auflage dreibändiges) Kompendium mit dem Titel vorgelegt hat: Les intérêts et les prétensions des puissances de l'Europe, fondez sur les traitez depuis la Paix d'Utrecht inclusivement et sur les Preuves de leurs droits particuliers, La Haye 1735. Vgl. zur Bedeutung Roussets auch *Friedrich Meinecke,* Die Idee der Staatsräson in der neueren Geschichte, hrsg. und eingel. von Walter Hofer (Friedrich Meinecke, Werke, 1), München 1957, 302 - 320.

[7] *Carl Schmitt,* Der Nomos der Erde im Völkerrecht des Jus Publicum Europaeum, Berlin 1950.

Am Ende des Ancien régime (1801) war es Johann Gottfried Herder, der in einem bisher wenig beachteten Traktat die für die Staatenwelt der frühen Neuzeit zentrale Erbberechtigungsproblematik aufgriff und am Beispiel des Spanischen Erbfolgekrieges die Frage erörterte: „Entscheidet Krieg über Recht?“[8]. Dabei gelangte er von der Feststellung, daß die Plünderung der Habe eines Verstorbenen und die Aufteilung derselben unter die Ersten und Stärksten ein Akt offener Barbarei sei, zu einer scharfen Verurteilung aller bereits im Vorfeld des Krieges erörterten Teilungspläne. Alles dies zeige, führte er aus, daß den Staaten Europas „ein *Kodex der Erbfolgen* und mit ihm *ein Tribunal des Rechts der Wahrheit* gebühre, das verwaiste Nationen wie Hinterlassene in Schutz nehme und jedem zu seinem Recht [ver]helfe. Die geborenen Richter dieses Tribunals sind die *großen Pairs* von Europa, die höchsten Regenten selbst; *ein* großer Gedanke, *ein* kräftiger Wille in der Brust einiger von ihnen kann sie zu diesem hohen Werk, zu einer *sichern Norm aller Angelegenheiten dieser Art* vereinen“[9].

Herder knüpfte an diese Vision die Frage, ob es denn alle Regenten für ihre Pflicht gehalten hätten, in ihren Ländern und Häusern die Erbfolge festzulegen, um dem gehässigen Streit über den Leichnam zuvorzukommen oder ihn aufs eiligste zu schlichten. „Fordert es nicht“, fuhr er beschwörend fort, „der erste Begriff eines Rechts, einer Vernunft für das Wohl der Länder, die Regierung derselben, mithin auch die Erbfolge in Ländern und Reichen, so sicher zu setzen, daß über sie nie ein Krieg entstehen müsse, entstehen dürfte? Eben weil der gewaltsame Krieg alles Recht, weil er Vernunft und gemeinsame Konvenienz wie das Wohl der Staaten selbst aufhebt. Wer sein Recht nicht anders als durch die Faust beweisen kann, hat gewiß Unrecht“[10].

Ohne nun, setzte er hinzu, in die liebenswürdige Torheit eines St. Pierre verfallen zu wollen, ohne den Kodex der Erbfälle und Erbfolgen zusammentragen oder deren Gerichtshof einrichten zu können, gebe er die Hoffnung nicht auf, daß ihn ein großer Regent doch noch durchsetzen werde – dem Recht und der Vernunft zu Ehren. Herder glaubte, daß die Kriege schwerlich ausgerottet werden könnten. Aber er war der Auffassung, daß sie vermindert werden könnten, *„wenn man die Ursachen zu ihnen mindert.* Nicht anders als durch *Gesetze,* durch *Statuten der Vernunft,* durch *anerkannte Verträge* zum gesamten Wohl aller Nationen, kann dies geschehen; wer sie aufheben oder durchlöchern wollte, würde als ein *Gesamtfeind* nicht nur der europäischen Republik, sondern der Menschenvernunft behandelt“[11].

---

[8] *Johann Gottfried Herder,* Erbfolgekrieg. Entscheidet Krieg über Recht? (erstmals veröffentlicht 1801), jetzt wiederabgedr. in der Antologie: Ewiger Friede? Dokumente einer deutschen Diskussion um 1800, hrsg. von Anita u. Walter Dietze, Leipzig/Weimar/München 1989, 414 - 416.

[9] Ebd., 415.

[10] Ebd., 415f.

Herder stand mit solchen Überlegungen in der Tradition einer ganzen Gattung von Aufklärungsschriften, die sich mit der Frage auseinandersetzten, wie der Friede in Europa prinzipiell und ein für alle Mal sichergestellt werden könne[12]. Er nahm dabei vorsichtig distanzierend Bezug auf den berühmtesten dieser Traktate, die Friedensschrift des Abbé de St. Pierre von 1713, unterstrich aber auch seinerseits, daß als Forum für die Schaffung einer Friedensordnung in Europa ein Tribunal der großen Regenten in Betracht zu ziehen sei. Dort sollte seiner Auffassung nach der Streit über die Erbfälle geschlichtet werden. Die Ursachen aller Konflikte lagen jedoch in den Mängeln und Unklarheiten des Erbrechts, und hier sollte nach Herders Überzeugung auch mit der Friedenssicherung begonnen werden.

Mit diesen Hinweisen auf die publizistische Beschäftigung mit der in den Mächtebeziehungen immer beherrschender in Erscheinung tretenden Erbfolgeproblematik wird noch einmal deutlich, daß die geistige Durchdringung des mächtepolitischen Geschehens im 18. Jahrhundert eine neue Qualität erlangte. Erstmals traten nun die Ursachen und Zusammenhänge der erbrechtlichen Verwicklungen ins Kalkül einer breiteren Öffentlichkeit. Der erste Nordische Krieg, von dem hier im besonderen die Rede sein soll, nahm in dieser Entwicklung gewiß keine herausragende Stellung ein. Aber er ist auf dem Weg vom Westfälischen Frieden, mit dem auch Schweder sein „Theatrum praetensionum" eröffnete, zu den Kriegsszenarien des 18. Jahrhunderts doch eine Zwischenstation, die das mächtepolitische Konfliktpotential des Erbfolgeproblems deutlicher ins Bewußtsein treten ließ. Denn besonders beim Ausbruch dieses Krieges ging es um einen Thronfolgestreit.

Am 16. Juni 1654 war die Königin Christine von Schweden, die Tochter Gustav Adolfs, abgedankt[13]. Die Nachfolge trat ihr 32 Jahre alter Vetter Karl X. Gustav von Pfalz-Zweibrücken an, ein Sohn des Pfalzgrafen Johann Kasimir und der schwedischen Prinzessin Katharina, einer Schwester Gustav Adolfs. Ein Konflikt schien unausweichlich, als auch der König von Polen, Johann II. Kasimir aus der katholischen Linie der Wasa, Ansprüche auf den schwedischen Thron und das von Gustav Adolf ins Auge gefaßte Dominium maris Baltici, die Herrschaft über ein küstenumspannendes Ostseeimperium, erhob.

---

[11] Ebd., 416.

[12] Maßgeblich ist noch immer *Kurt von Raumer,* Ewiger Friede. Friedensrufe und Friedenspläne seit der Renaissance, Freiburg i.Br./München 1953. Vgl. ferner *Leonhard Krieger,* The German Idea of Freedom. History of a Political Tradition from the Reformation to 1871, Chicago/London 1957, und *Johannes Kunisch,* Friedensidee und Kriegshandwerk im Zeitalter der Aufklärung, in: Der Staat 27 (1988), 547 - 568 (mit weiteren Literaturhinweisen).

[13] Vgl. zu den grundsätzlichen Aspekten dieses Vorgangs *Michael Roberts,* Queen Christina and the General Crisis of the 17th Century, in: ders., Essays in Swedish History, 2. Aufl., London 1968, 111 - 137.

Es handelt sich hier um die gleiche Grundkonstellation, wie sie schon zu Beginn des Jahrhunderts geherrscht hatte, als König Sigismund III., der 1587 zum polnischen König gewählt worden war, sein Erbrecht auf den schwedischen Thron gegen den usurpatorischen Zugriff seines Onkels Karls IX., des Vaters Gustav Adolfs, nicht durchzusetzen vermochte[14]. Von diesem Zeitpunkt an entbrannte zwischen den beiden Linien ein permanenter und phasenweise erbitterter Konflikt um die Erbberechtigungsfrage, der erst mit dem Ende des Nordischen Krieges im Jahre 1660 beigelegt werden konnte. Er wurde zunächst um den Besitz von Livland ausgetragen und in einem eineinhalb Jahrzehnte währenden Krieg im Februar 1617 schließlich zu Gunsten Schwedens entschieden. Die Rivalität der beiden Wasa-Königtümer bestand gleichwohl fort und entbrannte mit unverminderter Heftigkeit, als 1654 das Erbe Königin Christines anzutreten war.

Ohne Zweifel ging es in all diesen Auseinandersetzungen auch um Machtfragen. In Thomas Hobbes besitzen wir einen Kronzeugen des 17. Jahrhunderts für die Erkenntnis, daß Macht und Machtstreben zu den Grundbefindlichkeiten der menschlichen Natur zu zählen sind. So äußerte er im 11. Kapitel seines 1651 erschienenen „Leviathan" die Überzeugung, daß „ein fortwährendes und rastloses Verlangen nach immer neuer Macht für einen allgemeinen Trieb der Menschheit" zu halten sei, der erst mit dem Tode erlösche. Daher komme es, fuhr er fort, „daß Könige, deren Macht am größten ist, ihre Anstrengungen darauf richten, diese im Innern durch Gesetze und nach außen durch Kriege zu sichern, und ist dies erreicht, so folgt ein erneutes Verlangen, bei den einen nach Ruhm durch eine neue Eroberung, bei anderen nach einem angenehmen Leben ..." Und dieser ununterbrochene Wettstreit um Reichtum, Ehre und Vorherrschaft führe zu Zwietracht, Feindschaft und Krieg[15]. Darüber hinaus ist aber auch im Konkreten offenkundig, daß Schweden seit dem Frieden von Stolbovo (1617) zielstrebig auf eine die Ostsee beherrschende Handelskontrolle mit allen dazu erforderlichen Territorialerwerbungen hinarbeitete; denn es war bei den ausgreifenden Zielen, die sich sowohl Gustav Adolf wie Karl X. gesteckt hatten, von Anfang an unumgänglich, die wirtschaftliche Schwäche Schwedens durch militärische Präsenz und die Schatzung fremden Handelskapitals zu kompensieren[16].

---

[14] Vgl. hier und im folgenden *Gotthold Rhode,* Kleine Geschichte Polens, Darmstadt 1965, 256ff.

[15] *Thomas Hobbes,* Leviathan, ed. with an Introduction by C. B. Macpherson, Harmondsworth 1968, 161; die deutsche Übersetzung in der Ausgabe: Thomas Hobbes, Leviathan, hrsg. und eingel. von Iring Fetscher (Politica, 22), Neuwied/Berlin 1966, 75f.

[16] *Klaus Zernack,* Schweden als europäische Großmacht der frühen Neuzeit, in: HZ 232 (1981), 327 - 357, hier 336ff., mit Hinweisen auf die wichtigste schwedische Literatur; *ders.,* Virtus politica im Militärstaat – Strukturprobleme der schwedischen Großmachtzeit, in: Idee – Gestalt – Geschichte. Festschrift für Klaus von See, hrsg. von Gerd Wolfgang Weber, Odense 1988, 325 - 337. Vgl. darüber hinaus die Standard-

Von entscheidender Bedeutung blieb ungeachtet aller offenkundigen Machtprätentionen jedoch das Erbrecht und die damit verknüpfte Frage der Legitimität des eigenen Machtanspruchs. Der Streit um dieses Recht war 1655 wie in den Konflikten zuvor der Auslöser der Feindseligkeiten zwischen Schweden und Polen und blieb der maßgebliche Faktor auch während der Kampfhandlungen. Gewiß war der Nordische Krieg keiner der klassischen Erbfolgekonflikte wie der Pfälzische, Spanische oder Österreichische. Aber auch an dem durch Jahrzehnte mit großer Erbitterung ausgefochtenen Streit der beiden Wasalinien ist ablesbar, welche Bedeutung dem Erbfolgeproblem für die Staatenkonflikte der frühen Neuzeit zugemessen werden muß.

Verschärft wurde dieser Erbfolgestreit durch einen zweiten Faktor frühneuzeitlicher Staatenpolitik, den konfessionellen Gegensatz[17]. Er war besonders ausgeprägt unter den beiden Linien des Hauses Wasa und schwelte, seit Sigismund III. 1587 zum König von Polen gewählt worden und aus diesem Anlaß konvertiert war. Beide Seiten, besonders Sigismund und sein späterer Kontrahent Gustav Adolf (1611 - 1632), fühlten sich als Wortführer ihrer konfessionellen Überzeugungen und verfochten ihren Standpunkt mit missionarischem Eifer. So gewann die ohnehin schon brisante Auseinandersetzung der beiden Linien noch eine zusätzliche Dimension, zumal der unversöhnliche Gegensatz der Konfessionen über die beiden Herrscherhäuser hinausgreifend auch in der Bevölkerung starken Rückhalt fand. Der Verlauf des Nordischen Krieges belegt nun zwar, daß man wie schon im Dreißigjährigen Krieg in beiden Lagern vielfach und bedenkenlos die religiösen Überzeugungen den Prinzipien reiner Staatsräson zu opfern bereit war. Und im übrigen zeigte sich, daß der Spannungsgrad konfessioneller Gegensätze sich allmählich abzuschwächen begann. Gleichwohl ist offenkundig, daß das religiöse Moment auch im späteren 17. Jahrhundert zu jenen Faktoren zu zählen ist, die – wenn nicht auslösend, so doch verschärfend – die Staatenkonflikte der frühen Neuzeit beeinflußt haben[18]. Neuere

---

werke von *Michael Roberts,* The Swedish Imperial Experience 1660 - 1718, Cambridge 1979; *ders.* (Hrsg.), Sweden's Age of Greatness 1632 - 1718, New York 1973 (darin vor allem der Aufsatz von *Sven Lundkvist,* The Experience of Empire: Sweden as a Great Power, 20 - 57); Europe and Scandinavia: Aspects of the Process of Integration in the 17th Century, ed. *Göran Rystad,* Lund 1983; vgl. ferner die das Ostseemächtesystem des 17. Jahrhunderts im Überblick skizzierenden Ausführungen von *Walther Mediger,* Mecklenburg, Rußland und England-Hannover 1706 - 1721. Ein Beitrag zur Geschichte des Nordischen Krieges, 2 Bde., Hildesheim 1967, hier Bd. 1, 122ff.

[17] Als grundlegende Fallstudien zu diesem Thema vgl. *Robert Bireley,* Religion and Politics in the Age of Counter-Reformation. Emperor Ferdinand II, William Lamormaini SJ., and the Formation of Imperial Policy, Chapel Hill 1981, und *ders.,* The Counter-Reformation Prince. Anti-Machiavellianism or Catholic Statecraft in Early Modern Europe, Chapel Hill/London 1990.

[18] Vgl. im einzelnen die Untersuchung von *Johannes Burkhardt* in diesem Band: Konfession als Argument in den zwischenstaatlichen Beziehungen.

Forschungen haben nachzuweisen vermocht, in welchem Maße selbst im Siebenjährigen Krieg noch religiöse Überzeugungen wirksam waren[19].

Züge des Parabelhaften trägt auch die Einstellung zu den Bündnissen, die man im Nordischen Krieg wie in allen Kriegen der frühen Neuzeit einzugehen gezwungen war. Sie ist gekennzeichnet von einer extremen Prinzipienlosigkeit, wenn man von den Maximen des eigenen Vorteils einmal absieht, und steht deshalb in starkem Kontrast zu den Leitvorstellungen einer konfessionell geprägten Staatsethik, der man sich vielfach auch in den Fragen der Allianzen verpflichtet fühlte[20]. In Staatsangelegenheiten, forderte Richelieu in seinem „Politischen Testament", müsse man aus allen Dingen Nutzen ziehen: „Was nützlich sein kann, darf nie mißachtet werden". Auch auf Bündnisse treffe dies zu. Oft sei ihr Resultat zwar ungewiß; aber man dürfe ihre Vorteile auch nicht unterschätzen. Einem großen Fürsten freilich riet er davon ab, sich im Vertrauen auf Bündnisse auf eine schwierige Unternehmung einzulassen; er müsse so stark sein, sie notfalls auch ohne Bundesgenossen zum Erfolg zu führen. Denn die kleineren Fürsten strebten danach, die großen in Aktionen zu verwickeln, aus denen sie allein ihren Vorteil zu ziehen suchten[21]. „Obwohl es eine sprichwörtliche Wahrheit ist, daß, wer Kraft besitzt, gewöhnlich auch recht hat, so ist es trotzdem unbestreitbar, daß bei einem Vertrag von zwei ungleichen Mächten die größere mehr als die andere Gefahr läuft, im Stiche gelassen zu werden. Die Reputation ist so wichtig für einen großen Fürsten, daß kein Vorteil den Verlust ausgleichen könnte, den er erlitte, wenn er Verpflichtungen nicht nachkäme, für die er sein Wort und seine Ehre verpfändet hat". Dagegen könne man jemandem, dessen Macht mittelmäßig ist, so viel bieten, „daß er seinen Nutzen seiner

19 *Johannes Burkhardt,* Abschied vom Religionskrieg. Der Siebenjährige Krieg und die päpstliche Diplomatie (Bibliothek des Deutschen Historischen Instituts, 61), Tübingen 1985.

20 Vgl. etwa die Empfehlung des Großen Kurfürsten an seinen Thronfolger, sich wegen des Reformierten Bekenntnisses an die Niederlande zu halten; *Kurfürst Friedrich Wilhelm,* Politisches Testament von 1667, abgedruckt in: Die politischen Testamente der Hohenzollern, bearbeitet von Richard Dietrich (Veröffentlichungen aus den Archiven Preußischer Kulturbesitz, 20), Köln/Wien 1986, 191. Vgl. zum Gesamtzusammenhang der Bindungen Brandenburgs an Holland *Gerhard Oestreich,* Politischer Neustoizismus und Niederländische Bewegung in Europa und besonders in Brandenburg-Preußen, in: ders., Geist und Gestalt des frühmodernen Staates. Ausgewählte Aufsätze, Berlin 1969, 101 - 156, und *ders.,* Fundamente preußischer Geistesgeschichte. Religion und Weltanschauung in Brandenburg im 17. Jahrhundert, in: ders., Strukturprobleme der frühen Neuzeit. Ausgewählte Aufsätze, Berlin 1980, 275 - 297. Zum Politischen Testament des Großen Kurfürsten *Richard Dietrich,* Die Väterliche Ermahnung des Großen Kurfürsten von 1667, in: ders. (Bearb.), Einleitung zu: Die politischen Testamente der Hohenzollern (wie oben), 35 - 54. Vgl. ferner *Heinz Duchhardt,* Das Politische Testament als „Verfassungsäquivalent", in: Der Staat 25 (1986), 600 - 607.

21 *Armand-Jean du Plessis, Cardinal-duc de Richelieu,* Testament politique, Ed. critique par Louis André, Paris 1947, 354f.; die deutsche Übersetzung in der Ausgabe: *Richelieu,* Politisches Testament und kleinere Schriften, eingel. und hrsg. von Wilhelm Mommsen (Klassiker der Politik, 14), Berlin 1926, 185.

Ehre wahrscheinlich vorziehen würde"[22]. Besonders der Große Kurfürst hat im Verlaufe des Nordischen Krieges solchen Maßregeln entsprechend gehandelt und nach dem offenkundigen Scheitern Karls X. Gustav in seinem Polenfeldzug aus reiner Staatsräson die polnische und damit die katholische Partei ergriffen – ein Schachzug übrigens, der ihm bei dem Streben, die volle Souveränität im Herzogtum Preußen zu erlangen, tatsächlich zum Erfolg verhalf.

Die Fürsten, urteilte Raimund Graf Montecuccoli – eine der herausragenden Feldherrngestalten des Nordischen Krieges – in seinem im Jahre 1641 verfaßten „Trattato della Guerra" im Kapitel über die Bündnisse, hielten nur selten ihr Wort und „haben von vornherein niemandem zum Freunde oder Feind". Die Freundschaften oder Feindschaften messen sie vielmehr „mit dem Maße ihres Interesses"; daher vergehe der Eifer für ein Bündnis sehr schnell, wenn man es sich nicht sogleich zunutze mache. „Denn es wird zwischen so vielen Köpfen schwerlich ohne Meinungsverschiedenheiten und Streit abgehen". So liege es „in der Natur des Bündnisses, daß sie sich bei der geringsten Unbequemlichkeit auflösen"[23]. Auch Ludwig XIV., der bekanntlich kurz nach der Beendigung des Nordischen Krieges die Regentschaft selbst übernahm, war der Auffassung, daß Verträge, wenn man die Wahrheit offen ausspreche, von vornherein im Geist nur vorübergehend verhüllter Eifersucht geschlossen werden. „Alle die schönen Bestimmungen der Allianzen, die Freundschaftsbeteuerungen, das Versprechen, einander alle nur denkbaren Vorteile einzuräumen, bedeuten nach der Erfahrung der Jahrhunderte und dem Selbstverständnis der beiden Vertragschließenden nichts anderes, als daß sie sich lediglich bewaffneter Übergriffe und unverhohlener Feindseligkeiten zu enthalten beabsichtigen. Gewöhnliche Vertragsverletzungen, die nicht an die Öffentlichkeit dringen, erwartet dagegen jeder vom anderen ... Deshalb ließe sich", fuhr er fort, „die Feststellung treffen, daß man sich auf beiden Seiten der Verpflichtung enthoben fühlt, die Verträge zu beachten und daß man daher im Grunde genommen auch

[22] Ebd., 355 bzw. 186.

[23] *Raimund Graf Montecuccoli,* Abhandlung über den Krieg (Trattato della guerra), in: Ausgewählte Schriften des Raimund Fürsten Montecuccoli, General-Leutnant und Feldmarschall, hrsg. von der Direktion des K. u. K. Kriegsarchivs, bearb. von Alois Veltzé, Bd. 1: Militärische Schriften, Wien/Leipzig 1899, 65f. Zu seiner Rolle im Nordischen Krieg vgl. auch: Briefe an den Feldmarschall Raimund Grafen Montecuccoli. Beiträge zur Geschichte des Nordischen Krieges in den Jahren 1659 - 1660, bearb. von *Adalbert Fr. Fuchs,* Wien/Leipzig 1910. Zur Bedeutung Montecuccolis für die moderne Kriegsgeschichte *Gunther E. Rothenberg,* Montecuccoli and the "Military Revolution" of the 17th Century, in: Makers of Modern Strategy from Machiavelli to the Nuclear Age, ed. by Peter Paret, Princeton N. J. 1986, 32 - 63; *Harms Kaufmann,* Raimondo Montecuccoli, 1609 - 1680. Kaiserlicher Feldmarschall, Militärtheoretiker und Staatsmann, Phil. Diss. Freie Universität Berlin 1974 (Mschr.), und *Kurt Peball,* Raimund Fürst Montecuccoli 1609 - 1680. Gedanken zum Leben und Werk eines großen österreichischen Feldherrn, in: Österreichische Militärische Zeitschrift 2 (1964), 301 - 305.

nicht gegen die Verträge verstoßen kann. Denn ihre Bestimmungen sind ja nicht wörtlich zu nehmen. Man muß sich eben der Worte bedienen, wie man es ja auch in anderer Weise auf dem Gebiet der Höflichkeitsformeln tut, die durchaus notwendig sind, wenn Menschen miteinander leben wollen; aber sie besitzen keine tiefere Bedeutung"[24].

Es herrschte in den Mächtebeziehungen also ungeachtet allen Strebens nach einer Verfeinerung der diplomatischen Umgangsformen und des offenkundigen Aufschwungs, den die Völkerrechtssystematik im Verlaufe des 17. Jahrhunderts genommen hatte[25], ein hohes Maß an Unbedenklichkeit. Auch der Große Kurfürst äußerte sich über den Wert der Bündnisse mit ähnlicher Skepsis. So riet er im Politischen Testament von 1667 seinem Thronfolger, die Allianz mit Schweden zu erneuern; aber zu trauen sei ihr nicht. Sie diene im Grunde nur dazu, damit man „Euch nicht allsofort auf den Leib gehe" und „der Glimpf auf Ewerer Seitten, der Unglimpf aber" auf jene falle. Auch werdet Ihr auf diesem Wege eine gerechte Sache vertreten, „welche ein jeder gerne mit ambrassiren wird"[26]. Bemerkenswert ist nun, daß Friedrich Wilhelm aus dieser Einschätzung Schlüsse zog, wie sie für eine „petite puissance très secondaire" während der ganzen frühen Neuzeit maßgeblich waren. Die stete Erfahrung habe ihn gelehrt, wiederholte er noch einmal, wie wenig auf Allianzen gebaut werden könne. Dagegen halte ein Schwert des öfteren das andere in der Scheide. Aber sicherlich überlege sich auch der eine oder andere, ein Abenteuer anzufangen, wenn er Gefahr laufe, sich plötzlich mit Mächten konfrontiert zu sehen, die sich wegen gemeinsamer Interessen beizustehen verabredet hätten. Deshalb gelangte er zu der prinzipiellen Empfehlung, daß Allianzen zwar gut seien, aber eigene Kräfte noch besser; denn darauf könne man sich sicherer verlassen. Ein Herr, fuhr er fort, sei „in keiner consideration", wenn er weder über Mittel noch Soldaten verfüge. Das habe ihn seit der Zeit, da er sich dementsprechend verhalten habe, „considerabell gemacht"[27].

---

[24] Mémoires de Louis XIV, ed. Jean Longnon, 2. Aufl., Paris 1960, 46f.; die deutsche Übersetzung in: Ludwig XIV., Memoiren, in der Übertragung von Leopold Steinfelder, Basel/Leipzig 1931, 52.

[25] *Schmitt,* Der Nomos der Erde im Völkerrecht (Anm. 7), 111f.; *Michael Behnen,* Der gerechte und der notwendige Krieg. „Necessitas" und „Utilitas reipublicae" in der Kriegstheorie des 16. und 17. Jahrhunderts, in: Staatsverfassung und Heeresverfassung in der europäischen Geschichte der frühen Neuzeit, in Zusammenarbeit mit Barbara Stollberg-Rilinger hrsg. von Johannes Kunisch (Historische Forschungen, 28), Berlin 1986, 43 - 106; *Christian Starck,* Bändigung des Krieges und Frieden in der Lehre der Politik und des Völkerrechts der ersten Hälfte des 17. Jahrhunderts, in: Politik, Philosophie, Praxis. Festschrift für Wilhelm Hennis zum 65. Geburtstag, hrsg. von Hans Maier u. a., Stuttgart 1988, 56 - 78.

[26] *Kurfürst Friedrich Wilhelm,* Politisches Testament (Anm. 20), 190; vgl. auch *Johannes Kunisch,* Kurfürst Friedrich Wilhelm und die Großen Mächte, in: Ein sonderbares Licht in Teutschland. Beiträge zur Geschichte des Großen Kurfürsten von Brandenburg, hrsg. von Gerd Heinrich (ZHF, Beiheft 8), Berlin 1990, 9 - 32, mit der weiterführenden Literatur.

[27] *Kurfürst Friedrich Wilhelm,* Politisches Testament (Anm. 20), 191f.

Selbst in den ökonomisch so ungleich weiter entwickelten Niederlanden gelangte man zu der ernüchternden Erkenntnis, daß angesichts der außerordentlichen Labilität der mächtepolitischen Lage, wie sie vor allem für das 17. Jahrhundert charakteristisch ist, auf Verträge und Allianzen wenig Verlaß war. Je länger er über die Natur des holländischen Staates nachdenke, schrieb der Diplomat Pieter de Groot, ein Sohn des Hugo Grotius, im Jahre 1671, „desto fester bin ich der Überzeugung, daß wir nur aus eigener Kraft heraus existieren können. Alle Übereinkünfte und Allianzen, die wir suchen oder mit unseren Nachbarn abschließen, sind für uns letztlich ruinös", da die kleineren Mächte sich lediglich unterstützen lassen und die mächtigeren uns zu überwältigen trachten. Auch hier trat demnach ähnlich wie in Brandenburg als Maxime mächtepolitischen Handelns der Wille zutage, im Konzert der Mächte mit eigener Stimme zu Wort zu kommen[28].

Auch im Hinblick auf diesen Aspekt erweist sich der Nordische Krieg als ein Konflikt, der generelle Züge des frühneuzeitlichen Staatensystems erkennen läßt. So kann als ein prinzipielles Merkmal festgehalten werden, daß die eigensüchtigen Machtprätentionen der Bündnispartner nur in Ausnahmefällen eine ausdauernde und konsequente Kriegspolitik ermöglichten. Die Regel war vielmehr, daß der dünne Schleier politischer Absichtserklärungen den wahren Kern der Koalitionen, die Ab- und Vermietung von Subsidientruppen, nur notdürftig verschleiern konnte. Denn beim Ausbleiben der entsprechenden Zahlungen war der Bestand an Gemeinsamkeiten häufig schon aufgezehrt. Die Allianzen wurden deshalb ebenso schnell geschlossen wie gelöst, und die Bündnispartner und Waffengefährten fanden und schieden sich nach Belieben. Im Rahmen dieser „Subventionsdiplomatie" war alles auf kurzfristige Arrangements berechnet, um jede Gelegenheit zur Wahrung des eigenen Vorteils nutzen zu können. Und die Schlußfolgerung, die man vielfach aus dieser Situation zu ziehen sich genötigt sah, war eine Militärverfassung, die in der fortwährenden Angespanntheit der Mächtebeziehungen sich aus eigener Kraft zu behaupten ermöglichte[29].

Mit besonderer Sinnfälligkeit kann am Nordischen Krieg der Jahre 1655 - 1660 überdies die Interdependenz von innerer und äußerer Politik demonstriert werden. Dafür sind Brandenburg und Dänemark herausragende Beispiele. Für die Rolle, die Kurfürst Friedrich Wilhelm von Brandenburg im

---

28 Lettres de Pierre de Groot à Abraham de Wicquefort (1668 - 1674), hrsg. von Frederik Jan Louis Krämer (Werken Historisch Genootschap, 3e serie, t. 5), s'Gravenhage 1894, 25f., hier zitiert nach der Übersetzung von *Horst Lademacher,* Geschichte der Niederlande. Politik – Verfassung – Wirtschaft, Darmstadt 1983, 149. Vgl. zum mächtepolitischen Diskurs in den Niederlanden in der zweiten Hälfte des 17. Jahrhunderts auch *Friedrich Meinecke,* Petrus Valckeniers Lehre von den Interessen der Staaten (1928), jetzt in: ders., Brandenburg – Preußen – Deutschland. Kleine Schriften zur Geschichte und Politik, hrsg. und eingel. von Eberhard Kessel (Friedrich Meinecke, Werke, 9), Stuttgart 1979, 162 - 173.

29 *Roberts,* Die militärische Revolution (Anm. 1), 288f.

mächtepolitischen Szenarium des Nordischen Krieges gespielt hat, ist zunächst das Herzogtum Preußen von entscheidender Bedeutung. Es war nach der Säkularisierung des Ordensstaates im Jahre 1525 in den erblichen Besitz einer Nebenlinie des Hauses Hohenzollern übergegangen, blieb jedoch auch als weltliches Territorium in Lehensabhängigkeit von der Krone Polen. Als im August 1618 mit dem geistesschwachen Albrecht II. Friedrich die herzogliche Linie ausstarb, fiel Preußen trotz der offen bekundeten Vorbehalte der Landstände an die Kurlinie des Hauses Hohenzollern, nachdem diese im Hinblick auf den Erbfall schon 1569 erstmals eine Mitbelehnung erreicht hatte. Kurfürst Georg Wilhelm erlangte die endgültige Belehnung freilich erst 1621, wobei aus der Sicht der polnischen Interessen belastend ins Gewicht fiel, daß Maria Eleonore, eine Schwester Georg Wilhelms, im Jahre zuvor mit Gustav Adolf von Schweden vermählt worden war[30].

Hier erstmals zeichnete sich ab, daß die brandenburgische Politik mit den Hypotheken der preußischen Erbschaft in den Konflikt der beiden rivalisierenden Wasa-Linien unmittelbar verstrickt wurde. Denn im Juli 1626 landete Gustav Adolf in Pillau, um sodann die gesamte Küste des Herzogtums in Besitz zu nehmen. Das Lehnsaufgebot des brandenburgischen Kurfürsten gegen die Invasion des königlichen Schwagers bildete kaum ein Hindernis für die schwedische Okkupation. In dem auf sechs Jahre befristeten, durch die französische Diplomatie vermittelten Waffenstillstand von Altmark vom 26. September 1629 wurde Schweden im Besitz der meisten preußischen Küstenstädte bestätigt. Zugleich erhielt es die beträchtlichen Zolleinnahmen der Seehäfen Danzig, Elbing, Königsberg, Memel und Pillau zugesprochen, mit deren Hilfe dann das Eingreifen Gustav Adolfs in den deutschen Krieg vorbereitet und finanziert werden konnte[31].

Eine neue Dimension erhielt die Einbeziehung des Herzogtums Preußen in die schwedisch-polnischen Auseinandersetzungen unter Karl X. Gustav[32]. Er hatte unmittelbar nach dem Einspruch, den der König von Polen, Johann Kasimir, gegen seine Thronbesteigung eingelegt hatte, in weitgehender

30 Im einzelnen *Rhode*, Kleine Geschichte Polens (Anm. 14), 218 ff.

31 Ebd., 262 ff. Der Text des Waffenstillstandsvertrages von Altmark in: Kurbrandenburgische Staatsverträge von 1601 - 1700, bearb. von *Theodor von Moerner*, Ndr. der Ausgabe von 1867, Berlin 1965, 102 ff. Zu den langfristigen mächtepolitischen Aspekten ferner *Mediger*, Mecklenburg, Rußland und England-Hannover (Anm. 16), Bd. 1, 131.

32 Zu den genealogischen Zusammenhängen *Åke Kromnow*, Die Schwedischen Könige aus dem Hause Wittelsbach, in: Das Haus Wittelsbach und die europäischen Dynastien, München 1981 (zugleich ZBLG 44/1), 329 - 344, hier 333 ff. Zu den politischen und militärischen Aspekten ferner *Bohdan Kentrschynskyj*, Karl X Gustav inför krisen i öster 1654 - 1655, in: Karolinska Förbundets Årsbok 1956, 7 - 140; *Nils Edén*, Gruderna for Karl X Gustafs anfall på Polen, in: Historisk Tidskrift 26 (1906), 5 - 45, und *Birger Åsard*, Upptakten till Karl X Gustavs anfall mot Polen 1655. Till frågan om krigets mål och medel, in: Karolinska Förbundets Årsbok 1970, 7 - 56.

Übereinstimmung mit dem Reichsrat die Initiative ergriffen und nach seiner Landung in Stettin mit dem Vormarsch nach Polen begonnen. Angesichts der Expansionsgelüste Schwedens, in die ein weiteres Mal auch das Herzogtum Preußen einbezogen war, blieb dem Großen Kurfürsten im Grunde gar keine Wahl, als sich an der Seite Karl Gustavs an der Niederwerfung Polens zu beteiligen[33]. In den Verhandlungen, die Ende Juli/Anfang August 1655 in Stettin geführt wurden, vermied der Schwedenkönig in der Ungewißheit über den Erfolg seiner Kriegsoperationen zunächst jede Festlegung, ob Brandenburg für eine Waffenhilfe von 8000 Mann die Souveränität im Herzogtum Preußen zugestanden werde[34]. In erneuten Verhandlungen wurde jedoch deutlich, daß an dieses Ziel vorerst nicht zu denken war. Nach den glänzenden Siegen der Schweden sah sich Friedrich Wilhelm vielmehr veranlaßt, im Königsberger Vertrag vom 16. Januar 1656 in ein Bündnis einzuwilligen, das ihn zum Vasallen der Krone Schwedens machte und zwang, die Häfen Pillau und Memel dem Verbündeten zu öffnen. Darüber hinaus mußte er sich verpflichten, im Falle der Fortsetzung des Krieges gegen Polen eine Lehnshilfe von 1500 Mann zu leisten[35]. Doch wandte sich das Blatt ein weiteres Mal grundlegend und schnell.

Schon im Sommer waren die Schweden zurückgeworfen und genötigt worden, sich ihres Bündnispartners nun ernsthafter als zuvor zu versichern. So kam es im Vertrag von Marienburg auf der Grundlage gemeinsamen Vorgehens zu Zugeständnissen von schwedischer Seite, die das Souveränitätsproblem zwar ein weiteres Mal ausklammerten, aber bereits eine territoriale Entschädigung mit großpolnischen Gebieten vorsahen[36]. Die Folge war ein Vorstoß auf Warschau, der nach einer dreitägigen Schlacht mit einem Sieg der Alliierten endete, ohne freilich die politische Lage entscheidend zu verändern. Unter dem wachsenden außenpolitischen Druck sah sich Karl Gustav vielmehr gezwungen, dem Drängen des Kurfürsten nachzugeben und ihm im Vertrag von Labiau vom 10. November 1656 den souveränen Besitz des Herzogtums zu garantieren. Nach dem Übertritt Brandenburgs auf die Seite der polnisch-österreichischen Allianz im Herbst 1657 konnte eine entsprechende Bestimmung auch in den Allianzverträgen von Wehlau und Bromberg und schließlich im Frieden von Oliva verankert werden[37].

---

[33] *Kunisch,* Kurfürst Friedrich Wilhelm und die Großen Mächte (Anm. 26), 14ff.

[34] Zu den Einzelheiten der Verhandlungen vgl. hier und im folgenden *Ernst Opgenoorth,* Friedrich Wilhelm. Der Große Kurfürst von Brandenburg. Eine politische Biographie, 2 Bde., Göttingen 1971/78, hier Bd. 1, 302ff. Vgl. unter den zahlreichen Einzeluntersuchungen von *Georg Wittrock* hier besonders: Karl X Gustaf i Polen. Krigsmålet och allianserna, in: Karolinska Förbundets Årsbok 1920, 4 - 49.

[35] *Opgenoorth,* Friedrich Wilhelm. Der Große Kurfürst von Brandenburg (Anm. 34), 323ff. Die Vertragstexte in: Kurbrandenburgische Staatsverträge (Anm. 31), 195 - 198.

[36] Kurbrandenburgische Staatsverträge (Anm. 31), 206 - 209.

[37] Ebd., 211 - 216, 220 - 225 und 239 - 251. Zu den begriffsgeschichtlichen Aspekten der das Herzogtum Preußen betreffenden Vertragsbestimmungen *Helmut Qua-*

Es waren also die Erbstreitigkeiten einer fremden Dynastie, die die Außenpolitik des Großen Kurfürsten gezwungenermaßen und unausweichlich auf die Bahn bewaffneter Selbstbehauptung und militärischer Expansion führten. Es war der Zugriff Karls X. Gustav auf das Herzogtum Preußen, der ihn zur Wahrnehmung seiner Besitzstandsrechte nötigte. Hinzu kam das Streben, den ihm von Schweden schon 1637 vorenthaltenen Teil des pommerschen Erbes doch noch für das Haus Brandenburg zu gewinnen. Die Aussicht auf die Einlösung dieses legitimen Rechtsanspruchs ließ ihn schließlich zur treibenden Kraft der antischwedischen Allianz in den letzten Feldzügen des Nordischen Krieges werden[38]. Es waren die durch dynastisch-territoriale Faktoren bestimmten Rahmenbedingungen des europäischen Staatensystems, die Brandenburg zwangsläufig in kriegerische Konflikte hineinzogen.

Ganz in diesem Sinne forderte der Große Kurfürst deshalb seinen Thronfolger im Politischen Testament von 1667 auf, mit allen Kurfürsten und Ständen des Reiches so viel als immer möglich in gutem Einvernehmen zu leben und ihnen keinen Anlaß zu irgendwelchem Widerwillen zu geben. Weil Gott unser Haus, fuhr er fort, mit vielen Ländern reichlich gesegnet habe, so müsse man ausschließlich auf deren „conservation" bedacht sein und sich vor dem Appetit auf weitere Erwerbungen hüten. Denn das führe zu Neid und Feindschaft und bringe in Gefahr, was man bereits besitze[39]. Die eigenen Länder und hergebrachten Gerechtigkeiten sollten freilich mit allen Mitteln zu verteidigen versucht werden. Und wenn „gegen alles verhoffen" eine gütliche Vergleichung nicht verfangen sollte, müsse man sich zu behaupten entschlossen sein. Im Falle eines Krieges zwischen anderen empfahl er, den Streit „durch „Ewere interdisposition" beizulegen. „Aber steht", setzt er hinzu, „alzeit in gutter postur, damit Ihr Nachdruck habet"[40].

Es folgt im selben Text dann eine Passage, die noch einmal ausdrücklich auf den Nordischen Krieg und seine mächtepolitischen Ergebnisse Bezug nimmt. Im Falle, schrieb Friedrich Wilhelm, daß der Kaiser von der Krone Schweden wegen des polnischen und dänischen Krieges und damit gegen

---

ritsch, Souveränität. Entstehung und Entwicklung des Begriffs in Frankreich und Deutschland vom 13. Jahrhundert bis 1806 (Schriften zur Verfassungsgeschichte, 38), Berlin 1986, 85 - 88; zu den entsprechenden Passagen des Politischen Testaments Friedrich Wilhelms, ebd., 92ff. Zur Einschätzung dieser Politik des „Wechselfiebers" *Alfred Francis Pribram,* Zur auswärtigen Politik des Kurfürsten Friedrich Wilhelm von Brandenburg, in: FBPG 5 (1892), 103 - 133, hier bes. 110ff. Vgl. auch *Ernst Salzer,* Der Übertritt des Großen Kurfürsten von der schwedischen auf die polnische Seite während des ersten nordischen Krieges in Pufendorfs „Carl Gustav" und „Friedrich Wilhelm", Heidelberg 1904.

38 Dazu umfassend *Opitz,* Österreich und Brandenburg im Schwedisch-Polnischen Krieg (Anm. 1), 116ff.

39 *Kurfürst Friedrich Wilhelm,* Politisches Testament (Anm. 20), 187.

40 Ebd., 188.

die eindeutigen Bestimmungen des Friedens von Oliva oder aus sonst einem unbilligen Anlaß angegriffen werde, so habe der Thronfolger getreulich zu assistieren. Er solle, beschwor er ihn, keineswegs stillsitzen und abwarten, sondern sofort die Waffen ergreifen, sich in gute Verfassung bringen und schließlich „gutte conditiones für Euch und Ewren Staat machen“. Denn eines stehe allemal fest: „Wann Ihr dazu stille sitzen würdet und gedenken, das Feuer seie noch ferne von Eweren Grenzen: Ewere Lande das Theatrum sein würden, darauff man die Tragedie spillen“ wird[41].

Es ist also ein aus leidvoller Erfahrung hergeleitetes Durchhalteprinzip, zu dem er sich bekannte, ein Prinzip der Defensive und des Reagierens, nicht das der Durchsetzung eigener Machtprätentionen. Auch in dem bemerkenswert umfangreichen Kapitel seines Testaments, das dem Festungswesen gewidmet ist, findet sich eine Äußerung, die auf diese Grundhaltung hinweist. Auf den Festungen, schrieb er, beruhe nicht allein die Wohlfahrt Eurer Lande, sondern Eures ganzen Staates[42]. Er habe sie keineswegs zu seiner Lust, sondern vielmehr zu seiner, Eurer und aller Untertanen Sicherheit angelegt und gebaut. Und er bitte Gott von Herzen, daß er Euch eine beständige und friedfertige Regierung gewähren wolle; denn, so heißt es wörtlich, „der Friede ernähret, der Krieg aber verzehret“[43].

Er schien sich damit den Rat zu eigen gemacht zu haben, den Montecuccoli, sein Kampfgefährte im Nordischen Krieg, im „Trattato della guerra“ formuliert hatte. Wie ein guter Seefahrer, bevor er den Hafen verläßt, sein Schiff mit allen Erfordernissen ausstatte, „so muß auch der umsichtige Feldherr alles zum Kriege vorbereiten, ehe er sich dem Glücke anvertraut“. Rüstungen, fuhr Montecuccoli fort, sind dem Kriege förderlicher als gewaltsame Aushebungen nach Ausbruch der Kampfhandlungen. Wenn sie rechtzeitig beendet seien, „so dienen sie nicht bloß dazu, den Krieg zu führen, sondern ihn auch zu verhindern“. So gelangte er zu der Empfehlung: „Wer den Frieden will, bereitet sich auf den Krieg vor. Die wichtigste Vorberei-

---

[41] Ebd. Vgl. dazu auch *William W. Hagen,* Seventeenth Century Crisis in Brandenburg: The Thirty Year's War, the Destabilization of Serfdom, and the Rise of Absolutism, in: AHR 94 (1989), 302 - 335.

[42] Vgl. zur Bedeutung des Festungswesens im 17. und 18. Jahrhundert die zahlreichen Untersuchungen von Henning Eichberg. Ich nenne hier die jüngst erschienenen, in denen sich neben den Angaben zu älteren Arbeiten Eichbergs auch Hinweise auf die internationale Forschung finden: *H. Eichberg,* Ordnen, Messen, Disziplinieren. Moderner Herrschaftsstaat und Fortifikation, in: Staatsverfassung und Heeresverfassung in der europäischen Geschichte der frühen Neuzeit, in Zusammenarbeit mit Barbara Stollberg-Rilinger hrsg. von Johannes Kunisch (Historische Forschungen, 28), Berlin 1986, 347 - 375; *ders.,* Festung, Zentralmacht und Sozialgeometrie. Kriegsingenieurwesen des 17. Jahrhunderts in den Herzogtümern Bremen und Verden, Köln/Wien 1989, und *ders.,* Zirkel der Vernichtung oder Kreislauf des Kriegsgewinns? Zur Ökonomie der Festung im 17. Jahrhundert, in: Stadt und Krieg, hrsg. von Bernhard Kirchgässner/Günter Scholz (Stadt in der Geschichte, 15), Sigmaringen 1989, 105 - 124.

[43] *Kurfürst Friedrich Wilhelm,* Politisches Testament (Anm. 20), 193f.

tung ist die Aufstellung einer starken, zahlreichen Armee; denn Großes läßt sich nur mit großer Kraft bewirken"[44].

Von größter Tragweite war nun freilich, daß der Große Kurfürst die Optionen, die ihm das mächtepolitische Szenarium, „die conjunctur der Zeitt", immerhin eröffnete, tatsächlich und mit ausgeprägtem Machtinstinkt zu nutzen vermochte. Aber gleichermaßen war er bemüht, auch die administrativen Maßnahmen zu ergreifen, um die Selbstbehauptung Brandenburgs in den Mächtekonflikten zu gewährleisten. So wurde das Institut der Kriegskommissare als ein allein dem fürstlichen Machtanspruch verpflichtetes Herrschaftsinstrument wiederbelebt und ausgebaut. Den einzelnen Kommissaren wurden Bezirke zugewiesen, in denen sie neben der Kontrolle militärischer Einrichtungen auch die Leitung und Aufsicht des Steuerwesens zu übernehmen hatten. Auf diesem Wege wuchsen sie allmählich in die zivile Verwaltung hinein und verdrängten dort die ständischen Funktionsträger immer mehr[45].

Die Fäden dieser längst über das Heerwesen hinausgewachsenen Verwaltungsbehörde liefen im Generalkriegskommissariat zusammen, dessen institutionelles Profil sich mit dem Ausbruch des Nordischen Krieges abzuzeichnen begann. Zwar war schon im Jahre 1651 anläßlich der Neuordnung des Geheimen Rates die Bearbeitung der Militärverwaltungssachen einem Offizier, dem Grafen Georg Friedrich von Waldeck, übertragen und in den folgenden Jahren eine „Geheime Kriegskanzlei" eingerichtet worden[46]. Doch gewann die in Umrissen bereits erkennbare Behörde ihre schließlich überragende Bedeutung erst, als mit zunehmender Kriegsgefahr dem General von Sparr das „General-Kommando" der Armee übertragen und, ihm zugeord-

---

44 *R. Graf Montecuccoli,* Abhandlung über den Krieg (Anm. 23), 72f.

45 *Hans Helfritz,* Geschichte der Preußischen Heeresverwaltung, Berlin 1938, 112f. Vgl. ferner *Curt Jany,* Geschichte der Königlich Preußischen Armee bis zum Jahre 1807, Bd. 1: Von den Anfängen bis 1740, Berlin 1928, 153 - 157. Zusammenfassend auch *Francis L. Carsten,* Die Entstehung Preußens, Köln/Berlin 1968, 204 - 223, hier bes. 209ff.

46 Im einzelnen *Gerhard Oestreich,* Der brandenburgisch-preußische Geheime Rat vom Regierungsantritt des Großen Kurfürsten bis zur Neuordnung im Jahre 1651. Eine behördengeschichtliche Untersuchung, Würzburg 1937, bes. 86ff., und *ders.,* Kurt Bertram von Pfuel 1590 - 1649. Leben und Ideenwelt eines brandenburgischen Staatsmannes und Wehrpolitikers, in: FBPG 50 (1938), 201 - 249, bes. 223 - 234. Vgl. ferner *Bernhard Erdmannsdörffer,* Graf Georg Friedrich von Waldeck, ein preußischer Staatsmann im 17. Jahrhundert, Berlin 1869. Zum Gesamtzusammenhang auch *Heinrich Otto Meisner,* Die monarchische Regierungsform in Brandenburg-Preußen, in: Forschungen zu Staat und Verfassung. Festgabe für Fritz Hartung, hrsg. von Richard Dietrich/Gerhard Oestreich, Berlin 1958, 219 - 245, hier vor allem 225ff.; *Werner Vogel,* Die Entwicklung der brandenburgischen Verwaltung bis zum Regierungsantritt Friedrich Wilhelms I., in: Deutsche Verwaltungsgeschichte, hrsg. von Kurt G. A. Jeserich/Hans Pohl/Georg-Christoph von Unruh, Bd. I: Vom Spätmittelalter bis zum Ende des Reiches, Stuttgart 1983, hier bes. 872ff., und *Dietmar Willoweit,* Rat und Recht im Regiment des Großen Kurfürsten von 1648 bis 1658, in: Die Rolle der Juristen bei der Entstehung des modernen Staates, hrsg. von Roman Schnur, Berlin 1986, 797 - 822.

net, eine Behörde geschaffen wurde, die eine Kanzlei, die Feldkriegskasse und das Proviantamt in sich vereinigte und den Titel „Generalkriegskommissariat“ trug[47].

Als ersten Chef dieses Amtes berief der Kurfürst im Jahre 1655 den Wirklichen Geheimen Rat Claus Ernst von Platen, einen im Staatsdienst bewährten Juristen, der sich schon als Kriegskommissar verdient gemacht hatte[48]. Platen blieb auch nach der Beendigung des Krieges im Amt, obwohl die Armee nach dem Ausbleiben der Subsidienzahlungen zunächst von 348 auf 111 und im Jahre 1663 schließlich auf 68 Kompanien reduziert werden mußte[49]. Dennoch wurde mit seiner Berufung eine zentrale Heeresverwaltung ins Leben gerufen, die den inneren Staatsausbau in Brandenburg-Preußen in entscheidendem Maße gefördert und mitgeprägt hat. Sie vor allem versetzte aber den Kurfürsten auch in die Lage, die Rolle, die er im Mächtesystem zu spielen entschlossen war, nun mit ungleich größerem Nachdruck zur Geltung zu bringen. Das hohe Maß an politisch-militärischer Beweglichkeit, das sich schon während des Schwedisch-Polnischen Krieges zeigte, war wesentlich verknüpft mit der Effizienz dieser Behörde. Sie war eingerichtet und konzipiert worden als ein Instrument, das der Militäradministration zu dienen hatte; sie entwickelte sich schließlich zum eigentlichen Kernstück des Staatsapparats, mit dem nicht nur die Selbstbehauptung des Kurfürstentums sichergestellt, sondern auch weitergesteckte Machtprätentionen ins Auge gefaßt werden konnten.

Im engsten Zusammenhang mit der Schaffung einer zentralen Militärbehörde stand die Neuordnung des Kontributionswesens. Der Große Kurfürst hatte Platen am 8. April 1655 – zu einem Zeitpunkt also, als sich die Kriegsverwicklungen zwischen Schweden und Polen bereits abzuzeichnen begannen – angewiesen, eine Aufstellung über die Werbung von 4000 Reitern, 6000 Fußsoldaten, 500 Dragonern samt der erforderlichen Artillerie und den dazu notwendigen Werbegeldern zu liefern. Er hatte ihn darüber hinaus gebeten, einen Entwurf darüber anzufertigen, wie der Unterhalt dieser Truppen sechs Monate lang aus Mitteln aller kurfürstlichen Länder und besonders aus Preußen gewährleistet werden könne[50]. Doch mußte in Zukunft, das zeigte der Kriegsverlauf mit unabweisbarer Deutlichkeit, längerfristig disponiert werden. Immerhin war es Friedrich Wilhelm schon vor

[47] *Helfritz,* Geschichte der Preußischen Heeresverwaltung (Anm. 45), 115 - 119.

[48] *Friedrich Wolters,* Geschichte der brandenburgischen Finanzen in der Zeit von 1640 - 1697. Darstellung und Akten, Bd. 2: Die Zentralverwaltung des Heeres und der Steuern (Urkunden und Aktenstücke zur Geschichte der inneren Politik des Kurfürsten Friedrich Wilhelm von Brandenburg, I/2), München/Leipzig 1915, 80 - 96.

[49] Ebd., 91, und *Jany,* Geschichte der Königlich Preußischen Armee (Anm. 45), Bd. 1, 192 - 201.

[50] Im einzelnen *Wolters,* Geschichte der brandenburgischen Finanzen (Anm. 48), 86.

dem Ausbruch des Nordischen Krieges gelungen, sich mit den kurmärkischen Ständen in Artikel 22 des Landtags-Rezesses vom 26. Juli 1653 auf eine Kontributionszahlung von insgesamt 530 000 Talern für die Dauer von sechs Jahren als Gegenleistung für die Zusicherung des Kurfürsten zu einigen, daß in Angelegenheiten, „daran des Landes Gedeih und Verderb gelegen", nichts ohne Zustimmung des Landtags geschehen dürfe[51]. Die Entwicklung – unmittelbar beeinflußt durch den Kriegsverlauf – schritt jedoch über diesen Ausgleich hinweg. „Es waren", schreibt Francis L. Carsten, „mehr die Verhältnisse, die ihn (den Großen Kurfürsten) auf diesen Weg zwangen, vor allem der Einfluß von äußeren Ereignissen auf die innere Entwicklung". So könne, fährt er fort, der Schwedisch-Polnische Krieg von 1655 bis 1660 als der „Wendepunkt in dem Verhältnis des Kurfürsten zu den Ständen aller seiner Territorien" bezeichnet werden[52].

Seit 1653 wurde kein Landtag in der Kurmark mehr einberufen und damit das Prinzip gemeinsamen Beratens und Beschließens wenn auch nicht programmatisch, so doch faktisch suspendiert. Auch wurde die Kontribution nach Ablauf der Sechs-Jahres-Frist ohne Rücksprache mit den Betroffenen weiter erhoben und schließlich unter Zureden und Drohungen zu einer Dauereinrichtung gemacht[53]. Dabei ist errechnet worden, daß sich die brandenburgischen Staatseinkünfte während der Regierungszeit Friedrich Wilhelms etwa verdreifacht haben und die Militärausgaben im Zeitraum von 1655 bis 1688 auf eine Summe von annähernd 54 Millionen Talern stiegen. Von diesem Betrag wurden nur 10 Millionen nicht durch Steuererhebungen im eigenen Land aufgebracht. Der Hauptanteil entfiel dabei auf Subsidien auswärtiger Mächte und auf die Einkünfte aus dem Kamerale, also den kurfürstlichen Domänen, der Münze, der Post, den Zöllen und anderen Regalien des Landesherrn. Ein hoher Anteil der Aufwendungen für das Heerwesen mußte demzufolge aus dem Steueraufkommen der brandenburgischen Territorien gedeckt werden[54].

---

51 *Melle Klinkenborg,* Das Archiv der Brandenburgischen Provinzialverwaltung, Bd. 1: Das kurmärkische Ständearchiv, Berlin 1920, 452 - 501, hier 495ff. Auszüge aus dem kurfürstlichen Revers an die Stände der Kurmark auch bei *Peter Baumgart* (Hrsg.), Erscheinungsformen des preußischen Absolutismus. Verfassung und Verwaltung (Historische Texte Neuzeit, 1), Germering 1966, 9 - 25, hier 23f.

52 *Carsten,* Die Entstehung Preußens (Anm. 45), 157.

53 Zum Verhältnis des Kurfürsten zu den Ständen *Peter Baumgart,* Zur Geschichte der kurmärkischen Stände im 17. und 18. Jahrhundert, in: Dietrich Gerhard (Hrsg.), Ständische Vertretungen in Europa im 17. und 18. Jahrhundert, 2. Aufl., Göttingen 1974, 131 - 161, bes. 135f., 145 - 154 und 160f.; *ders.* (Hrsg.), Ständetum und Staatsbildung in Brandenburg-Preußen. Ergebnisse einer internationalen Fachtagung (Veröffentlichungen der Historischen Kommission zu Berlin, 55), Berlin 1983. (Vgl. besonders den Beitrag von Peter Michael Hahn); *Christoph Fürbringer,* Necessitas et Libertas. Staatsbildung und Landstände im 17. Jahrhundert in Brandenburg, Frankfurt a.M. 1985, 149 - 166; *Carsten,* Die Entstehung Preußens (Anm. 45), 149 - 203. Einen Überblick über die Ständeproblematik im Zeitalter des Großen Kurfürsten vermittelt auch *Gerhard Oestreich,* Friedrich Wilhelm. Der Große Kurfürst (Persönlichkeit und Geschichte, 65), Göttingen 1971, 24 - 30, 42 - 48 und 51 - 59.

Ich muß mir an dieser Stelle versagen, auf die ganze Fülle weiterer Maßnahmen des inneren Staatsausbaus einzugehen, die der Große Kurfürst in der Absicht ergriffen hatte, sich im Konzert der Mächte zu behaupten. Das Ergebnis dieser Reformbestrebungen war im Bereich des Militärischen jedenfalls, daß sich „standardisierte Waffen, eine begrenzte Anzahl zugelassener Kaliber, ein verbindliches Höchstmaß an Ladungsspielraum und ein gleichmäßig gemischtes Schießpulver" bei der Ausrüstung der Truppen durchsetzten und schließlich von staatswegen die Uniform und Stiefel in drei normierten Größen eingeführt wurden[55]. Und je größer die Armeen wurden, desto stärker machte sich die Notwendigkeit geltend, sie von oben herab zu disziplinieren. Der Monarch als gerade in militärischen Angelegenheiten unumschränkter Herrscher mußte deshalb das Geschäft, Leute zu rekrutieren und zu bezahlen, selbst in die Hand nehmen und sich der Materialbeschaffung ebenso wie der Überwachung der für den Heeresbedarf eingerichteten Manufakturen annehmen[56]. Es war das stehende Heer, das den Endpunkt dieser Entwicklung markierte.

Wichtig ist hier nun ein zweites Beispiel, das die Interdependenz von innerer und äußerer Politik im Zeitalter des Absolutismus mit besonderer Eindringlichkeit zu beleuchten vermag. Auf dem Höhepunkt der Verwicklungen Karl Gustavs in den polnischen Krieg trat plötzlich König Friedrich III. von Dänemark auf den Plan und unternahm im Mai 1657 den Versuch, sich im Rücken des außer Landes befindlichen Rivalen schwedischer Territorien im Reich und in Schweden selbst zu bemächtigen[57]. Dieser aus tiefem Argwohn und alter Rivalität resultierende Zugriff veranlaßte Karl Gustav zu sofortiger Rückkehr. Nach einem glänzenden Winterfeldzug und dem Vorstoß auf Kopenhagen vermochte er Friedrich III. zum Frieden und zur Abtretung der dänischen Küstenprovinzen Schonen, Blekinge und Halland, der Insel Bornholm sowie der norwegischen Provinzen Trondheim und Bohuslän zu zwingen[58]. Außerdem wurde festgelegt, daß in einem noch abzuschließenden Bündnisvertrag mit Dänemark Sorge dafür zu tragen sei, daß in Zukunft keine fremde Kriegsflotte mehr in die Ostsee gelangen dürfe oder dort von einer dritten Macht unterhalten werde. Bei der eindeutigen Führungsrolle Schwedens in diesem Bündnis bedeutete diese vor allem gegen die Niederlande gerichtete Absicht den entscheidenden Schritt zur

---

[54] Die entsprechenden Nachweise bei *Carsten*, Die Entstehung Preußens (Anm. 45), 213f.

[55] *Roberts*, Die militärische Revolution (Anm. 1), 285. Vgl. ferner *Michael Howard*, Der Krieg in der europäischen Geschichte. Vom Ritterheer zur Atomstreitmacht, München 1981, 76ff.

[56] *Roberts*, Die militärische Revolution (Anm. 1), 289.

[57] Im einzelnen *Aksel E. Christensen* u.a. (Hrsg.), Gyldendals Danmarks Historie, Bd. 3: Tiden 1648 - 1730, von Knud J. V. Jesperen, Kopenhagen 1989.

[58] *Brigitta Odén*, Karl X Gustav och det andra danska kriget, in: Scandia 27 (1961), 53 - 156, und *Carl Gustav Weibull*, Freden i Roskilde den 26. februari 1658, Stockholm 1958.

unangefochtenen Herrschaft über die Ostsee. Sie lief auf die Konzeption eines „mare clausum" hinaus, deren Verwirklichung Schweden zur endgültigen Aufrichtung einer militärischen und ökonomischen Vormachtstellung in den Staatenbeziehungen des Nordens verholfen hätte[59].

Es handelt sich hier scheinbar um eine weitere der zahlreichen Episoden dieses Krieges. Aber die innenpolitischen Folgen der schweren Krise, in die Dänemark durch die Niederlage gegen den Schwedenkönig geriet, waren tiefgreifend und über Jahrhunderte wirksam. Denn es gelang Friedrich III. auf einem Reichstag im September 1660, den Ständen anstelle der Wahlhandfeste von 1648 die Erbhuldigung und damit eine grundlegende Änderung des geltenden Reichsstaatsrechts abzuverlangen[60]. Darüber hinaus veranlaßte er die Ausarbeitung eines auf die Unumschränktheit der königlichen Machtstellung abzielenden Verfassungsinstruments, das er sich am 10. Januar des folgenden Jahres durch die Ständevertreter und eine Anzahl anderer Repräsentanten, vor allem aus der Geistlichkeit und der Bürgerschaft von Kopenhagen, durch Unterschrift bestätigen ließ. Aus dieser „Erb-Eingewalts"- oder „Souveränitätsakte" von 1661 ging dann die „Lex regia" als endgültiges Gesetzgebungswerk und Erbstatut hervor, das am 14. November 1665 erlassen wurde und bis 1849 in Kraft blieb. Es regelte als zentrales Anliegen monarchischer Kontinuität die Modalitäten der Erbfolge grundsätzlich und zugleich in allen Einzelheiten, entwickelte im übrigen aber auch ein theoretisch äußerst fundiertes Verfassungskonzept, das den Kern dieser Staatsumwälzung von oben auf den Begriff zu bringen suchte. Es verfügte in einem der Grundsatzartikel, daß die Könige von Dänemark in Zukunft „gezeugte und geborene, nicht aber gekorene und gewählte Könige" (§ 16) sind und sich demzufolge im Vollbesitz aller „Jura majestatis, absoluter Macht, der Souveränität und aller Königlicher Herrlichkeiten und Regalien" (Präambel) befinden[61]. Mit diesem „vertragsförmigen Staatsstreich" – wie Peter Brandt die Vorgänge von 1660/61 kürzlich bezeichnet hat[62] – ging in Dänemark auch die Ablösung der alten ständestaatlichen Gesellschaftsstruktur durch eine staatlich konzessionierte Hierarchie von Privilegierungsempfängern einher, in deren Mittelpunkt der Hof des Königs stehen sollte.

---

59 Vgl. neben der in Anm. 11 genannten Literatur *Jill Lisk,* The Struggle for Supremacy in the Baltic 1600 - 1725, London 1967, 87 - 112.

60 *Kunisch,* Staatsverfassung und Mächtepolitik (Anm. 2), 17 - 44, und neuerdings – unter umfassender Einbeziehung der skandinavischen Literatur – *Peter Brandt,* Von der Adelsmonarchie zur königlichen „Eingewalt". Der Umbau der Ständegesellschaft in der Vorbereitungs- und Frühphase des dänischen Absolutismus, in: HZ 250 (1990), 33 - 72.

61 Eine Übersetzung der Lex Regia ist als Anhang abgedruckt bei *Kersten Krüger,* Absolutismus in Dänemark – ein Modell für Begriffsbildung und Typologie, in: ZSHG 104 (1979), 171 - 206, hier 200 und 196.

62 *Brandt,* Von der Adelsmonarchie zur königlichen „Eingewalt" (Anm. 60), 60.

Festzuhalten bleibt in unserem Zusammenhang aber vor allem, daß die Ursache für die fundamentalen Wandlungsprozesse an der Schwelle vom Ständestaat zur absoluten Monarchie in Brandenburg und Dänemark in der Ohnmachtserfahrung gesucht werden muß, die man in den Jahren der vehementen Expansionspolitik Schwedens gemacht hatte. Es sind unverkennbar machtpolitische Faktoren gewesen, die die innere Entwicklung der beiden Länder geprägt haben. Es ist hier nicht der Ort, das noch vor Jahren heftig diskutierte Problem des Primats der Innen- oder Außenpolitik zu erörtern[63]. Es muß auch dahingestellt bleiben, ob die Vorstellung eines Primats überhaupt das angemessene Instrumentarium für die Analyse eines in der Regel ja multikausalen Beziehungsgeflechts sein kann. Vielleicht muß diese Frage etwa für die schwedische Politik während der Großmachtzeit auch anders beantwortet werden als für die beiden hier herangezogenen Beispiele[64]. Aber mir scheinen der grundlegende Wandel der Verfassungsverhältnisse in Brandenburg und Dänemark Belege dafür zu sein, wie stark die Interdependenz der beiden Sphären von äußeren Impulsen bestimmt gewesen ist.

Es war bisher die Rede davon, in welchem Maße das dynastische und konfessionelle Element für Ausbruch und Verlauf des Nordischen Krieges maßgeblich war und wie nachhaltig der Kriegsverlauf auf die innere Entwicklung der beteiligten Mächte eingewirkt hat. So bleibt nun zu erörtern, welche womöglich parabelhafte Bedeutung den ökonomischen, besonders handelspolitischen Faktoren dieses Krieges beigemessen werden muß. Ich behandle diesen militärisch-kommerziellen Komplex bewußt zum Schluß;

---

[63] Zum Stand der Diskussion *Kunisch,* Kurfürst Friedrich Wilhelm und die Großen Mächte (Anm. 26), 9 - 14. Zur Bewertung der bis heute umstrittenen mächtepolitischen Anschauungen Leopold von Rankes jetzt auch *Ernst Schulin,* Universalgeschichte und Nationalgeschichte bei Leopold von Ranke, in: Leopold von Ranke und die moderne Geschichtswissenschaft, hrsg. von Wolfgang J. Mommsen, Stuttgart 1988, 37 - 71, hier bes. 51 und 64ff. und *Ulrich Muhlack,* Leopold von Ranke, in: Deutsche Geschichtswissenschaft um 1900, hrsg. von Notker Hammerstein, Wiesbaden 1989, 11 - 36, hier 27 - 36. Vgl. mit dem Blick auf die schwedische Forschung auch *Zernack,* Schweden als europäische Großmacht (Anm. 16), 328ff.

[64] Klaus Zernack – einer der wenigen, der sich von deutscher Seite mit diesem Themenkomplex auseinandergesetzt hat – hat zwar die These aufgestellt, daß „als das Dilemma der schwedischen Großmachtepoche ein gleichsam unentrinnbarer Primat von Außenpolitik" deutlich werde. Er bezieht sich dabei auf eine Äußerung von *Sven Lundkvist:* "Sweden's position as a great power was the result of the favourable accident of having weak neighbours and of ad hoc solutions with resources too small for the great objects in view" (The Experience of Empire [Anm. 16], 57). Aber gerade an der schwedischen Kriegspolitik der Großmachtzeit scheint mir ablesbar zu sein, wie die ungelösten Probleme im Innern des Landes, besonders die Frage der Kriegsfinanzierung im Spannungsverhältnis von Krone und Ständen, den aufreibenden und letztlich ruinösen „Militäraktionismus" geradezu erzwungen haben. Denn Zernack konstatiert selbst: „Der kriegerische Unterhalt einer Armee, die den Machtanspruch aufrechtzuerhalten in der Lage war, war unausweichlich geworden, d.h. Kriegführung war jetzt selbst eine Ressourcensubstitution, der Krieg ernährte das Heer". Insofern sind es in Schweden stärker als bei den Kontrahenten auch innenpolitische Faktoren gewesen, die Einfluß auf die Mächtepolitik genommen haben. Vgl. die Zitate bei *Zernack,* Schweden als europäische Großmacht (Anm. 16), 351 und 344.

denn es besteht kein Zweifel, daß er angesichts der auf Reputation und Ländererwerb gerichteten Machtprätentionen der Hauptbeteiligten von untergeordnetem Rang war. Um nicht mißverstanden zu werden: unbestreitbar gab es auch auf Seiten derjenigen Mächte, die nicht zu den die Staatsräson mit privatem Nutzen verknüpfenden Handelsstaaten zu zählen sind, ein ausgeprägtes, gelegentlich sogar dominantes Interesse daran, die Voraussetzungen für eine expansive Machtpolitik durch finanzpolitische und kommerzielle Maßnahmen zu schaffen. Colbert ist dafür ein markantes Beispiel. Aber ich bin mit William McNeill der Überzeugung, daß marktorientiertes Denken und finanzpolitisches Kalkül in den Fürstenstaaten der frühen Neuzeit immer hinter Leitgedanken wie Prestige, Tapferkeit und Ehre zurücktraten[65].

Montecuccoli hat im Zusammenhang mit seinen grundsätzlichen Überlegungen zur Kriegskunst seiner Zeit mit Nachdruck auf die – wie er sagte – „bekannte Sentenz“ hingewiesen, „daß das Geld der Nerv des Krieges ist“[66]. Denn ebensowenig, fuhr er fort, wie die Ärzte leugnen, daß der Mensch ohne Nerven zu gehen vermöge, stellten auch die Politiker in Frage, daß es den Krieg ohne Geld geben könne. Dieser werde ja keineswegs nur mit Waffen geführt, sondern auch mit dem Aufwand, den er verursache. Ein Staatsmann habe einmal die Auffassung vertreten, nicht das Geld, sondern die Menschen seien der Nerv des Krieges; denn ein Feldherr könne immer Geld auftreiben. Sicherlich komme es im Kriege in der Hauptsache auf die Tüchtigkeit des Menschen an, das Werkzeug aber stelle das Geld dar. Und wenn man sage, daß das Geld der Nerv des Krieges sei, dann unter der Prämisse, „daß der Krieg alle seine übrigen Existenzbedingungen schon gefunden habe“. Man schätze deshalb, riet er, eine Macht nicht nur nach ihrem Länderumfang ein, „sondern auch nach der Menge ihres Geldes“. Dieses aber müsse verfügbar sein und dürfe nicht erst im Falle des Bedarfs aufzubringen versucht werden; es müsse überdies in großen Mengen vorhanden sein, denn die Kosten des Krieges ließen sich nicht im voraus berechnen[67].

Auch Montecuccoli besaß demnach eine klare Vorstellung von der immensen Bedeutung, die den Finanzen bei jeder Art von bewaffneten Konflikten zugemessen werden mußte. Aber der Kontext seiner Äußerungen macht gleichwohl deutlich, daß allen pekuniären und marktorientierten Überle-

[65] *William H. McNeill,* Krieg und Macht. Militär, Wirtschaft und Gesellschaft vom Altertum bis heute, München 1984, 97 ff. Vgl. ferner auch *Howard,* Der Krieg in der europäischen Geschichte (Anm. 55), 73 ff.

[66] *R. Graf Montecuccoli,* Abhandlung über den Krieg (Anm. 23), 76. Vgl. zu den grundsätzlichen Aspekten auch *Michael Stolleis,* Pecunia nervus rerum. Zur Staatsfinanzierung der frühen Neuzeit, Frankfurt a. M. 1983.

[67] *R. Graf Montecuccoli,* Abhandlung über den Krieg (Anm. 23), 76 f. Zum Gesamtzusammenhang auch *Harm Klueting,* Die Lehre von der Macht der Staaten. Das außenpolitische Machtproblem in der „politischen Wissenschaft“ und in der praktischen Politik im 18. Jahrhundert (Historische Forschungen, 29), Berlin 1986.

gungen, die man im Umkreis der monarchischen Fürstenstaaten hinsichtlich der Kosten militärischer Unternehmungen anstellte, kein autonomer Rang, sondern eine dienende Funktion zugebilligt wurde. Handel und Gewerbe galten hier nicht als Bereiche, die eigenen Gesetzen gehorchten. Angesichts der bis in die 70er Jahre des 18. Jahrhunderts maßgeblichen Auffassung, daß die Reichtümer und Ressourcen in einem Prozeß fortwährender Zirkulation umgeschichtet würden und das Nahrungstableau unverändert bleibe, war es gar nicht vorstellbar, daß sich die Wirtschaftsentwicklung verselbständigen und mit wachsender Eigendynamik entfalten könne[68]. Handel und Gewerbe wurden vielmehr für Zwecke zu mobilisieren versucht, die in einer gänzlich anderen Mentalität verwurzelt waren. Norbert Elias hat in seinem Buch über den Hof Ludwigs XIV. den Nachweis geführt, daß es auch im Rahmen der höfischen Gesellschaft durchaus wirtschaftlich bedingte Interdependenzen gab; aber im Unterschied zur Sphäre einer an Profit und Produktivitätssteigerung orientierten Rationalität waren sie nicht von der Kalkulation ökonomischer Machtchancen abhängig. Das Standesethos des höfischen Menschen, betont Elias, „war kein verkapptes Wirtschaftsethos, sondern etwas von diesem konstitutiv Verschiedenes. Das Dasein in der Distanzierung und im Glanze des Prestiges [...] war für den höfischen Menschen durchaus Selbstzweck“, und der Wert dieses Daseins bedurfte keiner Begründung, vor allem keiner aus irgendeinem Nutzen[69]. Mir scheint, daß diese Einschätzung auch auf das mächtepolitische Verhalten der Fürstenstaaten übertragbar ist. Auch sie handelten nicht nach Prinzipien, denen eine Kalkulation von Gewinn und Verlust im materiellen Sinne zugrunde lag, sondern nach der „Rationalität höfischer Menschen“, die sich an Prestige und Statuskriterien orientierten. Dabei spielte es nach Auffassung von Thomas Hobbes auch keine Rolle, „ob eine Handlung gerecht oder ungerecht ist, wenn sie nur groß und schwierig und folglich ein Zeichen von Macht ist. Denn Ehre“, so lautete seine Schlußfolgerung, „besteht nur in der Meinung, daß Macht vorliegt“[70].

Es ist bemerkenswert, wie auch Petrus Valckenier, ein Amsterdamer Advokat und Publizist, der 1668 mit einem durch den Devolutionskrieg ver-

---

[68] Im einzelnen *Johannes Burkhardt,* Das Verhaltensleitbild „Produktivität“ und seine historisch-anthropologische Voraussetzung, in: Saeculum 25 (1974), 277 - 289; *ders.,* Der Umbruch der ökonomischen Theorie, in: Verhaltenswandel in der Industriellen Revolution. Beiträge zur Sozialgeschichte, hrsg. von August Nitschke, Stuttgart 1975, 57 - 72, und *Volker Hentschel,* Produktion, Produktivität, in: Geschichtliche Grundbegriffe. Historisches Lexikon zur politisch-sozialen Sprache in Deutschland, hrsg. von Otto Brunner/Werner Conze/Reinhart Koselleck, Bd. 5, Stuttgart 1984, 1 - 26. Vgl. darüber hinaus auch *Howard,* Der Krieg in der europäischen Geschichte (Anm. 55), 68ff.

[69] *Norbert Elias,* Die höfische Gesellschaft. Untersuchungen zur Soziologie des Königtums und der höfischen Aristokratie, 2. Aufl., Frankfurt a.M. 1975, 156f. und 141.

[70] *Hobbes,* Leviathan (Anm. 15), 156; die deutsche Übersetzung, ebd., 71.

anlaßten Aufriß des mächtepolitischen Szenariums seiner Zeit hervortrat und darin die wahren Fundamente und Ursachen der Kriege und Revolutionen in Europa zu ergründen suchte, dem durch das Selbstverständnis der Monarchien geprägte Instrumentarium der Mächtepolitik verhaftet blieb[71]. So äußerte er die überaus skeptische Überzeugung, daß Freundschaft und Friede im Mächtesystem auf nichts anderem beruhten als auf gegenseitiger Furcht und das Recht nur durch den Mund der Kanonen zur Geltung komme. Erst ganz im Hintergrund zeichneten sich dabei jene neuen mächtepolitischen Perspektiven ab, denen ein Handelsstaat wie die Niederlande verpflichtet sein mußte. So erkannte er auch hellsichtig die handelspolitischen Implikationen der Auseinandersetzungen zwischen Parlament und Krone in England. Das Unterhaus, führte er aus, fürchte, daß bei unumschränkten Machtbefugnissen des Königs der Kaufhandel beeinträchtigt werde und die allgemeine Wohlfahrt durch die hohen Auflagen und Schatzungen der Krone Schaden nehme. Und da er sich selbst als Protagonist einer freien Handelsrepublik mit gemischter Regierungsverfassung verstand, gelangte er zu der mächtepolitischen Maxime, daß Konflikte zu vermeiden seien, weil nichts den Kaufhandel mehr verwüste als der Krieg. An solchen hier noch ganz peripher geäußerten Gedanken wird erkennbar, daß das Prinzip des freien Handels und der freien Seefahrt erst ganz allmählich aus dem Schatten einer nach höfischen Regeln aufgefaßten Mächtepolitik heraustrat und eine autonome Interessenlehre zu entfalten vermochte[72].

Im Nordischen Krieg waren es nur die Seemächte, vor allem die Niederlande, die in dem durch Schweden heraufbeschworenen Länderrevirement ihre Handelsinteressen in der Ostsee mit Vorrang zu wahren suchten[73]. Die Fäden des Welthandelssystems liefen zu dieser Zeit immer noch in Amsterdam zusammen[74]. Die Grundlage der holländischen Handelsdominanz blieb bis zu ihrem Niedergang im 18. Jahrhundert die Schiffahrt in der Ostsee, die

---

71 Vgl. im einzelnen *Meinecke,* Petrus Valkeniers Lehre (Anm. 28), 162 - 173, und *Lademacher,* Geschichte der Niederlande (Anm. 28), 149.

72 *Meinecke,* Petrus Valkeniers Lehre (Anm. 28), 172f.

73 Vgl. zur englischen Politik im Zeitalter des Nordischen Krieges *Charles Wilson,* Profit and Power. A Study of England and the Dutch Wars, London/New York/Toronto 1957, 82 - 85. Vgl. ferner *Ernst Schulin,* Englands Außenhandel im 17./18. Jahrhundert. Ein Literaturbericht, in: VSWG 48 (1961), 503 - 537, hier bes. 510 - 514; *Bernd Martin,* Außenhandel und Außenpolitik Englands unter Cromwell, in: HZ 218 (1974), 571 - 592, hier 588ff.; *Hans-Christoph Junge,* Flottenpolitik und Revolution. Die Entstehung der englischen Seemacht während der Herrschaft Cromwells (Veröffentlichungen des Deutschen Historischen Instituts London, 6), Stuttgart 1980, bes. 307 - 313. Zum Gesamtzusammenhang auch *Artur Attman,* The Struggle for Baltic Markets. Powers in Conflict 1558 - 1618, Göteborg 1978, and *Miroslav Hroch,* Handel und Politik im Ostseeraum während des Dreißigjährigen Krieges. Zur Rolle des Kaufmannskapitals in der aufkommenden allgemeinen Krise der Feudalgesellschaft in Europa, Prag 1976.

74 Vgl. *Peter Kriedte,* Spätfeudalismus und Handelskapital. Grundlinien der europäischen Wirtschaftsgeschichte vom 16. bis zum Ausgang des 18. Jahrhunderts, Göttingen 1980, 100.

„Oostersche Navigatie“[75]. Da die dänischen Könige seit 1429 bei Helsingör einen Zoll für alle den Sund passierenden Schiffe erhoben und seit 1497 die Schiffsbewegungen auch registrieren ließen, sind sehr präzise Angaben über den Ostseehandel möglich[76]. Von der ca. 568 000 t umfassenden Handelskapazität der Niederlande waren bis zum Jahre 1670 etwa 36,4 % in der Ostseefahrt eingesetzt (Abb. 3). Allerdings blieb gerade der Handel auf den baltischen Märkten von gesamteuropäischen, häufig durch militärische Konflikte bedingten Krisenerscheinungen nicht unberührt[77]. Nachdem es schon in den 20er Jahren zu einer Rezession gekommen war, setzte mit dem Beginn der englisch-holländischen Kriege (1652) eine lang anhaltende Depression ein, die mit Ausnahme eines kurzen Aufschwungs in den 80er Jahren bis in das zweite Jahrzehnt des 18. Jahrhunderts andauerte[78]. Von den insgesamt 2816 Schiffsbewegungen, die im Öresund in den Jahren von 1651 bis 1657 registriert wurden, entfielen 1676, d.h. 63,1 %, auf holländische Handelsschiffe[79]. Der wichtigste Umschlagplatz war der Hafen von Danzig; im Stichjahr 1587 liefen etwa die Hälfte aller in der Ostsee verkehrenden Handelsschiffe (1690) die Weichselmündung an[80]. Darüber hinaus spielten auch die Häfen von Königsberg, Riga, Reval, Narva, Stockholm und Karlskrona eine herausragende Rolle. Neben dem Getreide- und Eisenhandel erlangten vor allem die für den sich damals rasch entwickelnden Schiffsbau erforderlichen Rohstoffe ein solches Gewicht, daß nicht zuletzt auch

---

[75] *Walther Vogel,* Zur Größe der europäischen Handelsflotten im 15., 16. und 17. Jahrhundert. Ein historisch-statistischer Versuch, in: Forschungen und Versuche zur Geschichte des Mittelalters und der Neuzeit. Festschrift für Dietrich Schäfer zum 70. Geburtstag, Jena 1915, 268 - 333, hier 302 - 320, bes. 309 ff.

[76] Die entsprechenden Register sind veröffentlicht in: Tabeller over Skibsfart og Varetransport gennem Øresund 1497 - 1660, bearb. von *Nina Ellinger Bang,* Teil 1: Tabeller over Skibsfarten, Kopenhagen / Leipzig 1906, Teil 2: Varetransporten, 2 Bde., Kopenhagen / Leipzig 1922/1933. Auswertungen dieser Register bieten die beiden umfangreichen Untersuchungen von *Aksel E. Christensen,* Der handelsgeschichtliche Wert der Sundzollregister. Ein Beitrag zu seiner Beurteilung, in: HansGbll 59 (1934), 28 - 142, und *Pierre Jeannin,* Les comptes du Sund comme source pour la construction d'indices généraux de l'activité économique en Europe (XVIe - XVIIIe siècle), in: RH 231 (1964), 55 - 102 und 307 - 340.

[77] Vgl. *Inna Lubimenko,* The Struggle of the Dutch with the English for the Russian Market in the 17th Century, in: Transactions of the Royal Historical Society 4. Ser., 7 (1924), 27 - 51; *Frits Snapper,* Oorlogsinvloeden op de Overzeese Handel van Holland 1551 - 1719, Phil. Diss. Amsterdam, Amsterdam 1959, hier bes. 126 ff. Ferner *Walther Vogel,* Handelskonjunkturen und Wirtschaftskrisen in ihrer Auswirkung auf den Seehandel der Hansestädte 1560 - 1806, in: HansGbll 74 (1956), 50 - 64, hier bes. 54 ff.

[78] *Kriedte,* Spätfeudalismus und Handelskapital (Anm. 74), 100 f.

[79] Diese Zahlen nennt *Dietrich Schäfer,* Die Sundzollrechnungen als internationale Geschichtsquelle, in: Internationale Wochenschrift für Wissenschaft, Kunst und Technik 1 (1907), 365 - 374 und 401 - 410, hier bes. 371. Vgl. ferner *Nicolaas Frans Noordam,* De Republiek en de Noordse Oorlog 1655 - 1660, Phil. Diss. Utrecht, Assen 1940, 9 ff.

[80] *Schäfer,* Die Sundzollrechnungen (Anm. 74), 404 und 410. Umfassend darüber hinaus *Walther Vogel,* Beiträge zur Statistik der deutschen Seeschiffahrt im 17. und 18. Jahrhundert, in: HansGbll 57 (1932), 78 - 151, und – zusammenfassend – *ders.,* Handelskonjunkturen und Wirtschaftskrisen (Anm. 77), 55 ff.

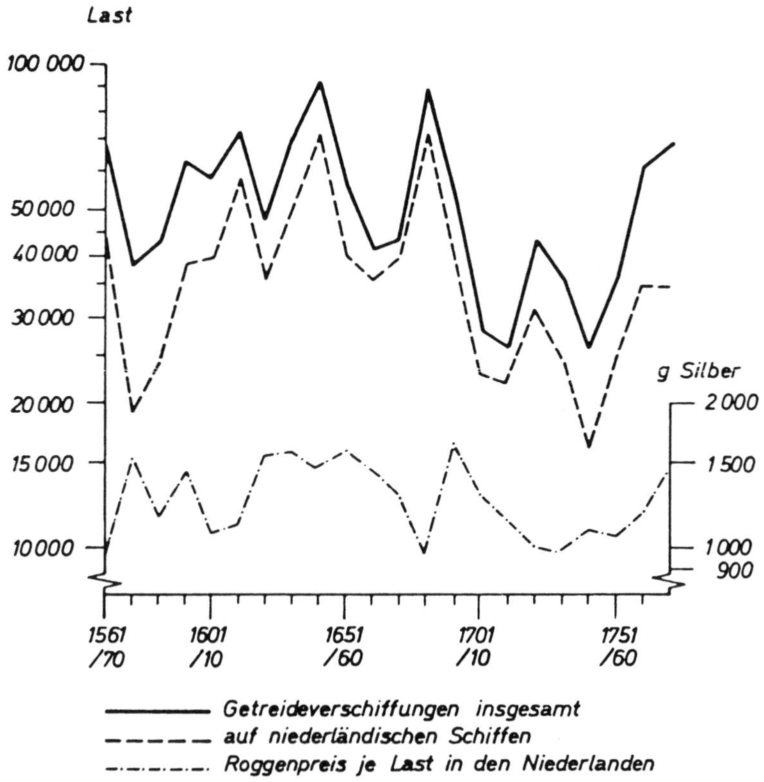

Abb. 3: Die Getreideverschiffungen durch den Sund nach Westeuropa 1562 - 1780 (Zehnjahresdurchschnitte in Last. Die durchschnittliche Tragfähigkeit der in der Ostseefahrt tätigen Handelsschiffe betrug während des hier erfaßten Zeitraums rund 60 - 75 Last = 120 - 150 t) – nach Peter Kriedte, Spätfeudalismus und Handelskapital, Göttingen 1980, 86.

wegen dieses Marktes die Ostsee als eine geostrategisch hochbrisante Region eingeschätzt werden muß (Abb. 4). Dabei war das Eichenholz der südlichen Anrainerländer ebenso begehrt wie die hohen Tannen aus Schweden und Rußland, die für die Herstellung von Schiffsmasten benötigt wurden[81]. Hinzu traten Produkte wie Hanf, Flachs, Pech, Teer und Talg, die bei den forcierten Versuchen, den Schiffsbau auf die Grundlage einer seriellen Fertigung zu stellen, ständig und in großen Mengen verfügbar sein mußten[82]. An

[81] Im einzelnen *P. Merino/M. Acerra/J. Meyer,* Europäische Kriegsmarinen im 17. und 18. Jahrhundert – Ein Überblick, in: Wirtschaftskräfte und Wirtschaftswege. Festschrift für Hermann Kellenbenz, hrsg. von Jürgen Schneider, Bd. 5, Stuttgart 1981, 267 - 282, hier 269.

[82] Im einzelnen *Mediger,* Mecklenburg, Rußland und England-Hannover (Anm. 16), Bd. 1, 154ff.

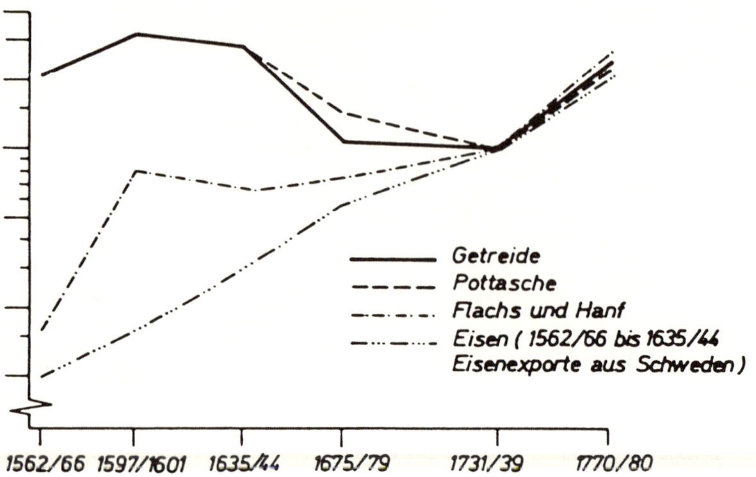

Abb. 4: Exporte durch den Sund nach Westeuropa 1562/66 - 1770/80 (Mengen 1731/39 = 100) – nach Peter Kriedte, Spätfeudalismus und Handelskapital, Göttingen 1980, 122.

Fakten wie diesen wird sichtbar, welche Bedeutung dem Ostseehandel im allgemeinen und dem der Niederlande im besonderen beizumessen ist.

Bezeichnend ist deshalb, daß die Generalstaaten im Sommer 1656 mit einer aus Kriegs- und Kauffahrteischiffen bestehenden Flotte[83] Karl X. Gustav dazu zwangen, die Belagerung von Danzig aufzuheben und am 11. September in ein Handelsabkommen einzuwilligen, das den Ostseehandel gegen die schwedische Schatzungspolitik sichern sollte[84]. Sie verzichteten damit auf den bemerkenswerten Plan, Danzig in den Status einer von Schweden wie Polen unabhängigen Handelsstadt zu erheben. Mit ähnlichem Nachdruck agierten sie auch, als Karl X. sich anschickte, den im Frieden von Roskilde (27. Februar 1658) schon entscheidend geschwächten Konkurrenten Dänemark endgültig zu überwältigen. Nachdem der noch keineswegs abgeschriebene Erwerb des Herzogtums Preußen mit seinen gewinnbringen-

---

[83] Schiffe, die für die speziellen Erfordernisse des Seekriegs ausgerüstet waren, setzten sich erst nach den englisch-holländischen Kriegen (1652 - 1654 und 1665 - 1667) und dem von Colbert energisch vorangetriebenen Ausbau der französischen Kriegsmarine durch; vgl. *Merino/Acerra/Meyer,* Europäische Kriegsmarinen (Anm. 81), 368f.; zu den militärhistorischen Aspekten der holländischen Flottenpräsenz *Parker,* Die militärische Revolution (Anm. 1), 126ff. Zu den Einzelheiten, vor allem der Zusammensetzung der holländischen Flotte vor Danzig, *Carl Ballhausen,* Der erste Englisch-Holländische Seekrieg 1652 - 1654 sowie der Schwedisch-Holländische Seekrieg 1658 - 1659, Haag 1923, 702ff.

[84] Vgl. zum Gesamtzusammenhang der holländischen Politik im Nordischen Krieg *Charles Ralph Boxer,* The Dutch Seaborn Empire 1600 - 1800, London 1965, und bes. *Herbert H. Rowen,* John de Witt, Grand Pensionary of Holland, 1625 - 1672, Princeton N. J. 1978, 303 - 333, zur Danzigfrage im besonderen 307ff.

den Hafenzöllen in weite Ferne gerückt schien und nach vollzogener Kaiserwahl überdies mit einer Offensive brandenburgischer und kaiserlicher Truppen im Reich und in Jütland gerechnet werden mußte, hatte sich Karl entschlossen, einen schon vor dem Roskildefrieden erwogenen Plan aufzugreifen und Dänemark als Ganzes zu annektieren. Er hätte auf diesem Weg die alleinige Verfügungsgewalt über die Sundzölle erlangt und dann das Dominium maris Baltici auch ohne Rücksichtnahme auf Dänemark aufzurichten vermocht.

In dieser Situation, als die völlige Inkorporierung Dänemarks und damit die einseitige Kontrolle der Ostseezugänge durch Schweden drohte, griff Holland erneut mit einer eilig entsandten Flotte unter dem Kommando des Admirals Jakob Obdam von Wassenaer ein, erzwang nach heftigen Abwehrversuchen der Schweden (Seeschlacht im Sund, 29. Oktober 1658) den Zugang in die Ostsee und entsetzte das belagerte Kopenhagen von der Seeseite her[85]. Doch dann blieb man untätig in der Absicht, das von Frankreich und England unterstützte Schweden zu schonen und im sog. „Haager Konzert" einen Friedensschluß auf der Grundlage des status quo zustande zu bringen. Erst als sich Karl Gustav weigerte, auf den von England und Holland geforderten Verzicht auf Trondheim und Bohuslän einzugehen, stellten die Generalstaaten eine zusätzlich entsandte Flotte unter Admiral Michiel de Ruyter zur Verfügung, um das Übersetzen der bereitstehenden brandenburgischen, österreichischen, polnischen und dänischen Truppen auf die Insel Fünen zu ermöglichen. In der Schlacht von Nyborg am 24. November 1659 fiel schließlich die Entscheidung[86]. Der Friedenschluß garantierte dann den Seemächten durch das Offenhalten des Sunds den Ostseehandel auch in Zukunft.

Die Freiheit der Meere und des Handels: auch diese Generalperspektive frühneuzeitlicher Staatenpolitik tritt im Nordischen Krieg als ein Leitmotiv außenpolitischen Handelns hervor[87]. Sie lag offenkundig im besonderen mächtepolitischen Interesse der Generalstaaten. Denn sie versuchten immer wieder mit großem Geschick, der Expansions- und Hegemonialpolitik Schwedens zugunsten eines Freihandelsprinzips Einhalt zu gebieten; sie bedienten sich dabei – in der Schlußphase des Krieges auch im Einvernehmen mit England und Frankreich – des Prinzips des Gleichgewichts der Kräfte, das dann in der folgenden Generation über das Dominium mare Bal-

---

[85] *Rowen,* John de Witt (Anm. 84), 321 ff. Zu den Einzelheiten des Kriegsgeschehens *(Hermann) Kirchhoff,* Seemacht in der Ostsee, Bd. 1: Ihre Einwirkung auf die Geschichte der Ostseeländer im 17. und 18. Jahrhundert, Kiel 1907, 43 - 62, und *Opitz,* Österreich und Brandenburg im Schwedisch-Polnischen Krieg (Anm. 1), 267 - 272.

[86] *Opitz,* Österreich und Brandenburg im Schwedisch-Polnischen Krieg (Anm. 1), 270 ff.

[87] Vgl. über die Entstehung dieses Postulats im Rahmen des frühmodernen Völkerrechtsdenkens *Schmitt,* Der Nomos der Erde (Anm. 7), 143 - 156.

tici hinausgreifend zu einem der maßgeblichen Steuerungsinstrumente der gesamten Staatenpolitik weiterentwickelt wurde[88].

Der Nordische Krieg von 1655 - 1660 ist deshalb als ein Staatenkonflikt einzuschätzen, in dem eine Reihe von Grundelementen frühneuzeitlicher Mächtepolitik mit besonderer Eindringlichkeit zutage tritt. Vor allem mit dem Blick auf übergreifende Kausalzusammenhänge und langfristige Leitmotive erweist er sich als ein Szenarium, das die Umrisse des mächtepolitischen Handlungsgefüges des 17. und 18. Jahrhunderts zu erkennen gibt. Montecuccoli hat in der Dedikation seines Traktats „Del arte militare", den er 1653 auf seiner Herrschaft Hohenegg niederschrieb und Kaiser Ferdinand III. widmete, in einem Satz einen Kanon derjenigen Aufgaben entworfen, dem sich ein tugendhafter und verehrungswürdiger Herrscher zu widmen habe. Den Staat im Kriege zu vergrößern, lautet die erste dieser Forderungen. Es schien im Selbstverständnis der Zeit außer Frage zu stehen, daß in der Ausdehnung der Staaten ein Wert an sich liege, obwohl es spätestens seit dem grandiosen Aufstieg der Niederlande ja keineswegs mehr ausgemacht war, daß die großen, dynastisch geprägten Flächenstaaten den kleineren, häufig republikanisch verfaßten gegenüber immer an Machtfülle und Effizienz überlegen waren[89]. Aber es gehörte eben auch in der frühen Neuzeit noch zu den erhabensten aller Herrschertugenden, als Mehrer des Reiches in Erscheinung zu treten. Und selbstverständlich war es der Krieg, der als unbestritten legitimes Instrument zu diesem Ziele führte[90]. Denn es war eine

---

[88] Im einzelnen *Werner Hahlweg,* Barrière – Gleichgewicht – Sicherheit. Eine Studie über die Gleichgewichtspolitik und die Strukturwandlung des Staatensystems in Europa 1646 - 1715, in: HZ 187 (1959), 54 - 89; *ders.*, Wilhelm III., Prinz von Oranien. Untersuchungen zur Barrierepolitik Wilhelms III. von Oranien und der Generalstaaten im 17. und 18. Jahrhundert, in: Westfälische Forschungen 14 (1961), 42 - 81; *ders.*, Konflikt – Politik – Strategie – Sicherheitsprobleme. Genesis, Funktion und Schicksal des niederländischen Barrieresystems im 17. und 18. Jahrhundert, in: Um Recht und Freiheit. Festschrift für F. A. von der Heydte, Berlin 1977, 1323 - 1339; *Horst Lademacher,* Wilhelm III. von Oranien und Anthonie Heinsius, in: RheinVjbll 34 (1970), 252 - 266.

[89] William McNeill hat z.B. darauf hingewiesen, daß die transalpinen Großmächte erst um die Mitte des 17. Jahrhunderts, also mit einer Verspätung von etwa 200 Jahren, „das Niveau der administrativen Organisation und Steuerung der bewaffneten Macht erlangten, das Venedig und Mailand" bereits im 15. Jahrhundert erreicht hatten. Es sei eine Tatsache, führt er aus, „daß beinahe jeder Aspekt des französischen und österreichischen Heerwesens und seine Organisation während der zweiten Hälfte des 17. Jahrhunderts von diesen beiden italienischen Stadtstaaten vorweggenommen worden war. Die zivile Aufsicht über das militärische Versorgungswesen, die regelmäßige Besoldung der Truppen aus Steuereinkünften, zusammen mit der Differenzierung und taktischen Koordinierung von Fußvolk, Reiterei und Artillerie, all dies hatten die italienischen Stadtstaaten des 15. Jahrhunderts mit den transalpinen Monarchien des 17. gemeinsam. Selbst dem Wirken von Ludwigs XIV. berühmten Kanzler Michel Le Tellier und seinem Sohn, dem Kriegsminister Marquis de Louvois, die die Versorgung des Heeres neu gestalteten, die Struktur vereinheitlichten und die Ausrüstung standardisierten, läßt sich als enge Parallele die Tätigkeit des kaum bekannten venezianischen Proveditore Belpetro Masselini (im Amt von 1418 - 1455) an die Seite stellen, der das gleiche für die Truppen leistete, die der Republik von San Marco dienten". *McNeill,* Krieg und Macht (Anm. 65), 118 f.

Sache der Ehre, des Prestiges und der heroischen Selbstbehauptung, nicht eine Angelegenheit finanziellen Kalküls und materiellen Vorteils[91].

Doch sollte der Fürst – und das sind die weiteren Tugenden, auf die Montecuccoli seinen Herrscher zu verpflichten suchte – auch gehalten sein, den Staat im Frieden zu kräftigen, die Religion wieder zu reinigen und die Nachfolge zu sichern. Alle diese Maßregeln und Empfehlungen waren klassische Bestandteile frühneuzeitlichen Staatsdenkens. Sie waren das von aristokratischen Wertvorstellungen durchdrungene Instrumentarium, mit dem im Kreise der politisch und militärisch handlungsfähigen Fürstenstaaten Mächtepolitik gemacht wurde. Nur fehlten in diesem Kanon jene Elemente einer neuen Rationalität, wie sie sich mit dem Aufstieg der Niederlande und Englands in den Beziehungen der Mächte allmählich durchzusetzen begannen.

Es ist Ludwig XIV. gewesen, der die Andersartigkeit dieses Denkens mit dem Blick auf die Niederlande präzise erfaßt und vom Standpunkt seines Fürstenideals mit grimmiger Verächtlichkeit beurteilt hat. Der wahre Fürst, äußerte er in seinen Memoiren, sei von der Begierde nach Ruhm beseelt und dadurch befähigt, seine Eigensucht zu überwinden. Anders, fuhr er fort, verhalte es sich bei Leuten mittleren Standes, von denen die aristokratischen Staaten regiert würden. „Die Entscheidungen, die in ihren Ratssitzungen gefällt werden, beruhen auf keinem anderen Grundsatz als dem der Nützlichkeit". Diese Gremien, äußerte er, hätten kein Herz, das vom Feuer schöner Leidenschaften entzündet werden könne. Die Freude, die aus edlen Taten entspringe, die Schande, die auf Feigheit folge, die Dankbarkeit für Wohltaten und treue Dienste, alles das verflüchtige sich durch die Teilung der Herrschaft unter viele. Nur der Eigennutz regiere den einzelnen wie den Staat: „Er allein ist die Regel, die ihr Verhalten bestimmt"[92].

Dieser Eigennutz war in der Tat die maßgebliche mächtepolitische Handlungsmaxime der Handelsstaaten Holland und England. Auch ein nichtfürstlicher Beobachter wie der Staatskanzler Kaunitz hat das immer wieder so beurteilt[93]. Im Nordischen Krieg sind es nur die Niederlande gewesen, die

---

90 Was hier als Herrscherlob gemeint ist, hat Montecuccoli an anderer Stelle allerdings sehr viel kritischer beurteilt. Dort findet sich der bemerkenswerte, offenbar verächtlich gemeinte Satz, daß die Fürsten „die Größe des Ruhms mit der Größe des Reichs (zu) messen" pflegen. Vgl. *R. Graf Montecuccoli,* Abhandlung über den Krieg, in: Ausgewählte Schriften (Anm. 23), Bd. 1, 23f.

91 Vgl. im einzelnen *Johannes Kunisch,* La guerre – c'est moi. Zum Problem der Staatenkonflikte im Zeitalter des Absolutismus, in: ZHF 14 (1987), 407 - 438, hier bes. 429 - 438, und *McNeill,* Krieg und Macht (Anm. 65), 97ff.

92 Mémoires de Louis XIV (Anm. 24), 207f.; die deutsche Übersetzung 222f. Vgl. darüber hinaus die eindringliche Untersuchung von *Carl Hinrichs,* Zur Selbstauffassung Ludwigs XIV. in seinen Mémoires, in: ders., Preußen als historisches Problem. Gesammelte Abhandlungen, Berlin 1964, 299 - 315.

93 So beklagte er etwa in einer Denkschrift vom 24. März 1749 „die beständige Eifersucht der See-Mächten in Ansehung der Commercii, der Holländische Eigen-

konsequent nach diesem Prinzip gehandelt haben. Aber es ist unverkennbar, daß sich hier ein neues Leitmotiv herauszubilden begann, das in den Staatenbeziehungen des Ancien régime immer größere Bedeutung erlangte. Nicht zuletzt unter diesem Aspekt erweist sich der Nordische Krieg als eine Parabel frühneuzeitlicher Mächtekonflikte.

nutz, durch Vermeidung der Kriegs Declaration die Handelsschafft aufrecht zu erhalten, und mehr und mehr an sich zu ziehen"; vgl. die Denkschrift des Grafen Kaunitz zur mächtepolitischen Konstellation nach dem Aachener Frieden von 1748, bearb. von *Reiner Pommerin* und *Lothar Schilling,* in: Expansion und Gleichgewicht. Studien zur europäischen Mächtepolitik des ancien régime, hrsg. von Johannes Kunisch (ZHF, Beiheft 2), Berlin 1986, 165 - 239, hier 188; eine ähnliche Äußerung auch ebd., 186.

Ludwigs XIV. Außenpolitik zwischen Staatsräson, ökonomischen Zwängen und Sozialkonflikten

Von Klaus Malettke, Marburg/L.

„Tout l'art de la politique est de se servir des conjonctures ..."[1]. Günstige Konjunkturen auf dem Felde der Außenpolitik rechtzeitig erfassen zu können, setzt aber, wie Ludwig XIV. in seinen „Mémoires historiques et instructions pour le Dauphin" ausführt[2], beim Herrscher die Entschlossenheit voraus, „avoir les yeux ouverts sur toute la terre; apprendre incessament les nouvelles de toutes les provinces et de toutes les nations, le secret de toutes les cours, l'humeur et le foible [!] de tous les princes et de tous les ministres étrangers, être informé d'un nombre infini de choses qu'on croit que nous ignorons ..."[3]. Diesen an den zukünftigen Thronfolger gerichteten Forderungen hat Ludwig XIV. selbst in einem Maß und mit einer Intensität Rechnung getragen, wie man dies unter seinen Vorgängern nicht gekannt hat. Von seinen Ministern, Staatssekretären, Gesandten im Ausland und sonstigen Ratgebern verlangte er, detailliert und so exakt wie möglich über die Ereignisse im Innern Frankreichs sowie über die Vorgänge an den Höfen und in den Territorien der auswärtigen Fürsten und Herrschaften informiert zu werden. Sein Bedürfnis nach umfassender und ungeschminkter Information ging sogar so weit, daß er neben den offiziellen staatlichen Kanälen ein eigenes Netz persönlicher Korrespondenten und Informanten aufbaute[4].

Ludwig XIV. hat während der gesamten Zeit seiner vierundfünfzigjährigen persönlichen Regierung die Außenpolitik als die ureigenste Domäne seines Metiers als König betrachtet und entsprechend gehandelt. Aber obwohl wir über eine Fülle wissenschaftlicher Arbeiten über den wohl mar-

---

[1] Mémoires historiques et instructions de Louis XIV pour le Dauphin, son fils, première partie, livre troisième, section première, année 1662, in: *Ph. A. Grouvelle* (Hrsg.), Œuvres de Louis XIV, 1, Paris 1806, 185.

[2] Die sog. „Memoiren" Ludwigs XIV. stellen – wie neuere Forschungen erwiesen haben – eine verläßliche Quelle für die Erfassung der politischen Ideen und Überzeugungen Ludwigs XIV. dar. Vgl. dazu *Paul Sonnino,* The dating and authorship of Louis XIV' Mémoires, in: French Historical Studies 3 (1964), 303 - 337; *Jean-Louis Thireau,* Les idées politiques de Louis XIV (Travaux et recherches de l'Université de Droit, d'Economie et de Sciences Sociales de Paris, Série Sciences Historiques, 4), Paris 1973, 12 - 31.

[3] Mémoires historiques et instructions de Louis XIV pour le Dauphin, première partie, livre premier, année 1661 (Anm. 1), 22.

[4] Vgl. *John B. Wolf,* Louis XIV, London 1968, 166f.

kantesten Repräsentanten des monarchischen Absolutismus verfügen, sind unsere Kenntnisse über dessen Außenpolitik immer noch recht oberflächlich und sehr lückenhaft[5]. Die im Jahre 1950 erschienene Arbeit von Louis André über Ludwig XIV. und Europa und die derselben Thematik gewidmeten, aber insgesamt sehr knappen Studien von Victor-Lucien Tapié und Ragnhild Hatton aus den 60er und 70er Jahren stellen – trotz ihrer unbestreitbaren Verdienste – nur erste Beiträge zu einer umfassenden Analyse der auswärtigen Politik des Sonnenkönigs dar[6]. Indessen ist nicht zu bestreiten, daß durch neuere und neueste Untersuchungen zu Einzelfragen der französischen Außenpolitik und zur Politik Frankreichs im Zusammenhang mit den Kriegen in der zweiten Hälfte des 17. und zu Beginn des 18. Jahrhunderts wesentliche Impulse zu einer intensiveren Beschäftigung mit diesem für die Geschichte der internationalen Beziehungen wichtigen Thema gegeben wurden[7]. Gleichwohl wird aber eine moderne, vor allem auf der Auswertung der in den Pariser Archiven und Bibliotheken lagernden Archivalien basierende Monographie über die Außenpolitik Ludwigs XIV. nicht zuletzt wegen der kaum überschaubaren Fülle dieses Quellenmaterials noch lange Zeit ein Desiderat der Forschung bleiben.

In Anbetracht der skizzierten Forschungslage ist bei einer Analyse der Außenpolitik Ludwigs XIV. – zumal im Rahmen eines zeitlich begrenzten Vortrags – eine Beschränkung auf einige wenige, aber zentrale Aspekte unumgänglich. In meinen Ausführungen zum genannten Thema werde ich daher folgende drei Fragenkomplexe behandeln:

1. Grundelemente und Grundzüge der Außenpolitik Ludwigs XIV.;
2. Ludwigs XIV. Außenpolitik im Kontext wirtschaftlicher und sozialer Faktoren und Entwicklungen;

---

[5] Vgl. *Victor-Lucien Tapié,* Quelques aspects généraux de la politique étrangère de Louis XIV, in: XVIIe Siècle 46 - 47 (1960), 3; der vollständige Beitrag 1 - 28; *Peter-Michael Hahn,* Frankreich und das Reich während des 17. Jahrhunderts im Spiegel der deutschen Geschichtswissenschaft des 19. und 20. Jahrhunderts, in: HZ 247 (1988), 93.

[6] *Louis André,* Louis XIV et l'Europe (L'évolution de l'humanité, 64), Paris 1950; *Tapié,* Quelques aspects généraux de la politique étrangère de Louis XIV (Anm. 5); *ders.,* Louis XIV's Methods in Foreign Policy, in: Ragnhild Hatton (Hrsg.), Louis XIV and Europe, London / Basingstoke 1976, 3 - 15; *Ragnhild Hatton,* Louis XIV and his Fellow Monarchs, in: John C. Rule (Hrsg.), Louis XIV and the Craft of Kingship, Ohio State University Press 1969, 155 - 195; erneut abgedruckt in: *Hatton,* Louis XIV and Europe, 16 - 59; *Ragnhild Hatton,* Louis XIV et l'Europe: Eléments d'une révision historique, in: XVIIe Siècle 123 (1979), 109 - 135; der Außenpolitik Ludwigs XIV. gewidmet ist außerdem die Doppelnummer 46/47 der Zeitschrift „XVIIe Siècle" aus dem Jahre 1960.

[7] Hinzuweisen ist besonders auf: *Henry Kamen,* The War of Succession in Spain 1700 - 15, London 1969; *Carl J. Ekberg,* The Failure of Louis XIV's Dutch War, Chapel Hill 1979; *Charles Boutant,* L'Europe au grand tournant des années 1680. La succession palatine, Paris 1985; *Paul Sonnino,* Louis XIV and the origins of the Dutch War, Cambridge / New York u. a. 1988. Die neueren deutschen Arbeiten sind genannt in: *Hahn,* Frankreich und das Reich (Anm. 5), 53 - 94.

3. Frankreichs außenpolitische Position am Ende der Regierung Ludwigs XIV.

1. Grundelemente und Grundzüge der Außenpolitik Ludwigs XIV.

Ludwig XIV. hat auf dem Feld der Außenpolitik kein langfristig konzipiertes Programm, keinen „grand dessein", verfolgt. Bei näherer Betrachtung erweist er sich sowohl im Bereich der inneren als auch auf dem Sektor der äußeren Politik als Pragmatiker, der die in den jeweiligen politischen Konstellationen angelegten Handlungsmöglichkeiten im Interesse der Krone und des Staates aufzugreifen entschlossen war[8]. Dabei verhielt er sich aber keineswegs abwartend, sondern war stets bestrebt, für Frankreich günstige außenpolitische Konstellationen herbeizuführen, antifranzösische Koalitionen im Ansatz zu verhindern oder – wenn dies nicht möglich war – sie durch präventive militärische Aktionen zu zerschlagen.

Während der gesamten Zeit der persönlichen Regierung Ludwigs XIV. lag die Verantwortung für die französische Außenpolitik beim König. Er allein traf entweder im „Conseil d'en haut", dem wichtigsten Gremium des Königlichen Rats (Conseil du Roi), oder nach Beratungen mit einzelnen Ministern die Entscheidungen in auswärtigen Angelegenheiten[9]. Dieses Verfahren schloß natürlich nicht aus, daß phasenweise der eine oder andere Minister eine größere Rolle in den politischen Entscheidungsprozessen spielte, wie es z. B. seit den Vorbereitungen des Krieges gegen die Republik der Vereinigten Niederlande beim „secrétaire d'Etat de la guerre" Louvois der Fall war[10]. Ludwig XIV. übertrieb aber keineswegs, als er im Hinblick auf sein stetes persönliches Engagement im Bereich der Außenpolitik feststellte: „On me vit toujours traiter immédiatement avec les ministres étrangers, recevoir les dépêches, faire moi-même une partie des réponses et donner à mes secrétaires la substance des autres"[11].

Lassen weder die Quellen noch die konkrete Außenpolitik auf die Existenz einer längerfristig zu realisierenden Gesamtkonzeption schließen, so sind doch in den außenpolitischen Aktivitäten des Königs einige charakteristische Merkmale, einige handlungsleitende Grundüberzeugungen erkenn-

---

[8] Vgl. *André,* Louis XIV et l'Europe (Anm. 6), 3; *Pierre Goubert,* Louis XIV et vingt millions de Français, Paris 1966, 73 f.; *Hatton,* Louis XIV and his Fellow Monarchs (Anm. 6), 27; *Wolf,* Louis XIV (Anm. 4), 193; *Claude Michaud,* L'Europe de Louis XIV, Paris u. a. 1973, 60; *William Doyle,* The Old European Order 1660 - 1800, Oxford u. a. 1978, 269; *François Bluche,* Louis XIV, Paris 1986, 907.

[9] *André,* Louis XIV et l'Europe (Anm. 6), XVIII; *Goubert,* Louis XIV (Anm. 8), 73 f.; *Tapié,* Quelques aspects généraux de la politique étrangère de Louis XIV (Anm. 5), 5 f.; *André Corvisier,* Louvois, Paris 1983, 286, 489 f.; *Sonnino,* Louis XIV and the origins of the Dutch War (Anm. 7), passim; *Bluche,* Louis XIV (Anm. 8), 339.

[10] *Corvisier,* Louvois (Anm. 9), 241 - 289, 435 - 468, 488 - 492.

[11] Zitiert nach *André,* Louis XIV et l'Europe (Anm. 6), XVIII.

bar. Allgemein herrscht in der Forschung Einigkeit darüber, daß sich der König von einem sehr stark ausgeprägten Bedürfnis nach Ruhm und Reputation leiten ließ. Wie ein Leitmotiv ziehen sich die Begriffe „ma dignité, ma gloire, ma grandeur, ma réputation" durch seine „Memoiren" und durch zahlreiche andere Dokumente[12]. Persönlicher Ruhm, persönliches Ansehen waren für Ludwig XIV. mit der Macht und dem Wohl des Staates auf das engste verknüpft. Aber das Interesse des Staates hatte stets vor dem des Königs zu rangieren. „L'intérêt de l'Etat doit marcher le premier ... Quand on a l'Etat en vue, on travaille pour soi. Le bien de l'un fait la gloire de l'autre"[13]. Trotz aller bei Ludwig XIV. nicht zu leugnenden Tendenz, seine Reputation und seine Interessen mit denen des Staates gleichzusetzen, war er – wie dieses Zitat belegt – durchaus fähig, zwischen seiner Person und dem Staat zu differenzieren. Diesen Unterschied betonte er zuletzt auf dem Sterbebett, indem er feststellte: „Je m'en vais, mais l'Etat demeurera toujours"[14].

Es kann kein Zweifel daran bestehen, daß Ludwig XIV. mit der zeitgenössischen Konzeption der Staatsräson als der „Maxime staatlichen Handelns" vertraut war. Begriff und Konzept der Staatsräson waren bereits vor seiner Zeit geläufig, sie spielten eine zunehmende Rolle im Handeln der Fürsten und Politiker während der Jahrzehnte seiner Regierung. Obwohl der König – wie bereits gesagt – ebenso wie Richelieu viel mehr ein Mann der Tat als abstrakter Ideen war, hielt er sich bei seinen Entscheidungen in Staatsangelegenheiten stets an einige allgemeine Prinzipien. Dazu gehörten seine tiefempfundene Verantwortung für sein Handeln gegenüber Gott, seine hohe Meinung von seinen Pflichten als König und seine Entschlossenheit, in allen Belangen die Interessen des Staates wahrzunehmen. Welch große Bedeutung er seinem persönlichen Ansehen und der Reputation des Staates bei den

[12] Vgl. *André,* Louis XIV et l'Europe (Anm. 6), XVI f.; *Goubert,* Louis XIV (Anm. 8), 45, 74; *Tapié,* Louis XIV's Methods in Foreign Policy (Anm. 6), 3; *ders.,* Quelques aspects généraux de la politique étrangère de Louis XIV (Anm. 5), 6 f.; *Michaud,* L'Europe de Louis XIV (Anm. 8), 65; *Wolf,* Louis XIV (Anm. 4), 162, 185; *Hatton,* Louis XIV et l'Europe: Eléments d'une révision historique (Anm. 6), 116; *Georges Livet,* L'équilibre européen de la fin du XVe à la fin du XVIIIe siècle, Paris 1976, 92; *Bluche,* Louis XIV (Anm. 8), 339, 352, 793; *Sonnino,* Louis XIV and the origins of the Dutch War (Anm. 7), 10.
„ ... die Eigentümlichkeit vergangener Jahrhunderte (kann) nur zutreffend beurteilt werden, wenn ihre Leitbilder allen Vorbehalten zum Trotz anerkannt und als authentischer Bestandteil historischer Überlieferung interpretiert werden". *Johannes Kunisch,* La guerre – c'est moi! Zum Problem der Staatenkonflikte im Zeitalter des Absolutismus, in: ZHF 14 (1987), 437.

[13] Zitiert nach *André,* Louis XIV et l'Europe (Anm. 6), XII; vgl. dazu auch *Wolf,* Louis XIV (Anm. 4), 162, 185; *Hatton,* Louis XIV and his Fellow Monarchs (Anm. 6), 20 f.; *William F. Church,* Louis XIV and Reason of State, in: Rule, Louis XIV and the Craft of Kingship (Anm. 6), 371, 381.

[14] Zitiert nach *Fritz Hartung / Roland Mousnier,* Quelques problèmes concernant la monarchie absolue, in: Relazioni del X Congresso Internazionale di Scienze Storiche, Roma 4 - 11 settembre 1955, 4: Storia moderna, Firenze 1955, 9; vgl. auch *Church,* Louis XIV and Reason of State (Anm. 13), 370 f.

Zeitgenossen und in der Nachwelt beimaß, darauf ist bereits hingewiesen worden. Solche Prinzipien waren aber keineswegs nur bei Ludwig XIV. anzutreffen. Sie waren zu seiner Zeit innerhalb und außerhalb Frankreichs verbreitet. Zu Recht hat daher William F. Church zur Rolle der Staatsräson in der Politik Ludwigs XIV. festgestellt: „The basic principle of reason of state may therefore be said to have won widespread acceptance in the sense that predominant opinion held the interests of the state to be superior to those of any of its parts and willingly accorded Louis all necessary authority to implement this doctrine“[15].

Nach Ludwigs Überzeugung waren die Verteidigung des Staates und seine territoriale Ausdehnung nicht nur ein Gebot der Staatsräson, sondern sie gehörten auch zu den Pflichten, die dem französischen König durch die „Fundamentalgesetze“ der Monarchie auferlegt waren. Zu diesen zählte der alte Rechtssatz von der Unveräußerlichkeit des Krongutes, der königlichen „Domäne“, und der Unverjährbarkeit aller Ansprüche des Königs auf sie. War dieser Rechtssatz im Mittelalter von den Kronjuristen formuliert worden, um allen Ansprüchen auf Teile der französischen Monarchie zu begegnen, so wurde diese „loi fondamentale“ zur Zeit Richelieus nach außen gewendet, um eigene Forderungen auf fremde Rechte und Gebiete zu begründen. Dieser Grundsatz wurde nun „von der eigentlichen Krondomäne auf alle Ansprüche des Königs, auch die gegen auswärtige Staaten und Fürsten“, übertragen. Es wurde „kurzerhand alles, was jemals zum französischen Staatsgebiet gehört hatte oder worauf die Krone sonst Anspruch zu haben glaubte, als Teil der Domäne“ erklärt[16]. Damit waren aus französischer Sicht auch militärische Maßnahmen, die zur Realisierung von Forderungen gemäß dem Grundsatz von der Unveräußerlichkeit des Krongutes notwendig wurden, durchaus legitime Akte. Der Devolutionskrieg, die Reunionspolitik und der Spanische Erbfolgekrieg wurden z. B. von Ludwig XIV. bzw. von offiziösen französischen Publizisten auf diese Weise legitimiert[17]. So sehr aber der König im Verlauf seiner Arrondierungs- und Expansionspolitik bemüht war, die Rechtmäßigkeit seines Handelns zu begründen, so

[15] *Church,* Louis XIV and Reason of State (Anm. 13), 371; zur Idee der Staatsräson vgl. *Friedrich Meinecke,* Die Idee der Staatsräson in der neueren Geschichte, hrsg. u. eingel. von Walther Hofer (Friedrich Meinecke, Werke, 1), München ^{3}1963.

[16] *Fritz Dickmann,* Rechtsgedanke und Machtpolitik bei Richelieu. Studien an neuentdeckten Quellen, in: ders., Friedensrecht und Friedenssicherung. Studien zum Friedensproblem in der Geschichte, Göttingen 1971, 55; Erstveröffentlichung in: HZ 196 (1963), 265 - 319. – Zur Problematik der französischen Fundamentalgesetze vgl. *A. Lemaire,* Les lois fondamentales de la monarchie française d'après les théoriciens de l'ancien régime, thèse pour le doctorat, Paris 1907.

[17] Im Zusammenhang mit dem Devolutionskrieg wurde zur Rechtfertigung des französischen Vorgehens der «Traité des droits de la reine très-chrétienne sur divers états de la monarchie d'Espagne, Paris 1667» veröffentlicht; vgl. auch *Winfried Dotzauer,* Der publizistische Kampf zwischen Frankreich und Deutschland in der Zeit Ludwigs XIV. Der Publizist Antoine Aubery und seine Gegner (1667 - 1669). «Des iustes prétentions du Roi sur l'Empire», in: ZGO 122 (1974), 99 - 123.

ist doch ebensowenig zu leugnen, daß er sich wiederholt auch ohne jegliche Rechtsbasis für ein militärisches Eingreifen entschied. Der Krieg gegen die Republik der Vereinigten Niederlande und – in gewisser Weise – auch der Pfälzische Erbfolgekrieg, der in Frankreich als „la guerre de la ligue d'Augsbourg" bezeichnet wird, belegen dies[18]. Bei beiden Kriegen dominierte schließlich die Macht- und Expansionspolitik die in diesem Kontext in der Literatur auch immer wieder angeführten französischen Sicherheitsinteressen[19]. Es ist deshalb durchaus berechtigt, wenn Johannes Kunisch im Zusammenhang mit der Erörterung der Motive der expansiven und während der ersten Jahrzehnte der persönlichen Regierung an Gewalttätigkeit zunehmenden Politik Ludwigs XIV. feststellte: „Er war durchdrungen von einem Machtbewußtsein, das er gerade auch in der Sphäre des Staatensystems respektiert wissen wollte"[20]. Indessen darf auch nicht übersehen werden, daß der König gegen Ende einer langen Alleinherrschaft seine häufigen Kriege kritisch beurteilte. In seinen letzten Worten an den Dauphin riet er diesem eindringlich: „Mon cher enfant, vous allez être le plus grand roi du monde. ... Ne m'imitez pas dans les guerres; tâchez de maintenir toujours la paix avec vos voisins ..."[21]. Als zukünftiger König solle er das eigene Volk soweit wie möglich schonen, wozu er selbst (Ludwig XIV.) aus Gründen der Staatsräson unglücklicherweise nicht in der Lage gewesen sei[22]. Generell läßt sich beim alternden König eine zunehmende Friedensbereitschaft konstatieren, auf deren mögliche Gründe im zweiten Teil meiner Ausführungen zurückzukommen ist.

Ludwig XIV. ist von Mazarin frühzeitig in die Mittel und Methoden französischer Außenpolitik eingeführt worden. Es kann daher nicht überraschen, daß sein eigenes Vorgehen auf diesem Felde gewisse Kontinuitäten mit der Politik Mazarins und Richelieus aufweist, Kontinuitäten, die aber auch aus der politischen Gesamtkonstellation in Europa um 1661 resultierten, die in ihrem Ergebnis wesentlich das Werk der beiden Kardinäle war[23]. Für Ludwig XIV. blieb wegen der offenen Frage der spanischen Erbfolge die Gefahr der Errichtung einer habsburgischen „Universalmonarchie" ein zentrales Problem seiner Außenpolitik. Durch seine Heirat mit der spanischen Infantin Maria Theresia eröffnete sich für Frankreich aber auch die Chance,

---

[18] *Church,* Louis XIV and Reason of State (Anm. 13), 380 - 393.

[19] So z.B. *John B. Wolf,* Toward a European Balance of Power 1620 - 1715, Chicago 1970, 67, 80f., 85; *Bluche,* Louis XIV (Anm. 8), 352, 431.

[20] *Johannes Kunisch,* Absolutismus. Europäische Geschichte vom Westfälischen Frieden bis zur Krise des Ancien Régime, Göttingen 1986, 135.

[21] *A. de Boislisle* (Hrsg.), Mémoires de Saint-Simon, XXVII, Paris 1915, 274f., Anm. 4.

[22] «... tâchez ... de soulager votre peuple autant que vous pourrez, ce que j'ai eu le malheur de ne pouvoir faire par les nécessités de l'Etat.» Ebd.

[23] Zur Frage der Kontinuität in der Außenpolitik Ludwigs XIV. vgl. *Hatton,* Louis XIV and his Fellow Monarchs (Anm. 6), 30, 41; *Bluche,* Louis XIV (Anm. 8), 164, 920.

im Kontext der spanischen Erbfolge territoriale Ansprüche anzumelden, wenn nicht gar eine Erbfolgeregelung zu seinen Gunsten anzustreben. Zu konstatieren ist jedenfalls, daß Ludwig XIV. „in der Kontinuität einer europäischen Politik" zu sehen ist, „die einer habsburgischen Vormachtstellung in Europa den Kampf ansagt, und die um die Errichtung einer europäischen Mächteverteilung besorgt ist, die eine solche Vormachtstellung verhindern will, aber so, daß Frankreich selbst dabei die Kontrolle über dieses Europa behält"[24].

Für den König und seine politischen Berater spielte die potentielle Bedrohung durch das Haus Habsburg eine zentrale Rolle. Ein französisches Sicherheitsbedürfnis gegenüber einer solchen Bedrohung war jedenfalls subjektiv vorhanden, auch wenn sich dessen Berechtigung mit dem Hinweis bestreiten läßt, daß sich das Haus Habsburg, sowohl der spanische als auch der österreichische Zweig, „spätestens seit dem Pyrenäenfrieden (1659) in der Defensive, ja auf dem Rückzug befand"[25]. Die „inimitié permanente" zwischen der französischen Krone und der „maison d'Habsbourg" stellte für Ludwig XIV. eine Grundgegebenheit dar, die durch eine mehr als hundertjährige Geschichte untermauert wurde. „On ne peut élever l'une", so stellte er fest, „sans abaisser l'autre"[26].

Bei aller Kontinuität, die zwischen der Politik Ludwigs XIV. einerseits und derjenigen der beiden Kardinäle Richelieu und Mazarin andererseits besteht, dürfen aber auch die deutlichen Unterschiede nicht übersehen werden. Sie manifestieren sich einmal in den Mitteln und Methoden. An die Stelle der von Richelieu und Mazarin bevorzugten Politik der „pénétration pacifique" trat der Rekurs auf eine überwiegend kriegerische Machtpolitik[27]. Unterschiede lassen sich aber andererseits auch beim Ausmaß des Strebens nach Territorialgewinn für Frankreich ausmachen. Läßt sich der Erwerb Dünkirchens im Jahre 1662 noch als eine Fortsetzung der „Passagen- und Pfortenpolitik" Richelieus und Mazarins interpretieren[28], so kann

---

[24] *Hermann Weber,* Die französische Rheinpolitik zwischen dem Westfälischen Frieden und dem Renversement des Alliances, in: Hans-Walter Hermann/Franz Irsigler (Hrsg.), Beiträge zur Geschichte der frühneuzeitlichen Garnisons- und Festungsstadt. Referate und Ergebnisse der Diskussion eines Kolloquiums in Saarlouis vom 24. - 27.6.1980 (Veröffentlichungen der Kommission für Saarländische Landesgeschichte und Volksforschung, 13), Saarbrücken 1983, 75.

[25] *Kunisch,* Absolutismus (Anm. 20), 135; vgl. auch *Michaud,* L'Europe de Louis XIV (Anm. 8), 14.

[26] Zitiert nach *Goubert,* Louis XIV (Anm. 8), 54.

[27] Zu den Unterschieden in den Mitteln und Methoden der Außenpolitik Mazarins und Ludwigs XIV. vgl. *Roman Schnur,* Der Rheinbund von 1658 in der deutschen Geschichte (Rheinisches Archiv, 47), Bonn 1955; *John T. O'Connor,* Louis XIV's Strategic Frontier in the Holy Roman Empire, in: Proceedings of the 3rd annual meeting of the Western Society for French History, Denver 4. - 6. 12. 1975, 1976, 108ff.

[28] *Hatton,* Louis XIV and his Fellow Monarchs (Anm. 6), 32; *Roland Mousnier,* Les XVIe et XVIIe siècles. Les progrès de la civilisation européenne et le déclin de l'Orient

davon für die Politik Ludwigs XIV. im Kontext des Devolutionskrieges, des Krieges gegen die Republik der Vereinigten Niederlande und der Reunionen keine Rede mehr sein[29]. Diese konfrontative Politik hatte größeren Territorialerwerb zum Ziel, was bereits der Devolutionskrieg verdeutlicht. Nach dem Tode Philipps IV. von Spanien berief sich Ludwig XIV. auf ein in Teilen Brabants geltendes Privatrecht der Devolution, wonach Kinder aus erster Ehe beim Tode des Vaters das ihnen zustehende Erbe anzutreten berechtigt seien, um die gesamten Spanischen Niederlande – mindestens jedoch den größten Teil – als Mitgift seiner Frau mit militärischen Mitteln für Frankreich zu erwerben. Daß es Ludwig XIV. dabei letztlich um die ganzen Spanischen Niederlande ging, beweist der negative Verlauf der bereits 1663/64 zwischen dem holländischen Staatsmann de Witt und dem französischen Gesandten geführten Verhandlungen über das Schicksal der Spanischen Niederlande, bei denen die französische Seite sowohl die von de Witt anfänglich beabsichtigte Teilung der südlichen Niederlande als auch dessen späteren Vorschlag ablehnte, ein südniederländisches „Kantonnement" nach Schweizer Muster zu schaffen[30]. Die Durchsetzung der französischen Ambitionen auf die gesamten Spanischen Niederlande spielte auch beim Ausbruch des Krieges Frankreichs gegen die Republik der Vereinigten Niederlande eine zentrale Rolle[31]. Im Frieden von Nimwegen konnte dieses Ziel dann aber nur teilweise realisiert werden.

Auch die Reunionspolitik der Jahre nach 1679 griff im Ergebnis viel weiter aus, als es bei der „Passagen- und Pfortenpolitik" Richelieus der Fall gewesen war. Ein Blick auf die Karte der französischen Reunionen genügt, um den Unterschied zu erkennen. Allerdings entsprach aus französischer Sicht auch die Reunionspolitik insofern einer defensiven Absicht, als es Ludwig XIV. mit diesen rechtlich zumindest sehr umstrittenen Maßnahmen darum ging, die französischen Grenzen nach Norden und Osten auszudeh-

---

(1492 - 1715) (Histoire Générale des Civilisations, 4), Paris 1954, 280, sieht in der Politik bis 1678 eine Fortsetzung der „Passagen- und Pfortenpolitik".

29 In seiner Biographie über Ludwig XIV. stellt Wolf fest: "It would be absurd to assume that preoccupation with the 'gates' of his kingdom was the sole axis of Louis' policy, but it is equally false to fail to recognize his concern." *Wolf,* Louis XIV (Anm. 4), 189; in gleicher Weise äußert sich *Wolf* auch in seinem Werk „Toward a European Balance of Power" (Anm. 19), 29. – Kritisch gegenüber solchen Positionen: *Livet,* L'équilibre européen (Anm. 12), 93 und *Andrew Lossky,* The General European Crisis of the 1680s, in: European Studies Review 10 (1980), 187. Lossky spricht von einer "caricature of the old policy of the 'gates'."

30 *Werner Hahlweg,* Barriere – Gleichgewicht – Sicherheit. Eine Studie über die Gleichgewichtspolitik und die Strukturwandlung des Staatensystems in Europa 1646 - 1715, in: HZ 187 (1959), 62f.; vgl. auch: *André,* Louis XIV et l'Europe (Anm. 6), 100f.; *Gaston Zeller,* Les temps modernes, Bd. II: De Louis XIV à 1789 (Histoire des relations internationales, 3), Paris 1955, 26f.

31 Vgl. *Paul Sonnino,* Louis XIV's ‚Mémoires pour l'histoire de la guerre de Hollande', in: French Historical Studies 8 (1973/74), 44, 48f.; *ders.,* Louis XIV and the origins of the Dutch War (Anm. 7), 49, 103, 192.

nen, bestehende Grenzlücken zu schließen und so die Monarchie gegen Angriffe von außen sicherer zu machen.

Generell wird vor allem in der französischen, englischen und amerikanischen Forschung hervorgehoben, daß das Bemühen nicht nur um einen Ausbau, sondern auch um eine Ausdehnung der französischen Nord- und Ostgrenze ein weiteres durchgängiges Ziel der Außenpolitik Ludwigs XIV. gewesen sei[32]. Auf diese Weise sollten die französischen Kernlandschaften und die Hauptstadt Paris vor auswärtigen Invasionen gesichert werden. Bei der Realisierung dieser ausgreifenden und mit aggressiven Mitteln geführten „Grenzpolitik" war die französische Seite alles in allem auch recht erfolgreich. Die dabei erzielten territorialen Gewinne, bei denen es sich zumeist nicht um große geschlossene Gebiete, oft sogar um Enklaven handelte, machten dann aber aus französischer Sicht erneut Arrondierungen notwendig. Bereits im Jahre 1673 hatte Vauban in seinem bekannten Brief an Ludwig XIV. empfohlen, Frankreich vernünftige und besser zu verteidigende Grenzen zu verschaffen, die Monarchie zu einer „pré carré" zu machen[33]. Nach dem Frieden von Nimwegen begann dann die französische Politik in verstärktem Maße, diese Konzeption in die Realität umzusetzen[34].

Die ausgreifende und zunehmend aggressive „Grenzpolitik" Ludwigs XIV. ist im Zusammenhang mit dem bereits angesprochenen französischen Sicherheitsbedürfnis zu sehen. Manches spricht für die Annahme, daß die in Reaktion auf die aggressive französische Außenpolitik gebildeten europäischen Koalitionen gegen Ludwig XIV. das subjektiv vorhandene französische Sicherheitsbedürfnis weiter verstärkt haben, was sich wiederum in aggressiven Akten Frankreichs äußerte. Das französische Sicherheitsstreben und die nicht zuletzt auch daraus resultierende Konfrontationspolitik nahmen zu, als zu dem traditionellen französisch-habsburgischen Gegensatz nach 1679 der französisch-englische hinzutrat und den ersteren allmählich überlagerte. Die Herausbildung einer neuen Front gegen Frankreich hatte sich bereits mit dem Abschluß der Tripelallianz zwischen England, der Republik der Vereinigten Niederlande und Schweden während des Devolutionskrieges abgezeichnet, und dieser Vorgang hatte Ludwig XIV. bekanntlich zu einer schnellen Beendigung des Krieges gegen Spanien veranlaßt. „Hier also hatte sich erstmals jene neue Opposition angekündigt, die einen Wandel im europäischen System herbeiführen sollte: eine Opposition, die sich um die Seemächte schloß, in der besonders dann England die führende

---

[32] *Goubert,* Louis XIV (Anm. 8), 53; *Livet,* L'équilibre européen (Anm. 12), 102; *Michaud,* L'Europe de Louis XIV (Anm. 8), 60, 63, 70; *Bluche,* Louis XIV (Anm. 8), 352, 384, 417ff., 474f.; *Hatton,* Louis XIV and his Fellow Monarchs (Anm. 6), 32ff.; *Wolf,* Toward a European Balance of Power (Anm. 19), 30, 48, 62, 65ff., 70, 80f., 85.

[33] *Lossky,* The General European Crisis of the 1680s (Anm. 29), 187.

[34] *Wolf,* Toward a European Balance of Power (Anm. 19), 80f.; *Corvisier,* Louvois (Anm. 9), 287; *Bluche,* Louis XIV (Anm. 8), 418f.

Rolle spielen sollte, so daß schließlich nicht mehr Spanien, sondern England der entscheidende Konkurrent für die französische Machtstellung in Europa werden würde“[35].

Der sich anbahnende französisch-englische Antagonismus sowie das Zustandekommen einer antifranzösischen Koalition während des französischen Krieges gegen die Vereinigten Niederlande, einer Allianz, der neben Holland und Spanien schließlich auch der Kaiser und das Reich angehörten, hatte u.a. eine Veränderung der Methoden der bisherigen französischen „Grenz- und Sicherheitspolitik“ im Osten zur Folge. Dieser Veränderung lagen folgende Vorgänge zugrunde. Im Westen des Reiches war zunächst der Versuch Frankreichs gescheitert, in Anknüpfung an die Möglichkeiten des Westfälischen Friedens einen neuen Rheinbund und mit diesem „une barrière de tout le cours du Rhin jusqu'à Cologne“ zu errichten[36]. Mit Hilfe dieser Barriere am Rhein hofften die Franzosen, den französisch-holländischen Konflikt auf diese beiden Staaten begrenzen zu können. Diese Absicht scheiterte aber – nicht zuletzt wegen der negativen Erfahrungen, die die rheinischen Reichsstände im letzten Jahrzehnt mit der französischen Politik gemacht hatten – ebenso wie die französischen Bemühungen, unter Rekurs auf das System des Westfälischen Friedens die Ansätze zur Bildung einer Dritten Partei im Reich in eine profranzösische – oder doch zumindest für Frankreich ungefährliche – Richtung zu lenken[37]. Als dann am 31. März 1674 der „Reichskrieg“[37a] gegen Frankreich erklärt wurde, befanden sich die rheinischen Gebiete nicht mehr an der Peripherie des Konflikts, sondern gerieten in dessen Zentrum. Diese hier nur skizzierte Entwicklung führte zu einer Veränderung der französischen Politik in den an das östliche Frankreich angrenzenden Territorien. „In dem Augenblick, in dem rheinische Staaten ihre Funktion nicht mehr als abschirmende Barriere erfüllen wollten oder konnten (eine Funktion, die in erster Linie durch diplomatische Mittel zu erreichen war), und wo sie statt dessen in einen der Schwerpunkte der europäischen Auseinandersetzung mit Frankreich gerieten, gewannen militärische und strategische Interessen die Oberhand, und mußten Maß-

---

[35] *Weber,* Die französische Rheinpolitik (Anm. 24), 79; vgl. auch *Jeremy Black,* The Rise of the European Powers 1679 - 1793, London u.a. 1990, 31.

[36] In der Instruktion für den nach Kurmainz entsandten Marquis de Dangeau vom 23. Februar 1673 wurde dem Kurfürsten angeraten, sich mit seinen Kollegen von der Pfalz und von Trier zu einigen, «dans un semblable dessein, et que, formant en cette sorte une barrière de tout le cours du Rhin jusqu'à Cologne, les armées de Brandebourg n'estant plus en estat de le passer, celles de Sa Majesté n'auroient plus d'occasion de s'en rapprocher», in: *Georges Livet* (Hrsg.), Recueil des Instructions, XXVIII, 1: Mayence, Paris 1962, 60f.

[37] Vgl. dazu *Klaus Peter Decker,* Frankreich und die Reichsstände 1672 - 1675. Die Ansätze zur Bildung einer „Dritten Partei“ in den Anfangsjahren des Holländischen Krieges (Pariser Historische Studien, 18), Bonn 1981.

[37a] *Klaus Müller,* Zur Reichskriegserklärung im 17. und 18. Jahrhundert, in: Zeitschrift der Savigny-Stiftung für Rechtsgeschichte, Germ. Abt. 90 (1973), 246 - 259.

nahmen in den Vordergrund treten, die auf eine unmittelbare territoriale Verfügbarkeit dieses Raumes ausgerichtet waren“[38]. Die nach dem Frieden von Nimwegen betriebene Reunionspolitik, die Annexion Straßburgs 1681 und die mit den territorialen Abrundungsbestrebungen verbundenen französischen Ansprüche auf das pfälzische Erbe verdeutlichen den in jenen Jahren eingetretenen Wandel nicht nur in den Mitteln und Methoden der französischen „Grenz- und Sicherheitspolitik“, sondern auch im Interesse, das Frankreich an jener rheinischen Region hatte[39]. Wegen dieses aggressiven und expansiven Vorgehens im Jahrzehnt nach Nimwegen verlor der von Frankreich vertretene Anspruch, eine auf Frieden, Gleichgewicht und Sicherung der Ordnung des Westfälischen Friedens orientierte Politik zu betreiben, in den Augen der europäischen Öffentlichkeit vollends an Glaubwürdigkeit. Zweifellos ist in den achtziger Jahren im gesamten rheinischen Raum „ein entschiedener französischer Expansions- und Herrschaftswillen zu erkennen, der die in den bisherigen Kriegen erreichten Machtpositionen rücksichtslos zur Erweiterung und Festigung einer französischen Hegemonialstellung in Europa auszubauen entschlossen war“[40].

2. Ludwigs XIV. Außenpolitik im Kontext wirtschaftlicher und sozialer Faktoren und Entwicklungen

Die Alleinherrschaft Ludwigs XIV. fiel in eine Zeit wirtschaftlicher Depression, zumindest in eine Stagnationsphase. Faßt man die mehr oder minder langfristigen Preisbewegungen sowie verschiedene gewerbliche und kommerzielle Indizes ins Auge, so ergibt sich auf der Grundlage des bisherigen Forschungsstandes insgesamt folgendes Bild, bei dem freilich regionalzeitliche Verschiebungen oder sonstige Abweichungen weitgehend unberücksichtigt bleiben.

Ebenso wie im mediterranen Europa setzte auch im Süden Frankreichs kurz nach 1600 innerhalb des Gesamtbereichs der Preise eine rückläufige Entwicklung ein, die sich zunächst langsam und kaum wahrnehmbar vollzog, dann aber nach dem Jahrzehnt 1620 bis 1630 ganz deutlich faßbar ist. Wies die anhaltende Baisse während der zwanzig Jahre zwischen 1630 und 1650 noch regionale Unterschiede auf, so ist sie nach 1660 überall in Frankreich festzustellen. Im Verlauf der folgenden 70 bis 80 Jahre, also bis in die

---

38 *Weber,* Die französische Rheinpolitik (Anm. 24), 80f.

39 Zur Reunionspolitik vgl. *Bernd Wunder,* Frankreich, Württemberg und der Schwäbische Kreis während der Auseinandersetzungen über die Reunionen (1679 - 97). Ein Beitrag zur Deutschlandpolitik Ludwigs XIV. (Veröffentlichungen der Kommission für geschichtliche Landeskunde in Baden-Württemberg, Reihe B, 64), Stuttgart 1971; zum Pfälzischen Krieg siehe jetzt *Boutant,* L'Europe au grand tournant des années 1680 (Anm. 7).

40 *Weber,* Die französische Rheinpolitik (Anm. 24), 81.

Zeit um 1730/1740, kam es nur noch vorübergehend infolge kurzfristiger Entwicklungen zu einem Wiederanstieg der Preise, der jedoch den langfristigen Preisverfall – von einzelnen Ausnahmen abgesehen – nicht zu beeinflussen vermochte.

Besonders deutlich war der Preisrückgang beim Getreide und bei Textilien, den beiden dominierenden Sektoren der französischen Wirtschaft. Angesichts der rückläufigen Bewegung bei den meisten agrarischen Produkten ist es nicht weiter erstaunlich, daß auch die Erträge aus der Grundrente im gleichen Zeitraum von dieser Entwicklung erfaßt wurden. Auch der atlantische Handel befand sich seit etwa 1620 im Zeichen der Depression, von der jedoch zeitweilig einzelne französische Küstengebiete weniger stark erfaßt gewesen zu sein scheinen. Daß sich die Rezession im Handel und der Verfall der Preise negativ auf die gewerbliche und agrarische Produktion auswirkten, bestätigen Regionalstudien. So ergibt sich hinsichtlich der Textilproduktion in Reims, Lille, Valenciennes, Amiens und Beauvais, daß sie während der gesamten Regierungszeit Ludwigs XIV. niemals den hohen Stand erreichte, den sie in den Jahren zwischen 1625 und 1635 erlangt hatte. Die Periode zwischen 1660 und 1700 war von einem Stagnieren bei reduzierter Produktion gekennzeichnet, wenn man von einigen kurzfristigen günstigeren Entwicklungen absieht, die mehr oder weniger auf Maßnahmen Colberts zurückzuführen sind[41]. Hinsichtlich der agrarischen Produktion hat Le Roy Ladurie für das Languedoc einen Einbruch beim Weinanbau für die Zeit um 1650/60 nachweisen können, der im Abstand von etwa zwanzig Jahren dann bei der Getreideerzeugung ebenfalls einsetzte[42]. Wenn es wohl auch einige Sektoren oder Regionen in Frankreich gegeben hat, die von dieser Entwicklung weniger erfaßt wurden, so scheint doch das Gesamtbild von einer langfristigen wirtschaftlichen Depression für das 17. Jahrhundert zutreffend zu sein[43].

Beim gegenwärtigen Stand der Forschung sprechen einige Untersuchungsergebnisse für die Annahme, daß Frankreich im Jahrzehnt von 1661 bis 1672, das nur durch den kurzen Devolutionskrieg (1667/68) unterbrochen wurde, eine gewisse wirtschaftliche Erholung erfahren hat, die jedoch noch keine Wende in der langfristigen Depressionsphase bedeutete. Ob frei-

---

[41] Jean Meyer weist jedoch darauf hin, daß die Textilproduktion zwischen 1688 und 1715 jährlich um mehr als 1% zunahm. *Jean Meyer,* La France moderne de 1515 à 1789 (Histoire de France, 3), Paris 1985, 359.

[42] *Emmanuel Le Roy Ladurie,* Les paysans de Languedoc (Civilisations et sociétés, 42), Paris/La Haye ²1966.

[43] Zur Gesamtproblematik der Depression im 17. Jahrhundert vgl. *Pierre Goubert,* Le „tragique" XVIIe siècle, in: Histoire économique et sociale de la France, 2: Des derniers temps de l'âge seigneurial aux préludes de l'âge industriel (1660 - 1789), Paris 1970, 329 - 365; *Jan de Vries,* The Economy of Europe in an Age of Crisis, 1600 - 1750, London u.a. 1976; *P. J. Coveney,* Introduction: France in Crisis 1620 - 1675, in: ders. (Hrsg.), France in Crisis 1620 - 1675, London u.a. 1977, 28 - 31.

lich diese relative Verbesserung der Lage in einzelnen Bereichen der Wirtschaft und auf dem Sektor der Finanzen als Verdienst Colberts und nicht als eine Folge dieses Friedensjahrzehnts zu werten ist, bleibt eine offene Frage, deren Beantwortung weiteren Spezialuntersuchungen vorbehalten bleiben muß. Wahrscheinlich haben sich Colberts vielfältige Bemühungen um Förderung der Wirtschaft und um die Sanierung der Finanzen und die positiven Auswirkungen der Friedensjahre ergänzt und somit gemeinsam zur zeitweiligen Erholung der wirtschaftlichen Verhältnisse beigetragen[44].

Bis in die Gegenwart hinein ist die Ansicht vertreten worden, daß der Krieg Ludwigs XIV. gegen die Republik der Vereinigten Niederlande, ein Konflikt, der nicht nur zur Bildung einer größeren antifranzösischen Koalition, sondern auch zur ersten spürbaren inneren Belastung Frankreichs führte, von Colbert von Anfang an mitgewollt und geplant gewesen sei, um mit militärischen Mitteln den Handelskonkurrenten Holland auszuschalten[45]. Neuere Forschungen haben erwiesen, daß diese Ansicht nicht mehr aufrechtzuerhalten ist. Bei seinen Untersuchungen über die Ursprünge des Holländischen Krieges konnte der amerikanische Historiker Paul Sonnino feststellen, daß Colbert aus wirtschaftlichen und finanziellen Gründen im „Conseil d'en haut" nicht nur für die Beendigung des Devolutionskrieges durch den Kompromißfrieden von Aachen (2. Mai 1668) plädiert hat, sondern auch lange Zeit den Krieg gegen die Republik der Vereinigten Niederlande vermeiden wollte, auf den Ludwig XIV. und der junge Louvois zielstrebig hinarbeiteten[46]. Ganz sicher war Colbert kein Kriegstreiber. Schon in den Jahren 1669 und 1670, als der König den Krieg diplomatisch und militärisch vorbereitete, versuchte der Minister, mit deutlichen Hinweisen auf die defizitäre Entwicklung der Staatsfinanzen seinen Herrn von einem militärischen Konflikt mit Holland abzuhalten. Er kämpfte um eine Reduzierung der Staatsausgaben und versuchte den König davon zu überzeugen, daß Frankreich in 12 bis 13 Jahren den holländischen Rivalen auch mit Mitteln der Wirtschafts- und Handelspolitik entscheidend schwächen könne[47]. Die im Vertrag von Dover (1. Juni 1670) dem englischen König Karl II. zugesagten Subsidienzahlungen kritisierte er in einem Schreiben an den König, weil für

---

[44] Vgl. *Klaus Malettke,* Jean-Baptiste Colbert. Aufstieg im Dienste des Königs (Persönlichkeit und Geschichte, 99/100), Göttingen u.a. 1977, 58 - 81.

[45] So noch *Wolf,* Toward a European Balance of Power (Anm. 19), 49; *Perry Anderson,* Die Entstehung des absolutistischen Staates. Übersetzt von Gerhard Fehn, Frankfurt a. M. 1979, 130. *Goubert,* Louis XIV (Anm. 8), 85, 95, 363. – Zur Frage der Haltung Colberts gegenüber dem Holländischen Krieg vgl. *Klaus Malettke,* Colbert devant les historiens (1683 - 1983), in: Roland Mousnier (Hrsg.), Un nouveau Colbert, Paris 1985, 23ff.

[46] *Paul Sonnino,* Jean-Baptiste Colbert and the origins of the Dutch War, in: European Studies Review 13 (1983), 1 - 11; *ders.,* Louis XIV and the origins of the Dutch War (Anm. 7). Differenzierter zu dieser Frage bereits *Jean Meyer,* Colbert, Paris 1981, 107, 132.

[47] *Sonnino,* Louis XIV and the origins of the Dutch War (Anm. 7), 125f.

den Staat nichts schädlicher sei, als jährlich eine so große Geldsumme zu exportieren[48]. Schließlich hatte sich Colbert aber 1671 der Kriegsentscheidung des Königs zu beugen und mußte die im Verlauf des Konflikts stetig wachsenden Ausgaben aufbringen. Er sah sich jetzt vor der Notwendigkeit, zu Mitteln zu greifen, die er in den Jahren zuvor bei seinen – nur zum Teil erfolgreichen – Bemühungen, die Staatsfinanzen zu sanieren, auf das entschiedenste bekämpft hatte. Nunmehr war er selbst gezwungen, durch Rekurs auf die sogenannten „affaires extraordinaires", auf kurzfristige Kredite und Zwangsanleihen, auf die Ausgabe neuer Renten, auf neue Steuern sowie auf die Veräußerung von Gütern der Krondomäne das steigende Staatsdefizit in Grenzen zu halten[49]. In größerem Umfang griff er auch wieder zum Mittel des Ämterverkaufs. So wurden z.B. im Dezember 1675 weitere „offices de payeurs de rentes" im Gesamtverkaufswert von 2,23 Millionen *livres* geschaffen und auf den Markt gebracht[50].

Die steigenden Kriegskosten hatten auch eine Zunahme des Steuerdrucks für die Bevölkerung zur Folge. Die Belastungen der „taille" stiegen von 33,3 Millionen *livres* im Jahre 1672 allmählich, aber stetig an und erreichten in den Jahren 1676 bis 1678 40,2 Millionen *livres*. Bis zum Jahre 1665 hatten dagegen die Kroneinnahmen aus der „taille" von 41,5 im Jahre 1661 auf 33,8 Millionen *livres* gesenkt werden können[51]. Hatte Colbert während der 60er Jahre im Staatsbudget sogar noch spürbare Überschüsse erzielen können, so wuchsen mit Beginn des Krieges gegen die Vereinigten Niederlande die Defizite. Sie stiegen von 12,3 Millionen im Jahre 1672 auf 53,3 Millionen *livres* im Jahre 1679 an. Im gleichen Zeitraum nahmen die Ausgaben von 87,9 Millionen auf 128,2 Millionen *livres* zu[52].

Die für die Krone und letztlich auch für die gesamte Bevölkerung der Monarchie aus den hier nur skizzierten Gegebenheiten und Entwicklungen resultierenden Belastungen wurden durch strukturelle Mängel des damaligen französischen Finanz- und Steuerwesens verstärkt. Als besonders gravierend erwiesen sich auf die Dauer die Vielzahl unkoordiniert und unabhängig nebeneinander bestehender Kassen und die Existenz einiger hundert spezieller Finanzbeamter, die weitgehend eigenständig und unkontrolliert innerhalb ihres – ebenfalls nicht immer klar umrissenen – Kompetenzbereichs Gelder der Krone einzogen, handhabten und Ausgaben tätigten.

---

[48] *Sonnino,* Jean-Baptiste Colbert (Anm. 46), 5; vgl. auch *ders.,* Louis XIV and the origins of the Dutch War (Anm. 7), 116f.

[49] *Sonnino,* Louis XIV and the origins of the Dutch War (Anm. 7), 184; *Daniel Dessert,* Argent, pouvoir et société au Grand Siècle, Paris 1984, 161ff.

[50] *Dessert,* Argent, pouvoir et société (Anm. 49), 164.

[51] *Edmond Esmonin,* La taille en Normandie au temps de Colbert 1661 - 1683, Paris 1913 (ND Genève 1978), 23.

[52] *Alain Guéry,* Les finances de la monarchie française sous l'ancien régime, in: Annales E.S.C. 33 (1978), Tabelle II.

Diese „officiers comptables“ hatten ihr Amt gekauft, waren somit weitgehend unabhängig von der Krone und bildeten eine Art „Unternehmer im Dienste des Staates“[53]. Die von einzelnen oder mehreren „officiers comptables“ geführten Kassen waren aber keine öffentlichen, d.h. staatlichen Einrichtungen, sondern Privatkassen, in denen die Fonds, die auf Rechnung des Königs eingezogen wurden, zusammen mit zumeist größeren Beträgen privater Provenienz verwaltet wurden.

Bei diesem selbst für zeitgenössische Fachleute kaum zu überblickenden schwerfälligen System waren erhebliche Zeitverluste und Unregelmäßigkeiten beim Zahlungsverkehr an der Tagesordnung. Hinzu kommt, daß trotz aller Bemühungen der verschiedenen Einnehmer des Fiskus die Steuern und Taxen nur sehr langsam, oft mit jahrelanger Verzögerung eingingen. Dem stand ein insgesamt ständig wachsender Bedarf der Krone an zumeist kurzfristig verfügbaren Finanzen gegenüber, der nicht über ein öffentliches, kapitalstarkes Kreditinstitut, über eine staatliche Bank, gedeckt werden konnte. Die Krone war daher gezwungen, nicht nur den Kredit der Steuerpächter und Bankiers, sondern auch den ihrer Finanzbeamten in Anspruch zu nehmen, die dadurch ebenfalls zu „financiers“ wurden. Aus dem hohen Kreditbedarf des Königs und den für diese Kredite fälligen hohen Zinszahlungen resultierte häufig ein schnelles Anwachsen der schwebenden, nicht konsolidierten Staatsschulden und damit gleichzeitig eine ständig zunehmende finanzielle und politische Abhängigkeit der Krone von der Gruppe der Finanziers. Zwar hat Colbert – bezeichnenderweise – im Oktober 1674 den Versuch unternommen, dem Staat durch die Errichtung einer Depositen- und Leihbank (Caisse des emprunts) neue Kreditmöglichkeiten zu eröffnen und ihn damit aus der Abhängigkeit von den Finanziers zu befreien. Gerade die letztgenannte Intention konnte aber nicht realisiert werden, denn die „Caisse des emprunts“ war und blieb in der Realität nur ein Annex der „fermes générales“, d.h. der Generalsteuerpächter, die zu den größten Finanziers des Landes zählten[54]. Insgesamt gesehen war letztlich das Funktionieren des gesamten Finanzwesens des Staates abhängig von diesem „système fisco-financier“[55] der Monarchie.

Die Zunahme des fiskalischen Drucks der Krone und die sich u.a. auch darin manifestierende intensivierte Herrschaftspraxis der absoluten Monar-

[53] *Eberhard Weis,* Frankreich von 1661 bis 1789, in: Fritz Wagner (Hrsg.), Europa im Zeitalter des Absolutismus und der Aufklärung (Handbuch der europäischen Geschichte, 4), Stuttgart 1968, 168.

[54] Vgl. *Dessert,* Argent, pouvoir et société (Anm. 49), 165f.

[55] *Dessert,* Argent, pouvoir et société (Anm. 49), 78. – Zum oben behandelten Fragenkomplex vgl. *John Francis Bosher,* Chambres de Justice in the French monarchy, in: ders. (Hrsg.), French Government and Society 1500 - 1850. Essays in Memory of Alfred Cobban, London 1973, 19 - 40. *Françoise Bayard,* Le monde des financiers au XVIIe siècle, Paris 1988; *Dessert,* Argent, pouvoir et société (Anm. 49).

chie brachten in der Zeit des Holländischen Krieges in einigen Provinzen Frankreichs latent vorhandene soziale Spannungen zum offenen Ausbruch. Es kam dort zu städtischen Unruhen und Bauernrevolten, die ein Symptom für die Interessendivergenz zwischen den Anliegen der Bauern und den Forderungen der Grundherren und des Staates darstellen[56]. Von der Regierung durchaus ernstgenommene Erhebungen größeren Ausmaßes brachen im Frühjahr 1675 in Bordeaux und in der Bretagne aus. Bereits seit 1673 war es zu Spannungen mit den Ständen der Bretagne gekommen, bei denen in erster Linie höhere Steuerforderungen der Krone, daneben aber auch soziale und wirtschaftliche Faktoren eine Rolle spielten. Die Stände fühlten sich provoziert durch eine königliche Deklaration von 1672, mit der ihnen untersagt wurde, gegen Edikte der Krone zu opponieren, die nach Meinung der „états provinciaux" die Privilegien der Bretagne einschränkten. Außerdem sahen sich die Stände durch die Errichtung einer Untersuchungskammer herausgefordert, deren Aufgabe die Überprüfung der grundherrschaftlichen Gerichtsbarkeit war und die damit die Rechte der Seigneurs direkt berührte. Der Beginn des Krieges gegen die Vereinigten Niederlande hatte darüber hinaus auch negative wirtschaftliche Konsequenzen für die Provinz, deren traditionelle Handelsverbindungen mit den Holländern durch diesen militärischen Konflikt unterbrochen wurden. Wie sehr die Stände durch die königliche Deklaration von 1672 und die Errichtung der Untersuchungskammer betroffen waren, zeigte sich bei ihrer Session von 1673. Bei dieser Gelegenheit machten sie die Bewilligung höherer Steuern vom Widerruf der Deklaration und der Beendigung der Untersuchungen der grundherrschaftlichen Gerichtsbarkeit abhängig. Es spricht für das Verhandlungsgeschick und die Position der Stände, daß sie sich schließlich mit ihrer Forderung durchsetzten[57].

Gab es also bereits seit 1672 Irritationen in der Bretagne, so überspannte Colbert den Bogen, als er innerhalb von zwei Jahren drei neue Steuern in der Monarchie einführte. Die Bretonen waren aufgebracht über die Einführung einer Stempelsteuer, die bei der Abwicklung von Rechtsgeschäften fällig wurde, sowie über die Erhebung einer neuen Abgabe auf Tabak. Als dann in der Bretagne die Nachricht von einer Revolte gegen die neuen Steueredikte in Bordeaux eintraf, folgten die Bretonen diesem Beispiel. Am 18. April 1675 plünderte eine aufgebrachte Menge in Rennes die Tabakverkaufsstelle und die Büros für die Stempelsteuer, den „papier timbré". Wenige Tage später spielten sich dieselben Vorgänge in Nantes ab. In Rennes fanden die Unruhen, die einige Wochen andauerten, sogar die stillschweigende Unterstüt-

[56] Zum Komplex der Bauernrevolten vgl. *Winfried Schulze* (Hrsg.), Europäische Bauernrevolten der frühen Neuzeit, Frankfurt a. M. 1982; *Yves-Marie Bercé*, Croquants et Nu-Pieds. Les soulèvements paysans en France du XVIe au XIXe siècle, Paris 1974.

[57] *Roger Mettam*, Power and Faction in Louis XIV's France, Oxford 1988, 273 ff.

zung durch das Parlament und einige Adlige. Insgesamt läßt sich in den von den Revolten betroffenen Städten eine Koalition zwischen Angehörigen des Adels und des Dritten Standes zur Verteidigung der lokalen Privilegien und zur Bekämpfung des Fiskalismus der Krone konstatieren.

Einen anderen Verlauf nahm dagegen die Revolte auf dem flachen Lande in der unteren Bretagne. Dort richteten sich die Aktionen der revoltierenden Bauern, die ihre Forderungen in einem „code paysan" zusammenstellten, nicht nur gegen die neuen Steuern sowie gegen das Gerücht, die „gabelle" solle in der Provinz eingeführt werden, sondern auch gegen adlige und geistliche Grundherren. Hier verknüpfte sich also das Vorgehen gegen den Fiskalismus der Krone mit sozialen und rechtlichen Motiven. Die Bauernrevolte, in deren Verlauf einer der Anführer der Bauernhaufen sogar den Holländern Häfen öffnen und auf diese Weise einen direkten Kontakt mit dem Gegner Frankreichs herstellen wollte, dauerte bis Anfang September 1675 an. Schließlich konnte die Regierung diesen gefährlichen Aufstand, der weite Teile der Bretagne erfaßt hatte, nur durch den Einsatz regulärer Truppen beenden[58]. Auch in Bordeaux blieb der Krone der Rückgriff auf das Militär zur Unterdrückung der Revolte nicht erspart[59].

Nicht zufällig in die Zeit des Holländischen Krieges fielen drei weitere, für die Krone nicht minder ernste Vorgänge, welche die andauernde Virulenz sozialer Spannungen und oppositioneller Einstellungen bei Teilen des Adels trotz der seit Richelieu betriebenen Domestizierungspolitik dokumentierten. Im Laufe der Jahre 1674/75 kam es zu drei Adelskonspirationen, von denen zwei einen deutlichen hugenottischen Einschlag aufwiesen. Unter führender Beteiligung von Adligen wurde im Frühjahr 1674 der großangelegte Plan betrieben, das Roussillon für Truppen Spaniens zu öffnen, mit dem sich Frankreich im Krieg befand. Ebenfalls im Frühjahr 1674 versuchten Provinzadlige der Normandie, die in der Monarchie den größten Anteil an der „taille" aufzubringen hatte, unter der Führung des hochadligen Chevaliers Louis de Rohan und des „gentilhomme" Latréaumont eine allgemeine Erhebung in der Normandie ins Werk zu setzen. Mit aktiver Unterstützung durch den Gouverneur der Spanischen Niederlande und durch Wilhelm III. von Oranien, zu denen die Verschwörer direkte Kontakte

---

[58] Zur Revolte des „Papier timbré" in der Bretagne vgl. *A. de La Borderie,* La révolte du papier timbré advenue en Bretagne en 1675: histoire et documents, Saint-Brieuc 1884; *Jean Lemoine,* La révolte dite du papier timbré ou des bonnets rouges en Bretagne en 1675: étude et documents, Paris/Rennes 1898; *C. M. Chotzen,* Le gouvernement hollandais et la révolte du papier timbré, in: Annales de Bretagne 49 (1942), 102 - 132; *Roland Mousnier,* Les Torrében de Bretagne (1675), in: ders., Fureurs paysannes. Les paysans dans les révoltes du XVIIe siècle (France, Russie, Chine), Paris 1967, 123 - 156; *Mettam,* Power and Faction (Anm. 57), 313 - 316.

[59] Vgl. *Mousnier,* Les Torrében de Bretagne (Anm. 58), 124; *Mettam,* Power and Faction (Anm. 57), 313; *Martin Dinges,* Stadtarmut in Bordeaux 1525 - 1675. Alltag, Politik, Mentalitäten (Pariser Historische Studien, 26), Bonn 1988, 242f.

hatten, sollte die Normandie zu einer „république libre“ gemacht werden. In einem zur Verbreitung vorgesehenen politischen Manifest machten die Verschwörer deutlich, daß die Normandie der Ausgangspunkt für eine breite „Reformbewegung“ werden sollte. Sie verwiesen darauf, daß die allgemeine Not, der Mitleid erregende Zustand im gesamten Königreich und die große Zahl äußerer Feinde, die Frankreich wegen der Maßlosigkeit und der mangelnden Eignung der königlichen Ratgeber auf sich gelenkt habe, den Adel und das Volk der Normandie dazu veranlaßt hätten, zusammenzutreten und sich gegenseitig feierlich durch Schwur zu bekräftigen, ihre Interessen niemals voneinander zu trennen sowie Leben und Besitz für das allgemeine Wohl (pour le bien public) einzusetzen.

Wiederum im Frühjahr 1674 versuchte der hugenottische Adlige Sardan de Paul eine bewaffnete Erhebung im Süden Frankreichs zu organisieren, die das Languedoc, die Gascogne, die Bretagne, die Provence und die Dauphiné umfassen sollte. Im Verlauf seiner Aktivitäten erreichte er den Abschluß förmlicher Verträge mit Wilhelm von Oranien (21. April 1674) und mit Spanien (23. Juli 1674). Am Wiener Hof ging man dagegen auf entsprechende Angebote Sardans, die er 1675 und 1678 unterbreitete, nicht ein.

Die Analyse der sozialen Herkunft der an den Konspirationen Beteiligten sowie die Prüfung ihrer Motive machen deutlich, daß es sich in allen drei Fällen ganz überwiegend um Adelsverschwörungen handelt. Auch die in Manifesten, Verträgen und Denkschriften enthaltenen Programme der Konspirateure weisen einen stark aristokratisch-reaktionären Charakter auf. Zwar forderten sie die Einberufung der Generalstände, die Beseitigung des zentralistischen Steuersystems, die Abschaffung der Ämterkäuflichkeit, die politisch-soziale Gleichstellung der Protestanten, aber ihr eigentliches Ziel war nicht das Volkswohl, sondern die Wiederherstellung der ständischen und provinzialen Libertäten[60]. Mit den meisten ihrer politischen und sozialen Zielvorstellungen befanden sich die Verschwörer in der Tradition der Adelserhebungen zur Zeit Richelieus und der Fronde, die zu Recht als „erste große Krise des französischen Absolutismus“ interpretiert wurde[61].

---

60 Zum Komplex der Adelskonspirationen: *Klaus Malettke,* Opposition und Konspiration unter Ludwig XIV. Studien zu Kritik und Widerstand gegen System und Politik des französischen Königs während der ersten Hälfte seiner persönlichen Regierung (Veröffentlichungen des Max-Planck-Instituts für Geschichte, 49), Göttingen 1976; vgl. jetzt auch *John T. O'Connor,* Republican Conspiracies in the Old Regime. Paper given at the International Congress on the History of the French Revolution, Georgetown University, Washington D. C., May 1989.

61 *Ernst Hinrichs,* Justice versus Administration. Aspekte des politischen Systemkonflikts in der Krise des Ancien Régime in Frankreich, in: Ernst Hinrichs/Eberhard Schmitt/Rudolf Vierhaus (Hrsg.), Vom Ancien Régime zur Französischen Revolution. Forschungen und Perspektiven (Veröffentlichungen des Max-Planck-Instituts für Geschichte, 55), Göttingen 1978, 129. – Zur Fronde: *Ernst H. Kossmann,* La Fronde (Leidse Historische Reeks, 3), Leiden 1964; *A. Lloyd Moote,* The Revolt of the Judges. The Parlement of Paris and the Fronde 1643 - 1653, Princeton, N. J. 1971; *Klaus*

Fragt man nach den wirtschaftlichen Folgen des Holländischen Krieges für Frankreich, so ist zunächst darauf hinzuweisen, daß von dem großangelegten Programm Colberts zur Förderung der Manufakturen sowie des Binnen- und Außenhandels am Ende der 70er Jahre nur noch ein Torso übriggeblieben war. Eine Reihe von Indizien berechtigt jedoch zu der Annahme, daß das weitgehende Scheitern der Projekte Colberts durch den Krieg wohl nur beschleunigt, letztlich aber nicht verursacht wurde. Daß sich indessen der langandauernde militärische Konflikt mit Holland auf den Außenhandel der Bretagne, der Guyenne und des Languedoc negativ ausgewirkt hat, konnte auch Le Roy Ladurie feststellen. Hauptursache für den Rückgang der französischen Exporte, für den zunehmenden Mangel an Zahlungsmitteln und für die Rezession beim Bruttoprodukt in der Monarchie war für ihn der Holländische Krieg, dem er eine „rôle provocateur" bei dieser Entwicklung attestiert[62].

Die wachsenden finanziellen Schwierigkeiten Frankreichs, die Bauernrevolten und die Adelsverschwörungen des Jahres 1674 wurden von den Kriegsgegnern Ludwigs XIV. mit großem Interesse zur Kenntnis genommen. So schrieb Wilhelm III. von Oranien am 10. August 1675 an den Ratspensionär Gaspar Fagel, der einem baldigen Friedensschluß zuneigte: „La France manque d'argent; il y a beaucoup de révoltes dans ses provinces, tout le monde est mal content, ils perdent plusieurs généraux et bons officiers: cela continuant, le roi se trouvera obligé de nous donner des conditions de paix plus assurées pour nous qu'il n'a fait jusqu'à cette heure ..."[63]. War aber die hier vom Oranier zum Ausdruck gebrachte Hoffnung berechtigt, daß Ludwig XIV. wegen zunehmender wirtschaftlich-finanzieller Probleme und offenkundiger Sozialkonflikte im Innern der Monarchie gezwungen sein würde, größere Kompromißbereitschaft gegenüber den Friedensbedingungen der Koalition zu zeigen und einen baldigen Friedensschluß unter Preisgabe zentraler französischer Interessen anzustreben? Hatten die skizzierten Entwicklungen und Vorgänge in Frankreich einen unmittelbaren und determinierenden Einfluß auf die Außenpolitik Ludwigs XIV. und auf das Zustandekommen der Friedensschlüsse von Nimwegen (1678/1679)[64]? Zweifellos wurden die inneren Vorgänge und Finanzprobleme von den zuständi-

---

Malettke, Wirtschaftliche, soziale und politische Aspekte der Fronde (1648 - 1653), in: ders. (Hrsg.), Soziale und politische Konflikte im Frankreich des Ancien Régime (Studien aus dem Forschungsprojektschwerpunkt ‚Soziale Mobilität im frühmodernen Staat: Bürgertum und Ämterwesen' am Fachbereich 13, Geschichtswissenschaften, der Freien Universität Berlin, 2), Berlin 1982, 24 - 65; *Christian Jouhaud,* Ecriture et action au XVIIe siècle: Sur un corpus de Mazarinades, in: Annales E.S.C. 38 (1983), 42 - 64.

62 *Le Roy Ladurie,* Les paysans de Languedoc (Anm. 42), 531f.

63 *M. Mignet,* Négociations relatives à la succession d'Espagne sous Louis XIV, Paris 1842, 4, 363f.

64 Zum Frieden von Nimwegen: The Peace of Nijmegen 1676 - 1678/79. Colloque international du tricentenaire, Nijmegen, 14 - 16 septembre 1978, Amsterdam 1980.

gen Ministern zur Kenntnis genommen, im „Conseil d'en haut" erörtert und im Kalkül der Politik des Königs berücksichtigt. Und ganz allgemein wird man feststellen können, daß der wachsende Geldmangel bei allen Kriegsteilnehmern die Friedensbereitschaft letztlich gesteigert hat. Mir scheint aber, daß die wirtschaftlichen Schwierigkeiten und Sozialkonflikte während jener Jahre die Außenpolitik des Königs sowie den Ablauf und die Ergebnisse der Friedensverhandlungen nicht unmittelbar und entscheidend beeinflußt haben[65]. Hätten diese Faktoren ein solches Gewicht besessen, so wäre nicht verständlich, warum Ludwig XIV. die Chancen des Kölner Friedenskongresses (1673/74) oder gleich zu Beginn auf dem seit September 1676 in Nimwegen tagenden Kongreß die Möglichkeiten zum Frieden nicht genutzt hat. Schließlich ist darauf hinzuweisen, daß in den folgenden Jahrzehnten weitaus höhere Staatsdefizite Ludwig XIV. nicht daran gehindert haben, Kriege zu führen, die er aus Gründen der Staatsräson für erforderlich hielt.

Im Holländischen Krieg erwies sich Frankreich trotz aller inneren und äußeren Belastungen in militärischer und wirtschaftlicher Hinsicht als stark genug, um über mehrere Jahre hinweg einer europäischen Koalition standzuhalten. Dagegen zeigten sich Frankreichs Gegner den Belastungen des Krieges weniger gewachsen, so daß die antifranzösische Koalition bald Risse aufwies, die Frankreich für sich nutzen konnte[66]. Aber auch Ludwig XIV. mußte erkennen, daß er auf Dauer den Kampf gegen die Koalition nicht siegreich beenden konnte. Diese Einsicht und die Erkenntnis, daß die während des Kongresses in Nimwegen immer sichtbarer werdenden Differenzen in der gegnerischen Koalition ihm die Möglichkeit eröffneten, einen für Frankreich in territorialer Hinsicht vorteilhaften Frieden zu erreichen, haben wohl letztlich bei Ludwig XIV. den Ausschlag für die Beendigung des Krieges gegeben. Demgegenüber haben die finanziellen und wirtschaftlichen Probleme Frankreichs sowie die Sozialkonflikte eher eine sekundäre Bedeutung für die Entscheidung des Königs gehabt[67]. Für Ludwig XIV. rangierte damals noch Machtpolitik vor wirtschaftlichen und sozialen Erwägungen. Dies macht auch die kurz nach Beendigung des Krieges vom König vorgenommene Entlassung des Außenministers Arnauld de Pomponne sinnfällig, der ständig zur Mäßigung geraten und wesentlichen Anteil am Zustandekommen des Nimwegener Friedens gehabt hatte. Ihm warf Ludwig XIV.

---

[65] So auch *Georges Livet,* Colbert de Croissy et la diplomatie française, in: The Peace of Nijmegen (Anm. 64), 215.

[66] *Derek McKay/H. M. Scott,* The Rise of the Great Powers 1648 - 1815, London/ New York 1983, 33ff.

[67] „... Georges Livet has perceptively pointed to the fact that economic questions are not given the weight that one might expect ... The fundamental interests of the people were never taken into consideration, nor their collective mentality and those emotional and ideological forces strong enough to move them." *Tapié,* Louis XIV's Methods in Foreign Policy (Anm. 6), 8.

Schwäche und zu große Nachgiebigkeit besonders während der Friedensverhandlungen vor[68].

Das Jahrzehnt nach Nimwegen, in dem ein Teil der Staatsschuld getilgt, die „taille“ wieder etwas reduziert und das Defizit in den Jahren 1686 und 1687 auf wenige Millionen *livres* gesenkt werden konnte[69], stand im Zeichen der schon erörterten expansiven und aggressiven „Grenz- und Sicherheitspolitik“. Diese konzentrierte sich mit den Reunionen stärker auf den Osten[70]. Ludwig XIV. ließ sich bei dieser Politik offenbar von der Intention leiten, jedes neuerworbene Gebiet möglichst durch die Schaffung eines vorgelagerten Glacis wieder abzusichern[71].

In diese Phase expansiver „Grenz- und Sicherheitspolitik“, in der die bisher erreichten Machtpositionen zur Festigung und zum Ausbau einer französischen Hegemonialstellung in Europa genutzt werden sollten, ist auch der Pfälzische Erbfolgekrieg (1688 - 1697) einzuordnen. Ebenso wie der Devolutionskrieg bestätigt er die von Kunisch formulierte These, „daß die an Erbfolgeregelungen und Fundamentalgesetzen ablesbare Systemrationalität des monarchischen Absolutismus ein außenpolitisches Konfliktpotential von eminenter Bedeutung dargestellt hat[72]. Auf einen langen und umfassenden Krieg gegen eine europäische Koalition, an der sich nun auch England beteiligte, war Ludwig XIV. 1688 aber nicht vorbereitet. Angesichts des sich durch die Erfolge des Hauses Österreich im Türkenkrieg und durch die „Glorious Revolution“ vollziehenden Wandels in der europäischen Mächtekonstellation wollte der französische König durch einen Präventivschlag den dauerhaften Besitz der ihm im Regensburger Stillstand nur auf zwanzig Jahre überlassenen Reunionen, Ansprüche auf Gebiete aus der pfälzischen Erbschaft sowie eine für Frankreich günstige Lösung des Konflikts anläßlich der Erzbischofswahl im Kurfürstentum Köln durchsetzen, das er als festen französischen Stützpunkt betrachtete[73]. Ludwig XIV. hatte aber die Abwehrentschlossenheit der europäischen Mächte unterschätzt und nicht damit gerechnet, daß er durch sein Vorgehen die Bildung einer breiten gegnerischen Koalition provozieren würde, die ihn in einen neunjährigen Krieg verwickeln sollte.

---

[68] *Paul Sonnino,* The Origins of Louis XIV's Wars, in: Jeremy Black (Hrsg.), The Origins of War in Early Modern Europe, Edinburgh 1987, 122.

[69] *Goubert,* Louis XIV (Anm. 8), 158; *Guéry,* Les finances de la monarchie française (Anm. 52), Tabelle II.

[70] *Geoffrey Symcox,* Louis XIV and the Outbreak of the Nine Years War, in: Hatton, Louis XIV and Europe (Anm. 6), 180ff.

[71] *Boutant,* L'Europe au grand tournant des années 1680 (Anm. 7), 127.

[72] *Johannes Kunisch,* Staatsverfassung und Mächtepolitik. Zur Genese von Staatenkonflikten im Zeitalter des Absolutismus (Historische Forschungen, 15), Berlin 1979; vgl. auch *Ernst-Otto Czempiel,* Strukturen absolutistischer Außenpolitik, in: ZHF 7 (1980), 445 - 451.

[73] Vgl. *Symcox,* Louis XIV and the Outbreak of the Nine Years War (Anm. 70), 179 - 212; *Boutant,* L'Europe au grand tournant des années 1680 (Anm. 7).

Dieser Krieg brachte für Frankreich schwere Belastungen, die sich um so gravierender auswirkten, als sie zeitlich mit einer sich verschärfenden wirtschaftlichen Depression und mit „demographischen Krisen älteren Typs" zusammenfielen. Unmittelbar nach Kriegsbeginn stieg wieder das Staatsdefizit und erreichte 1698 mit 138 Millionen *livres* einen vorläufigen Höchststand. Der enorme Finanzbedarf der Krone machte nicht nur Erhöhungen der direkten und indirekten Steuern, sondern auch wieder den Rekurs auf die traditionellen „affaires extraordinaires" notwendig. Diese wurden von 49,3 Millionen im Jahre 1691 auf 84,3 Millionen *livres* im Jahre 1696 hochgeschraubt, also zu einem Zeitpunkt, in dem Frankreich zu Lande und zu Wasser die größten militärischen Anstrengungen unternahm. Aber trotz aller intensivierten Bemühungen der Krone wurde ihre Finanzlage immer kritischer. Im Jahre 1694 überstiegen die Rückstände bei der „taille" bereits die Grenze von zwanzig Millionen, weil immer mehr Steuerpflichtige ihre Abgaben nicht mehr aufbringen konnten. Die in ständig wachsender Zahl zum Kauf angebotenen Ämter, Renten und Adelsbriefe fanden kaum noch Interessenten. Das Land befand sich im Zustand allgemeiner Erschöpfung, die Monarchie war praktisch zahlungsunfähig. „Un épuisement général, aggravant la famine et aggravé par elle, s'était emparé du royaume; dans l'ensemble, celui-ci ne pouvait plus payer ..."[74].

In dieser dramatischen Lage unterbreitete Vauban das Projekt einer neuen Steuer, die von allen Franzosen, also auch von den Privilegierten, erhoben werden sollte. Ihre Höhe sollte sich nach den Einkommen richten. Am 29. November 1694 wurde die Einführung der „capitation", in ihrer Konzeption ein Novum im französischen Steuerwesen, vom König beschlossen. Sie war aber nur als zeitlich befristete Abgabe vorgesehen und wurde deshalb im Jahre 1698, nach Kriegsende, wieder abgeschafft[75].

Eine Verschärfung erfuhr die Lage in der Monarchie durch die große demographische Krise des Jahres 1693/94. Sie wurde durch die katastrophale Ernte des Jahres 1693 und durch den daraus resultierenden enormen Anstieg der Getreidepreise ausgelöst und erfaßte weite Teile des Landes. Diese Subsistenzkrise traf auf eine Bevölkerung, die unter den schweren, kriegsbedingten fiskalischen Belastungen sowie unter den Auswirkungen

---

[74] *Goubert,* Louis XIV (Anm. 8), 161. – Zum Gesamtkomplex der Finanzlage vgl. ebd., 158 - 162; *Guéry,* Les finances de la monarchie française (Anm. 52), 227 - 230 u. Tabelle II; *Dessert,* Argent, pouvoir et société (Anm. 49), 164 - 167; *Mettam,* Power and Faction (Anm. 57), 299.

[75] *Roland Mousnier,* L'évolution des finances publiques en France et en Angleterre pendant les guerres de la ligue d'Augsbourg et de la succession d'Espagne, in: RH 205 (1951), 3f.; *Stanislas Mitard,* La crise financière en France à la fin du XVIIe siècle. La première capitation (1695 - 1698), Rennes 1934; *François Bluche / Jean-François Solnon,* La véritable hiérarchie sociale de l'ancienne France. Le tarif de la première capitation (1695), Genève 1983.

der negativen Wirtschaftskonjunktur litt. Die aus dieser Krise resultierenden Bevölkerungsverluste waren gravierend[76].

Auch im Handel waren während des Krieges große Einbrüche zu verzeichnen, die die Folgen der langfristigen Wirtschaftsdepression noch verschärften. So ging die Zahl der Schiffe, die von Saint-Malo ausliefen, von jährlich 47 im Jahre 1689 auf 6 im Jahre 1690 zurück. Der Handel mit den Westindischen Inseln sank seit 1687, wo er noch über 3 000 Tonnen lag, auf Null im Jahre 1694. Für den Hafen Nantes lassen sich ähnliche Rückschläge beobachten. Aus den großen Textilstädten des Nordens – wie Amiens und Beauvais – kamen immer lauter werdende Klagen über den Rückgang des Handels. Die Käufer von Textilien blieben in steigender Zahl aus, so daß in den Städten immer mehr Betriebe ihre Produktion stark reduzierten oder ganz einstellten. Das führte auch zu Klagen der Betroffenen über die Wirtschaftspolitik der Regierung. Schon seit dem Tode Colberts (1683) war die Handhabung wirtschaftlicher Angelegenheiten durch den Staat Gegenstand einer kritisch geführten Debatte geworden, die schließlich zu einer breiteren Kritik an Theorie und Praxis des monarchischen Absolutismus anschwoll. Unter den Belastungen des Krieges und des wirtschaftlichen Niedergangs in den 90er Jahren erreichte diese Kritik einen Höhepunkt. Daneben machte sich nach der Aufhebung des Edikts von Nantes im Jahre 1685 verstärkt die calvinistische Opposition bemerkbar. Schon in den frühen 80er Jahren trat eine Wende in der calvinistischen Doktrin ein. Neben der noch unter den französischen Calvinisten vorhandenen absolutistischen Strömung wurden in jenen Jahren die Gegenpositionen stärker. Diese Gegenpositionen mündeten nach 1685 in den „courant anti-absolutiste", der sich in der Folgezeit neben den nach wie vor existierenden promonarchisch-absolutistischen Neigungen bei Teilen des protestantischen Refuge etablierte[77].

Der außerordentlich hohe Preis des langen Krieges, die fiskalische Erschöpfung, die Fragilität des monetären Systems, der Marasmus im Bereich des Handels, das Elend auf dem Land, der dramatische Rückgang bei der Bevölkerung, die oppositionellen Strömungen beim Adel und in bürger-

---

[76] *Goubert,* Louis XIV (Anm. 8), 166 - 170; *ders.,* Le régime démographique français au temps de Louis XIV, in: Histoire économique et sociale de la France (Anm. 43), 38 - 49.

[77] *Goubert,* Louis XIV (Anm. 8), 162f.; *Peter Kriedte,* Spätfeudalismus und Handelskapital. Grundlinien der europäischen Wirtschaftsgeschichte vom 16. bis zum Ausgang des 18. Jahrhunderts, Göttingen 1980, 83f., 93f.; *Lionel Rothkrug,* Opposition to Louis XIV. The Political and Social Origins of the French Enlightenment, Princeton, N. J. 1965, 211 - 233; *Denis Richet,* La France moderne: l'esprit des institutions, Paris 1973, 146ff.; *Myriam Yardeni,* L'apologétique protestante des années 1683 - 1685, in: Louise Godard de Donville (Hrsg.), De la mort de Colbert à la révocation de l'Edit de Nantes: Un monde nouveau? XIVe Colloque du Centre Méridional de Rencontres sur le XVIIe siècle (Janvier 1984), Marseille 1985, 216 - 227; *Klaus Malettke,* Hugenotten und monarchischer Absolutismus in Frankreich, in: Francia 15 (1987), 1988, 299 - 319.

lichen Gruppen, alle diese Faktoren sprachen für eine Beendigung des Kampfes. Vieles deutet darauf hin, daß Ludwig XIV. diesen Gegebenheiten in jener Phase seiner Regierung in größerem Maße Rechnung getragen hat als zuvor. Er bemühte sich seit 1696 nicht nur in verstärktem Maße um einen Friedensschluß, sondern machte in den im Mai 1697 in Rijswijk begonnenen Friedensverhandlungen erstmals auch beachtliche Konzessionen. Im Friedensvertrag (1697) verzichtete er bis auf das Elsaß und Straßburg auf den größten Teil der Reunionen der 80er Jahre, räumte das Herzogtum Lothringen dem Sohn Karls V., Leopold, ein, gab seine Ambitionen auf Kurköln und Teile der Pfalz auf und restituierte Plätze in den südlichen Niederlanden und Luxemburg an Spanien. Zur Zeit von Rijswijk, als die Basis für die Schaffung einer Balance der Mächte in West- und Zentraleuropa gelegt wurde, war Ludwig XIV. gezwungen, seine politischen Intentionen den ökonomischen Zwängen und sozialen Realitäten in der Monarchie anzupassen. Sie dürften für seine Friedensbereitschaft und die erheblichen Konzessionen letztlich den Ausschlag gegeben haben. Diesen in seiner Bedeutung nicht zu unterschätzenden Vorgang haben auch zeitgenössische Beobachter des Geschehens – zumindest in seinem Kern – durchaus erkannt. So stellte Esprit Fléchier im Frühjahr 1697 fest: „Nous jouirons apparemment de la paix, puisque le Roi, par religion et par grandeur d'âme, veut bien rendre à chacun ce qu'il croit lui appartenir. Je ne doute pas que le désir de soulager ses peuples ne l'ait porté à contenter ses ennemis, dans un temps où il est en état de les accabler. Voilà un beau point d'histoire"[78].

Die Beendigung des Krieges brachte keine durchgreifende Erholung des Landes, denn der Frieden dauerte nicht einmal fünf Jahre. Zwar gab es durchaus Anzeichen für eine Verbesserung der wirtschaftlichen und finanziellen Verhältnisse der Monarchie – die enormen Staatsschulden konnten durch eine geschickte Rentenpolitik etwas reduziert und der Überseehandel mit den Antillen, mit Spanisch-Amerika und mit China wieder erfolgreich aufgenommen werden –[79], der Beginn des Spanischen Erbfolgekrieges (1701 - 1713/14) machte jedoch diese Ansätze zum großen Teil sehr schnell zunichte.

In der neueren Forschung wurde mit guten Gründen die These vertreten, daß ein Krieg wegen der spanischen Erbfolgeproblematik, die die europäischen Kabinette schon seit Anfang der 60er Jahre immer wieder beschäftigte, seit dem Tod des vom spanischen König Karl II. testamentarisch eingesetzten Universalerben, des bayerischen Kurprinzen Josef Ferdinand, am 6. Februar 1699 unvermeidbar geworden sei. Aber wie auch immer man

---

[78] Zitiert nach *Bluche,* Louis XIV (Anm. 8), 652. – Vgl. auch *Goubert,* Louis XIV (Anm. 8), 170; *McKay / Scott,* The Rise of the Great Powers (Anm. 66), 50 - 53; *Wolf,* Toward a European Balance of Power (Anm. 19), 119ff.

[79] *Goubert,* Louis XIV (Anm. 8), 171 - 177.

diese These beurteilen mag, nicht zu leugnen ist, daß sich Ludwig XIV. in einem Dilemma befand, als er kurz nach dem am 1. November 1700 eingetretenen Tod Karls II. erfuhr, daß dieser Philipp von Anjou, den zweiten Sohn des Dauphins, zum Universalerben eingesetzt hatte. Der Verstorbene hatte außerdem verfügt, daß das spanische Erbe im Falle einer Ablehnung durch Ludwig XIV. an die österreichischen Habsburger gehen sollte. Akzeptierte der französische König, der in früheren Verhandlungen über verschiedene Teilungsprojekte eine bemerkenswerte Konzessions- und Kompromißbereitschaft gezeigt hatte, für seinen Enkel die spanische Erbschaft, dann bräche er sein Wort, das er gerade im zweiten Teilungsvertrag (Juni 1699/ März 1700) den Seemächten gegeben hatte. Lehnte Ludwig XIV. aber die Annahme ab und hielt am zweiten Teilungsvertrag fest, dann wurde das Angebot Kaiser Leopold I. unterbreitet, dessen positive Entscheidung, das Testament für seinen zweiten Sohn Karl anzunehmen, als sicher vorauszusetzen war. Eine solche Perspektive war aber mit der französischen Staatsräson unvereinbar. Hinzu kommt, daß Ludwig XIV. auch durch ein Festhalten am zweiten Teilungsvertrag einen Krieg nicht hätte vermeiden können. In diesem Fall war die militärische Auseinandersetzung mit Spanien und dem Kaiser vorprogrammiert. Es ist daher verständlich, daß Ludwig XIV. nach intensiven Beratungen das Testament Karls II. annahm und am 16. November 1700 Philipp von Anjou dem in Versailles versammelten Hof als „König von Spanien“ präsentierte. In den folgenden Monaten verschärfte sich sowohl durch manche Maßnahmen Ludwigs XIV. als auch des Kaisers und der Seemächte die internationale Lage. Der Ausbruch des Spanischen Erbfolgekrieges im Frühjahr 1701 war aber nicht allein das Resultat der Entscheidung des französischen Königs, das Testament Karls II. anzunehmen. Der Krieg begann, so stellte William Roosen kürzlich fest, denn „the various participants had opposing interests which were important enough to fight for – their bottom lines“[80].

In den finanziellen und wirtschaftlichen Verhältnissen trat kurz nach Kriegsbeginn eine erneute Verschlechterung ein, die bald ein bisher nicht gekanntes Ausmaß erreichte. Die jährlichen Defizite im Staatshaushalt stiegen von 72,9 Millionen *livres* auf 178,7 Millionen im Jahre 1701 an und erreichten mit 225 Millionen im Jahre 1711 ihre Höchstmarke. Zur Finanzierung der Kriegslasten mußte die Krone wiederum zu den traditionellen, bereits erwähnten Notstandsmaßnahmen greifen, auf die im einzelnen nicht eingegangen werden kann. Aber sämtliche Maßnahmen – unter ihnen die Wiedererrichtung der „Caisse des emprunts“ (11. März 1702), der erneute Rückgriff auf die „capitation“ (12. März 1701) und die in kurzen

---

[80] *William Roosen,* The Origins of the War of the Spanish Succession, in: Black, The Origins of War (Anm. 68), 165. Zum oben skizzierten Gesamtkomplex vgl. ebd., 151 - 171; vgl. auch *Kamen,* The War of Succession in Spain (Anm. 7); *Black,* The Rise of the European Powers (Anm. 35), 48 - 52.

Abständen vorgenommenen Währungsmanipulationen – konnten nicht verhindern, daß die finanzielle Lage der Monarchie immer dramatischer wurde. Zu Pfingsten 1709 rettete nur die Ankunft einer mit 30 Millionen Piastern beladenen Flotte aus den spanischen Überseebesitzungen die Monarchie vor dem unmittelbaren Bankrott[81].

Im Bereich der Wirtschaft ergibt sich ein ähnlich düsteres Bild, das nur für die Gebiete im näheren Umfeld der Atlantikhäfen hellere Farben aufweist. In diesen Gebieten profitierten die Textilmanufakturen von den Exporten in die spanischen Kolonien, die sich dem französischen Überseehandel geöffnet hatten. In scharfem Kontrast dazu befand sich aber der Rest der Monarchie, die im Winter 1709/1710 von einer katastrophalen Hungersnot mit allen daraus resultierenden demographischen Folgen heimgesucht wurde[82].

In dieser wohl schwierigsten Phase seiner Alleinherrschaft sah sich der König auch erneut mit Sozialkonflikten und immer lauter werdenden Reformforderungen des Adels konfrontiert. Die Cevennen, Zentralfrankreich und die Guyenne wurden vom sozial-religiösen Camisarden-Aufstand erfaßt, der während der Jahre 1702 bis 1705 in seinen Hauptzentren einen bürgerkriegsähnlichen Charakter annahm und den Einsatz von regulärem Militär erforderlich machte. Getragen wurde diese Revolte, die mit ihren Ausläufern bis 1710 andauerte, von Hugenotten, die nach dem Widerruf des Edikts von Nantes im Jahre 1685 nur zum Schein zur katholischen Kirche zurückgekehrt waren. Die Aufständischen kämpften zwar in erster Linie für ihren protestantischen Glauben, mit ihren Forderungen verbanden sich aber auch fiskalische Motive, die sich in der Ablehnung königlicher Steuern und des Kirchenzehnts konkretisierten. Die Tatsache, daß die Anführer der Camisarden nicht nur Kontakte mit ihren geflüchteten Glaubensgenossen im Ausland herstellten, sondern auch die Unterstützung durch die Feinde Frankreichs anstrebten und teilweise auch erhielten, machte diese Revolte für die Regierung besonders gefährlich[83].

---

81 *Goubert,* Louis XIV (Anm. 8), 188 - 197; *Guéry,* Les finances de la monarchie française (Anm. 52), 227f. u. Tabelle II; *Herbert Lüthy,* La Banque Protestante en France de la Révocation de l'Edit de Nantes à la Révolution (Ecole pratique des hautes études – VIe Section, Centre de recherches historiques, Affaires et gens d'affaires, 19), Paris 1959 (ND 1970), Bd. 1, 98 - 120.

82 *Goubert,* Louis XIV (Anm. 8), 197ff.; *ders.,* Le „tragique" XVIIe siècle (Anm. 43), 360ff.

83 Zur „guerre des Camisards" vgl. *Daniel Ligou,* Le protestantisme en France de 1598 à 1715, Paris 1968, 263 - 267; *Henri Bosc,* La guerre des Camisards. Son caractère, ses conséquences, in: Bulletin de la Société de l'histoire du protestantisme français 119 (1973), 335 - 355; *ders.,* La guerre des Cévennes (1705 - 1710). D'après les Archives du dépôt de la Guerre à Vincennes, les correspondances et les mémoires du temps. Thèse présentée devant l'Université de Paris IV le 9 juin 1973, 2 Bde., Service de reproduction des thèses, Université de Lille III 1974; *Aimé-Daniel Rabinel,* Les caractères particuliers revêtus par la Guerre des Camisards en Vaunage et dans le

Keine unmittelbare Gefahr, aber dennoch ein Symptom für die in Kreisen des Adels gewachsene Kritik an dem – wie sie es nannten – „Despotismus der Regierung des Königs" waren die Reformforderungen um die Wende vom 17. zum 18. Jahrhundert. Sie wurden formuliert von Vauban, Boisguillebert, Fénelon, Boulainvilliers und Saint-Simon. Ihr Ziel war nicht der Umsturz der bestehenden Ordnung, sondern deren Reform auf der Basis der wahren Tradition und politischen Vernunft. Sie waren Konservative, deren Gesellschaftsideal die traditionelle ständisch-hierarchische Ordnung darstellte. Einen Höhepunkt erreichten ihre Reformaktivitäten in den Krisenjahren des Spanischen Erbfolgekrieges. Eine Besserung der bestehenden Verhältnisse erwarteten sie allein von der Thronbesteigung des Herzogs Ludwig von Burgund, die nach dem Tode des Dauphins im Jahre 1711 unmittelbar bevorzustehen schien. Schon seit Jahren war der Herzog die Hoffnung aller Unzufriedenen. „Sie zweifelten nicht daran, die Erziehung Fénelons und die Persönlichkeit des Prinzen schienen das zu verbürgen, daß mit ihm an die Stelle eines schlecht informierten und neuen Ideen nicht mehr zugänglichen Herrschers ein in ihrem Sinne gut zu informierender treten werde"[84].

Angesichts der Finanzkrise, der beunruhigenden Entwicklung im Innern der Monarchie und der schweren Niederlagen in den Schlachten von Höchstädt (1704), Turin (1706) und Oudenaarde (1708) war Ludwig XIV. entschlossen, durch sehr weitgehende Konzessionen den Frieden zu erreichen. Nachdem offiziöse Verhandlungen in den Jahren 1704 und 1706 wegen der unüberbrückbaren Differenzen der Parteien gescheitert waren, sandte der französische König im Mai 1709 seinen Außenminister Colbert de Torcy mit sehr weitreichenden Vollmachten nach Den Haag. Dieser erklärte sich dort zur Annahme fast sämtlicher Punkte der hochgeschraubten Forderungen der Alliierten bereit. Er verzichtete für die Bourbonen nicht nur auf die spanische Krone, auf Straßburg, Kehl, Breisach, Landau und auf die elsässischen Reunionen, er stimmte nicht nur der Rückgabe der französischen Besitzungen in den Spanischen Niederlanden zu, sondern er erklärte sich auch bereit, mit Subventionen den Kampf der Koalition gegen den spanischen König Philipp V. zu unterstützen. Trotz dieser äußerst weitreichenden Konzessionen scheiterten die Verhandlungen dennoch. Sie scheiterten

---

Bas-Pays, in: Bulletin de la Société de l'histoire du protestantisme français 119 (1973), 209 - 248.

[84] *Werner Gembruch,* Reformforderungen in Frankreich um die Wende vom 17. zum 18. Jahrhundert. Ein Beitrag zur Geschichte der Opposition gegen System und Politik Ludwigs XIV., in: HZ 209 (1969), S. 270ff.; wieder abgedruckt in: ders., Staat und Heer. Ausgewählte historische Studien zum ancien régime, zur Französischen Revolution und zu den Befreiungskriegen, hrsg. von Johannes Kunisch (Historische Forschungen, 40), Berlin 1990, 46f., der ganze Aufsatz 42 - 87; vgl. auch *Rothkrug,* Opposition to Louis XIV. (Anm. 77), 351f.; 355f., 464f.; *Harold A. Ellis,* Boulainvilliers and the French Monarchy. Aristocratic Politics in Early Eighteenth-Century France, Ithaca / London 1988, 57 - 91.

daran, daß die Verbündeten die Zusicherung eines bewaffneten Vorgehens Ludwigs XIV. gegen seinen Enkel für den Fall eines Widerstandes gegen die Auslieferung Spaniens und aller seiner Nebenlande verlangten. Ein derartiges Ansinnen erachtete der französische König aber als unvereinbar mit seiner „honneur“ und „réputation“[85].

Es kann kein Zweifel daran bestehen, daß die Alliierten damals mit ihrer überzogenen Forderung die Gunst der Stunde vertan haben. Die weitere Entwicklung des Krieges verbesserte die Lage Frankreichs, so daß es in den Friedensschlüssen von Utrecht (1713) und Rastatt (1714) günstigere Konditionen erreichen konnte. Daß sich aber Ludwig XIV. im Spanischen Erbfolgekrieg zu so weitreichenden Konzessionen verstand, ist ganz sicher auf die ökonomischen Zwänge und die katastrophale Lage im Innern Frankreichs zurückzuführen. Diese hatten zweifellos einen entscheidenden Einfluß auf die Außenpolitik des Königs in jener Phase seiner persönlichen Regierung[86].

3. Frankreichs außenpolitische Position am Ende der Regierung Ludwigs XIV.

Die Staatsfinanzen befanden sich im Jahre 1715, am Ende der Regierung Ludwigs XIV., in einem desolaten Zustand. Fast fünfundzwanzig Jahre Krieg hatten die Staatsschulden auf eine bisher nie erreichte Höhe anwachsen lassen. Treffen die überlieferten Angaben zu, hatten sich die Schulden auf die für damalige Verhältnisse riesige Summe von etwa zwei Milliarden *livres* akkumuliert. Die unmittelbar fälligen Schulden überstiegen vierhundert Millionen *livres*. Die öffentlichen Kassen waren praktisch leer, die für die Jahre 1716 bis 1718 erwarteten Einnahmen schon verausgabt. Es kann kein Zweifel daran bestehen, daß Frankreich nicht nur wegen der dramatischen Lage seiner öffentlichen Finanzen am Ende der Regierung Ludwigs XIV. eine Phase der Erholung nötig hatte[87].

Gegenüber diesem alles in allem düsteren Erscheinungsbild der Lage in Frankreich im Jahre 1715 ist jedoch zu betonen, daß das Land dank seiner natürlichen Ressourcen, seiner insgesamt soliden Agrarökonomie, seiner manufakturiellen Aktivitäten und seines Überseehandels – wenn auch oft unter größten Schwierigkeiten – letztlich in der Lage gewesen ist, den Belastungen von fast fünfundzwanzig Jahren Krieg standzuhalten[88]. Es ist François Bluche zuzustimmen, wenn er zur Gesamtlage Frankreichs am Ende der Regierung Ludwigs XIV. feststellt: „En réalité, le royaume de Louis XIV

---

[85] Vgl. *Goubert,* Louis XIV (Anm. 8), 199; *Bluche,* Louis XIV (Anm. 8), 793 - 797.

[86] Vgl. auch *Wolf,* Toward a European Balance of Power (Anm. 19), 162 f., 174.

[87] *Goubert,* Louis XIV (Anm. 8), 216 f.; *Meyer,* La France moderne (Anm. 41), 356 - 360.

[88] *Lucien Bély,* Espions et ambassadeurs au temps de Louis XIV, Paris 1990, 26.

n'est ni ruiné (sauf en ses finances publiques), ni angoissé, ni étouffant"[89]. Erste Anzeichen einer Erholung auf dem agrarischen Sektor und auf dem Felde des Überseehandels manifestierten sich bereits in den Jahren 1713 und 1714[90].

Ebenso wie auf den vorangegangenen Friedenskongressen von Nimwegen und Rijswijk hatte es Frankreich auch bei den Friedensschlüssen von Utrecht, Rastatt und Baden vermocht, „die Ebenbürtigkeit oder sogar Überlegenheit der wenig kohärenten gegnerischen Koalitionen am Konferenztisch auszugleichen, sei es durch die Geschicklichkeit der eigenen Diplomaten, sei es durch das Entgegenkommen eines der Allianzpartner"[91]. Im Vergleich zu den gravierenden Bedingungen, die Ludwig XIV. während der schließlich gescheiterten Verhandlungen von 1709 anzunehmen bereit war, fiel der Kompromißfrieden von 1713/14 für Frankreich günstiger aus. Die Bourbonen blieben im Besitz von Spanien mit den Kolonien. Für Frankreich konnte Ludwig XIV. an der Ostgrenze im wesentlichen die Regelungen von Rijswijk gegenüber dem Kaiser durchsetzen. Im Norden mußte er aber auf einen Teil Französisch-Flanderns verzichten und die niederländische „Barriere" hinnehmen. Das bedeutete für längere Zeit das Ende der französischen Ambitionen, die Grenzen des Königreiches nach Norden und Osten möglichst weit von der Kapitale Paris vorzuverlegen[92].

Frankreich blieb aber in dem in Utrecht ausgebildeten „System der ‚präponderierenden Mächte', zwischen denen zwar ein stets gefährdetes, aber auch immer wieder ausbalanciertes politisches Kräfteverhältnis bestand"[93], eine Großmacht, deren politisches Gewicht auch nach 1715 von zentraler Bedeutung war. Wenn auch Ludwig XIV. in seinem Streben nach Hegemonie in Europa gescheitert war, so hinterließ er bei seinem Tode ein Land, das größer und besser zu verteidigen war als zu Beginn seiner Alleinherrschaft. Er hinterließ seinem Nachfolger eine Monarchie, die auch in den folgenden Jahrzehnten in der Lage war, eine erstrangige politische Rolle in Europa zu spielen[94].

---

[89] *Bluche,* Louis XIV (Anm. 8), 876.

[90] Vgl. *Goubert,* Louis XIV (Anm. 8), 217 - 222.

[91] *Heinz Duchhardt,* Gleichgewicht der Kräfte – Convenance – Europäisches Konzert. Friedenskongresse und Friedensschlüsse vom Zeitalter Ludwigs XIV. bis zum Wiener Kongreß (Erträge der Forschung, 56), Darmstadt 1976, 76.

[92] *Livet,* L'équilibre européen (Anm. 12), 102; *Goubert,* Louis XIV (Anm. 8), 202ff.; *Robert Mandrou,* Louis XIV en son temps (Peuples et Civilisations, 10), Paris 1973, 526 - 531.

[93] *Duchhardt,* Gleichgewicht der Kräfte (Anm. 91), 70; *Rudolf Vierhaus,* Überstaat und Staatenbund. Wirklichkeit und Ideen internationaler Ordnung im Zeitalter der Französischen Revolution und Napoleons, in: Archiv für Kulturgeschichte 43 (1961), 329 - 354.

[94] *Tapié,* Louis XIV's Methods in Foreign Policy (Anm. 6), 14f.; *Bluche,* Louis XIV (Anm. 8), 876.

Frankreich war unter Ludwig XIV. – wie Paul Kennedy in seinem Werk „The Rise and Fall of the Great Powers" zu Recht feststellt – keine „Supermacht". Es stellt sich aber die Frage, ob man einen Begriff, der von den machtpolitischen Verhältnissen der Jahrzehnte nach dem Zweiten Weltkrieg abgeleitet ist, auf die Gegebenheiten des Ancien Régime übertragen und zur Charakterisierung einzelner Staaten jener Epoche verwenden darf. Und ebenso problematisch erscheint das Urteil Kennedys, daß das Frankreich Ludwigs XIV. von Anbeginn ein sich beständig übernehmender, hybrider Staat gewesen sei. Sicher ist nicht zu leugnen, daß der „roi soleil" bei seinen militärischen Unternehmungen bis an die Grenzen der Belastbarkeit von Staat und Gesellschaft gegangen ist. Eine genauere Analyse seiner Außenpolitik und seiner Kriegführung verdeutlicht jedoch, daß trotz aller Dominanz der Staatsräson im politischen Handeln Ludwigs XIV. mit zunehmender Dauer seiner Regierung finanzielle, ökonomische und soziale Faktoren größeres Gewicht bei seinen außenpolitischen Entscheidungen erlangten. Dies zeigte sich zumindest immer dann, wenn es um die zentrale Frage ging, ob Frankreich angesichts wachsender finanzieller, wirtschaftlicher und sozialer Schwierigkeiten in der Lage sei, einen Krieg auf längere Sicht fortzusetzen. Spielten finanzielle, ökonomische und soziale Faktoren bei der Entscheidung des Königs, im Krieg mit den Vereinigten Niederlanden den Frieden anzustreben, noch eine eher sekundäre Rolle, so kam ihnen im Pfälzischen Krieg und im Spanischen Erbfolgekrieg eine erheblich größere Bedeutung zu. In diesen Auseinandersetzungen waren sie neben militärischen und politischen Gesichtspunkten ein mitentscheidendes Motiv für den Entschluß des Königs, die Beendigung des Krieges herbeizuführen. Berücksichtigt man diese Gegebenheiten, dann ist das Pauschalurteil Kennedys, Frankreich sei zur Zeit Ludwigs XIV. ein sich beständig übernehmender, hybrider Staat gewesen, nicht aufrechtzuerhalten[95]. Klaus Hildebrand verweist gegenüber dem Urteil Kennedys zu Recht auf die Tatsache, daß das ludovizianische Frankreich „durch eine selten zuvor und danach erreichte Homogenität des Politischen und Militärischen, des Wirtschaftlichen und Künstlerischen als fortschrittliche Macht par excellence ausgezeichnet war und daß es die Welt als Vorbild ebenso anzog, wie es sie als Gegner erzittern ließ, kurzum: daß es auf innen- und außenpolitischem Terrain ein bereits von Ranke bewundertes ‚System' vorbildlich verkörperte"[96].

[95] *Paul Kennedy,* The Rise and Fall of the Great Powers. Economic Change and Military Conflict from 1500 to 2000, New York 1987, 88ff., 100 - 106; vgl. auch *Klaus Hildebrand,* Mars oder Merkur? Das Relative der Macht oder: Vom Aufstieg und Fall großer Reiche, in: HZ 250 (1990), 350f.

[96] *Hildebrand,* Mars oder Merkur (Anm. 95), 350f.; zum Verhältnis des Militärischen zum Politischen vgl. *Ulrich Muhlack,* Absoluter Fürstenstaat und Heeresorganisation in Frankreich im Zeitalter Ludwigs XIV., in: Johannes Kunisch (Hrsg.), Staatsverfassung und Heeresverfassung in der europäischen Geschichte der frühen Neuzeit (Historische Forschungen, 28), Berlin 1986, 249 - 278.

Wilhelm III. und die französische Herausforderung

Von Marie-Luise Recker, Frankfurt/M.

Der Beitritt Englands zur ersten Großen Allianz und die Kriegserklärung an Frankreich 1689 markierten einen tiefen Bruch in der Außenpolitik des Inselstaates. Die Folgezeit war geprägt von einem langandauernden Kampf gegen Frankreich und dessen Hegemonialstreben, so daß manche Historiker von einem „zweiten Hundertjährigen Krieg"[1] sprechen, der erst mit dem Wiener Kongreß und der dort geschaffenen neuen Ordnung für den Kontinent sein Ende gefunden habe. Auch wenn eine solche Sichtweise wohl doch das Auf und Ab zwischen beiden westeuropäischen Staaten, den Wechsel von militärischer Konfrontation und Suche nach Ausgleich und partieller Zusammenarbeit in diesem Zeitraum zu wenig in Rechnung stellt, so ist nicht zu leugnen, daß insgesamt gesehen das ausgehende 17. und das 18. Jahrhundert vom englisch-französischen Gegensatz geprägt war. Die Entscheidung des Jahres 1689 ließ – gerade im Bewußtsein der Öffentlichkeit – beide Staaten zu „natural and necessary enemies"[2] werden, deren Rivalität im machtpolitischen, wirtschaftlichen und maritimen Bereich die Struktur der europäischen Mächtebeziehungen prägte.

Dieser häufig als diplomatische Revolution gekennzeichnete Umschwung ist auch deshalb so signifikant, weil vor 1689 England auf den Aufstieg Frankreichs zur europäischen Hegemonialmacht kaum reagiert hatte. Die Außenpolitik des Inselstaates nach der Restauration der Monarchie[3] war inkonsequent und widersprüchlich: sie schwankte zwischen einer (Tripel-) Allianz mit Schweden und den Niederlanden zur Abwehr einer französischen Expansion nach Flandern oder gar bis zur Scheldemündung einerseits und einer (geheimen) Übereinkunft mit Ludwig XIV. andererseits, um im Verein mit Frankreich den holländischen Handelsrivalen aus dem Feld zu schlagen und als Juniorpartner der stärksten Kontinentalmacht möglichst

---

[1] So *Jean Meyer/John S. Bromley*, La Seconde Guerre de Cent Ans 1688 - 1815, in: François Bedarida/François Crouzet/Douglas Johnson (Hrsg.), De Guillaume le Conquérant au Marché Commun. Dix siècles d'histoire franco-britannique, Paris 1979, 153 - 190.

[2] *Jeremy Black,* Natural and Necessary Enemies. Anglo-French Relations in the Eighteenth Century, London 1986.

[3] Vgl. hierzu *Keith Feiling,* British Foreign Policy 1660 - 1672, London ²1968; *Gerald M. D. Howat,* Stuart and Cromwellian Foreign Policy, London 1974; sowie *Jeremy Black* (Hrsg.), Knights Errant and True Englishmen. British Foreign Policy 1660 - 1800, Edinburg 1988.

auch weitere Gewinne in Europa oder in Übersee zu erringen. Auch wenn dieses Kalkül fehlschlug und Karl II. sich gezwungen sah, im Separatfrieden von Westminster der Allianz mit Frankreich eine Absage zu erteilen, so hatte dieser Mißerfolg doch weitere, wiederum auf das Jahr 1689 vorausweisende Konsequenzen: die doppelbödige Außenpolitik des englischen Monarchen ließ bei dem Statthalter der Vereinigten Niederlande, Wilhelm von Oranien, immerhin nach seiner Heirat mit der ältesten Tochter Karls II. englischer Kronprätendent nach dem Aussterben der männlichen Stuart-Linie, die Entschlossenheit wachsen, ein antifranzösisches Bündnis unter Einschluß Englands zustandezubringen und hierfür selbst einen innenpolitischen Umsturz in London in Erwägung zu ziehen. Dies bestimmte Vorgeschichte und Konsequenz der Glorious Revolution.

Die Erfahrung des (im wörtlichen Sinne) vernichtenden Charakters dieser anglo-französischen Allianz, die in einem kombinierten Land- und Seekrieg die Vereinigten Niederlande 1672 - 1679 an den Rand einer völligen Niederlage gebracht hatte, war für Wilhelm von Oranien, in dieser Krisensituation zum Statthalter ausgerufen, ein entscheidendes Moment gewesen, das seine Haltung gegenüber England fortan[4] festlegte: zur Abwehr der französischen Herausforderung schien es in seinen Augen unumgänglich, die finanziellen, wirtschaftlichen und militärischen Ressourcen des Inselstaates in die Waagschale einer zu formenden antiludovizianischen Koalition einzubringen. Dies würde nicht nur den Niederlanden die Wahrung der äußeren Existenz und der inneren Freiheit ermöglichen, sondern auch die Unabhängigkeit und Eigenständigkeit der anderen Staaten des Kontinents sichern. Gerade dieser personale Faktor sollte nicht unterschätzt werden; das Bewußtsein, daß die europäische Staatenordnung durch die französische Hegemonie bedroht sei, aber auch eine konkrete Vorstellung, welche Schritte zu ihrer Eindämmung notwendig seien, und nicht zuletzt einen leidenschaftlichen Willen, dies auch in die Tat umzusetzen, brachte Wilhelm nach der Glorious Revolution in die englische Außenpolitik ein. Aufgewachsen in einer Region, die zu den strategisch neuralgischen Punkten des Kontinents zu zählen ist, geprägt und geformt von einem politischen Gemeinwesen, das seine Unabhängigkeit gegen das übermächtige Spanien hatte erstreiten und sie anschließend gegen die französische Hegemonie hatte verteidigen müssen, konnte er den insularen, eher sporadisch in die kontinentalen Konflikte eingreifenden Charakter der englischen Außenpolitik überwinden und den Inselstaat zu einem Faktor von europäischem Gewicht machen.

Diese dauerhafte Festlegung auf die Eindämmung der französischen Hegemonie, wie sie mit der Entscheidung des Jahres 1689 zum Ausdruck kam, wäre aber nicht möglich gewesen ohne eine entsprechende Resonanz in England selbst. Gewiß, die Außenpolitik fiel in den Bereich der königlichen

[4] Vgl. *Stephen B. Baxter,* William III, London 1966, 160ff., 216ff.

Prärogative, auch hat Wilhelm als englischer Monarch die außenpolitischen Entscheidungen nahezu allein und aus eigener Machtvollkommenheit getroffen. Dennoch wäre ohne die Bewilligung der notwendigen Mittel zur Kriegführung durch das Parlament und ohne eine allgemeine Zustimmung der Öffentlichkeit zur (Außen-)Politik der Krone ein Schritt mit derart weitreichenden Folgen nicht möglich gewesen. Bei seiner Thronbesteigung profitierte Wilhelm davon, daß der profranzösische Kurs seiner Vorgänger Karl II. und Jakob II. höchst unpopulär gewesen war und zu emotionsgeladenen inneren Auseinandersetzungen[5] geführt hatte. Ludwig XIV. galt als Inkarnation von „popery and arbitrary rule", der durch das Bündnis mit den Stuarts die politische wie die religiös-kirchliche Ordnung in England im absolutistischen Sinne umzugestalten trachtete. Die von ihm durchgesetzte Entmachtung der (ständischen) französischen Parlamente und der Ausbau eines nur noch kronabhängigen Verwaltungsapparates, die Aufhebung des Ediktes von Nantes und die blutige Verfolgung der Hugenotten, aber auch die ehrgeizige Handels- und Flottenpolitik der französischen Krone, die zu einer ernsthaften Herausforderung der englischen Konkurrenz zu werden drohte – all dies ließ den Bourbonen-König in englischen Augen zum Antipoden und Widerpart der eigenen verfassungs- und innenpolitischen Ordnung werden. Ja, das Bündnis der Stuarts mit dem Roi Soleil schien in dieser Sicht vor allem dem Zweck verpflichtet, nun auch in England nach dem französischen Modell die überkommenen Rechte des Parlaments zu beschneiden, die privilegierte Stellung der Anglikanischen Kirche einzuschränken und Macht und Stellung der Krone nach absolutistischem Muster zu stärken.

Diese militant antifranzösische Stimmung in England hatte Wilhelm von Oranien sich bereits 1673 zunutze gemacht[6], um das gegen die Vereinigten Niederlande gerichtete Bündnis Karls II. mit Ludwig XIV. zu sprengen und England aus der gegnerischen Koalition herauszubrechen. Durch verdeckte Zusammenarbeit mit der innerenglischen Opposition und durch geschickte Ausstreuung von Gerüchten über die „absolutistischen" Neigungen des dritten Stuart auf dem englischen Thron war es dem Oranier gelungen, England zur Aufkündigung der Allianz mit Frankreich und zu einem Sonderfrieden mit den Niederlanden zu zwingen. Damit war das Muster der zukünftigen Beziehungen geboren: je stärker Karl und sein Bruder und Nachfolger Jakob in den Verdacht gerieten, die politischen Freiheiten der Nation beschneiden und „popery and arbitrary rule" in England aufrichten zu wollen, desto stärker blickten führende Politiker in Parlament und Öffentlichkeit nach dem oranischen Thronprätendenten, da er ein Garant

---

[5] Vgl. hierzu vor allem *K. H. D. Haley,* William of Orange and the English Opposition 1672 - 74, Oxford 1953, sowie *John Miller,* Popery and Politics in England 1660 - 1688, London 1973, passim.

[6] Vgl. ebd. sowie *Marie-Luise Recker,* Der Vertrag von Dover 1670. Zur englischen Außenpolitik der Restaurationszeit, in: Francia 13 (1985), 271 - 294.

dafür schien, daß der französische Absolutismus seine Hand nicht nach den britischen Inseln würde ausstrecken können. In der Krise des Jahres 1688, als mit der Aufhebung der Test-Akte und mit der Geburt eines Sohnes und (mutmaßlich katholischen) Nachfolgers Jakobs II. diese Befürchtungen neue Nahrung erhielten, formierte sich ein gleichsam nationaler Widerstand[7] aus Anglikanischer Kirche, Whigs und Tories, der die Kontakte zum Oranier intensivierte und ihm Unterstützung im Falle seines Eingreifens auf der Insel zusicherte. Auch wenn das Hauptinteresse der innerenglischen Opposition bei diesem Schritt den innen- und verfassungspolitischen Fragen galt, so legte er das Land doch gleichzeitig prinzipiell auf eine antiludivizianische Ausrichtung fest, die den Vorsatz zur Eindämmung der französischen Macht – letztlich selbst unter Einsatz militärischer Mittel – in sich barg.

Wilhelm ergriff diese Gelegenheit schnell, zumal sie seinen bisherigen Bemühungen um England entsprach. Sein Hauptanliegen war es jedoch, den Inselstaat für die sich formierende Große Allianz zu gewinnen, da nur so Ludwigs spektakulären Erfolgen der vergangenen Jahre (Straßburg, Casale, Köln und nun die Pfalz) Einhalt geboten und er von möglichen weiteren Expansionsschritten abgehalten werden konnte. Trotz der Unsicherheit, ob eine Invasion der Insel erfolgreich sein und ob sie nicht militärische Kräfte, die an anderer Stelle wichtiger waren, allzulange binden würde, wagte der Oranier den „großen Coup“[8], den Fuß auf englischen Boden zu setzen und nach der Krone dort zu greifen.

Es sollte sich als schwerer Fehler erweisen, daß der französische Monarch dem Hilfeersuchen seines englischen Cousins[9] kein Gehör schenkte und dessen Bitte um militärische Unterstützung abschlug. Allerdings war aus seiner Sicht das Kalkül wohl nicht falsch, daß England ohnehin kein verläßlicher und kraftvoller Verbündeter sei und daß dessen Paralysierung infolge innerer Wirren der französischen Politik durchaus zupaß kommen konnte. Ja, die – wie zu erwarten stand – langwierigen Auseinandersetzungen zwischen dem legitimen Monarchen und dessen Herausforderer hatten sogar den glücklichen Nebeneffekt, daß Ludwigs entschiedenster Gegner, nämlich Wilhelm von Oranien, nun auf der Insel gebunden und damit als Organisator und militärischer Führer der Großen Allianz ausfallen würde. Erst als der Widerstand gegen Wilhelm buchstäblich dahinschmolz und Jakob durch die Flucht nach Frankreich seine Position de facto verloren gab, entschloß sich

---

[7] Vgl. hierzu *James Rees Jones,* The Revolution of 1688 in England, London 1984, 209 ff.; sowie *John Randle Western,* Monarchy and Revolution. The English State in the 1680s, London 1972, 239 ff.

[8] *Heinz Duchhardt,* Das Zeitalter des Absolutismus, München 1989, 60.

[9] Vgl. hierzu und zum folgenden *Mark A. Thomson,* Louis XIV and William III, 1689 - 97, in: Ragnhild Hatton / John S. Bromley (Hrsg.), William III and Louis XIV, Liverpool 1968, 24 - 48; sowie *James Rees Jones,* Britain and the World 1649 - 1815, Glasgow 1980, 127 ff.

der französische König, ihm mit einem Expeditionsheer nach Irland zu Hilfe zu kommen und von hier aus Wilhelms Erfolge zunichte zu machen. Die Schlacht an der Boyne und Jakobs erneute Flucht nach Frankreich beendeten dann diesen französischen Versuch, die Thronfolge des Oraniers zu vereiteln.

Die Identifizierung Ludwigs mit der Sache Jakobs und seiner Anhänger hat die Einreihung Englands in die Große Allianz gegen Frankreich nur bestärkt. Für die politische Nation, für die entscheidenden Stimmen in Parlament und Öffentlichkeit war der Kampf gegen Frankreich gleichzeitig ein Kampf zur Sicherung des *Revolution Settlement* und der protestantischen Thronfolge. Die Aufnahme der exilierten Stuart-Familie am Hof von Versailles, die Nichtanerkennung Wilhelms als rechtmäßigen englischen König, vor allem dann die Unterstützung der Jakobiten[10] innerhalb und außerhalb der Insel und die mehrfachen Versuche, Jakob mit Hilfe französischer Truppen wieder auf dem englischen Thron zu installieren – all dies bewirkte, daß der französische König in England als der entscheidende Widerpart der innen- und verfassungspolitischen Ordnung angesehen wurde.

Dieser Konsens zwischen der politischen Nation und dem neuen Monarchen trug dann auch dazu bei, daß Öffentlichkeit und Parlament trotz zunehmender Lasten letztlich bereit waren, den Krieg gegen Frankreich zu tragen und der Großen Allianz die notwendige Unterstützung zu gewähren. Obwohl die Bereitstellung von Truppen für den Krieg auf dem Kontinent und die beträchtlichen Subsidienzahlungen an die Verbündeten das Land schwer trafen und Wirtschaftskraft und Finanzen deutlich beeinträchtigten, zeigte es sich doch willens, den außenpolitischen Zielen der Krone zu folgen und ihr die notwendigen Mittel zur Verfügung zu stellen.

In den ersten Jahren stellte sich England der 1689 begonnene Krieg gegen Frankreich als ein Kampf um die nationale Unabhängigkeit dar, so daß manche Historiker ihn, wenn auch mit ironischem Unterton, als englischen Erbfolgekrieg[11] bezeichnen. Bis 1692 schien die Möglichkeit gegeben, daß Jakob mit Hilfe französischer Truppen wieder auf den englischen Thron zurückkehren würde. Das direkte und indirekte Zusammenspiel zwischen dem französischen Hof und den Jakobiten in England und Schottland, sodann die französische Invasion in Irland 1689, die zwar durch Wilhelms Sieg an der Boyne 1690 scheiterte, wo sich Truppen Jakobs aber bis 1691 (Fall Limericks) halten konnten, und vor allem Tourvilles Seesieg bei Beachy Head bzw. Beveziers 1690, der der französischen Flotte die Kon-

---

[10] Vgl. *Claude Nordmann,* Louis XIV and the Jacobites, in: Ragnhild Hatton (Hrsg.), Louis XIV and Europe, London 1976, 82 - 111.

[11] So beispielsweise *Jones,* Britain (Anm. 9), 134, und *G. C. Gibbs,* The Revolution in Foreign Policy, in: Geoffrey Holmes (Hrsg.), Britain after the Glorious Revolution 1689 - 1714, London 1982, 59 - 79, hier 64.

trolle des Ärmelkanals überließ und die gesamte englische Südküste einer französischen Invasion öffnete – all dies konnten erste Schritte für eine Rückkehr Jakobs II. sein. Erst der englische Seesieg bei Barfleur/La Hogue 1692 beendete diese Situation; mit diesem Erfolg war die objektive Gefahr einer französischen Invasion gebannt, wenn auch entsprechende Befürchtungen und Gerüchte weiter bestanden und die englische Politik beeinflußten.

Mit dem Abflauen der Furcht vor einer jakobitischen Restauration rückte der Kampf gegen die französische Expansion ins Zentrum der militärischen Anstrengungen. Für den neuen Monarchen[12] bildeten England und die Niederlande das Rückgrat der Koalitionskriegführung. Beide Länder im Krieg zu halten bzw. deren Willen nicht erlahmen zu lassen, die materiellen Bürden dieses Krieges zu tragen, sah er als zentrale Aufgabe seiner Politik an. Während in den Niederlanden der holländische Ratspensionär Heinsius seine Linie mit Energie und Geschick fortsetzte, suchte Wilhelm in England selbst durch ein Lavieren zwischen bzw. über den politischen Fronten die Unterstützung des Landes für diesen Krieg zu erreichen und seinen eigenen Handlungsspielraum in außenpolitischen Fragen zu wahren. Ohne hier weiter auf die innenpolitischen Kräfteverhältnisse eingehen zu können, sei doch betont, daß der Versuch der Krone, Vertreter der Whigs wie der Tories für hohe politische Ämter zu gewinnen und durch eine solche „mixed administration“[13] Rückendeckung für ihre Politik zu gewinnen, nicht den erhofften Erfolg brachte. Die Ministerien dieser Jahre waren im allgemeinen wenig homogen und konnten so kaum Unterstützung und Ersatz für den Monarchen sein, wenn er sich in Holland bzw. auf den Kriegsschauplätzen in Flandern befand. Zudem stellte das Parlament, mit gestärktem Machtbewußtsein aus der Glorious Revolution hervorgegangen und angesichts der Regelmäßigkeit seiner Sitzungsperioden eine politische Bühne von großem Gewicht, einen Faktor dar, mit dem der König und seine Minister zu rechnen hatten. Trotz aller heftigen innenpolitischen Auseinandersetzungen und ungeachtet der Instabilität der Ministerien (mit Ausnahme der „Whig Junta“ 1694 - 1698) gelang es Wilhelm jedoch, das Land im Krieg zu halten und die für die militärischen Kampagnen notwendige Unterstützung zu finden.

Hierbei verfolgte er ein doppeltes Ziel, nämlich zum einen die französische Expansion zu stoppen, gar die Grenzen von 1648 oder 1659 wiederherzustellen, und zum anderen Ludwig zur Anerkennung der protestantischen Thronfolge in England zu bringen. Ersterem dienten die militärischen

---

[12] Vgl. hierzu und zum folgenden *Baxter* (Anm. 4), 288ff.; sowie *Jones,* Britain (Anm. 9), 140ff.

[13] Vgl. zu Wilhelms Regierungsstil und zum innenpolitischen Hintergrund generell *Baxter* (Anm. 4), 269ff.; *E. L. Ellis,* William and the Politicians, in: Holmes (Anm. 11), 115 - 134; *James Rees Jones,* Country and Court. England 1658 - 1714, London 1978, 256ff.; sowie *Henry Horwitz,* Parliament, Policy and Politics in the Reign of William III, Manchester 1977, passim.

Anstrengungen der verbündeten Armeen, die in einem langandauernden, kräftezehrenden Stellungskrieg sich schließlich behaupten und mit der Rückeroberung von Namur (1695) einen langersehnten Erfolg verbuchen konnten. Allerdings bedeutete dieser Landkrieg angesichts hoher Kosten für Subsidien-Zahlungen an die Verbündeten und zur Ausrüstung und Unterhaltung englischer Truppen in Flandern eine schwere Bürde für den Inselstaat. Gerade angesichts der Defizite der Vergangenheit stellten die Aushebung einer solchen Zahl neuer Soldaten, ihre Ausbildung und Ausrüstung, ihre Verpflegung und Entlohnung neue und ungekannte Anforderungen an administrative Effizienz und finanzielle Leistungsfähigkeit Englands. Ähnliches galt für die Marine, wo der Bau und die Bemannung neuer Schiffe für den Seekrieg gegen Frankreich analoge Probleme bereiteten und zudem Stärke und Aktionsradius der traditionellen Handelsflotte beeinträchtigten. Neuere Forschungen[14] haben darauf hingewiesen, wie stark der Orléanssche Krieg die Wirtschafts- und Finanzkraft Englands traf und Binnen- wie Außenhandel tangierte. Die Folgen waren wirtschaftlicher Niedergang, Münzverschlechterungen und eine wachsende Schere zwischen Steuereinnahmen und Staatsausgaben, was das Land an den Rand eines Staatsbankrotts führte. Erst die „financial revolution“[15] dieser Jahre, mit der die Währung saniert und die Kriegsanleihen fundiert wurden, legte den Grundstein für die Finanzierung der neuen militärischen Kampagnen und damit für eine erfolgreiche Fortsetzung des Krieges.

Dennoch blieben die Lasten hart und waren zudem geeignet, die politischen Differenzen im Lande zu vertiefen. Während das sich ausbildende „monied interest“, also diejenigen, die durch die Zeichnung von Staatsanleihen den Krieg finanzieren halfen, in mancher Hinsicht zu dessen Nutznießern gezählt werden kann, waren andere gesellschaftliche Gruppen weniger begünstigt. Die ab 1692 erhobene Land Tax, die wichtigste und ergiebigste der in diesen Jahren eingeführten neuen Steuern, belastete im wesentlichen die Landbesitzer und schmälerte deren Einkünfte. Aber auch Handel und Gewerbe mußten zum Teil herbe Einbußen hinnehmen, weil der Krieg die Wirtschaftskraft des Landes beeinträchtigte, die traditionellen Handelsrouten unterbrach und weil zudem französische Kaperschiffe der englischen Handels- und Kriegsmarine schwere Verluste zufügten. Somit drohte sich hier eine Opposition gegen die Fortsetzung des Krieges auf dem bisherigen Niveau zu formieren, die nun die Forderung erhob, die militärische Präsenz auf dem Kontinent drastisch zu reduzieren, zudem die Verbündeten dazu zu bringen, einen größeren Teil ihrer Kriegskosten selbst zu tragen, und die eigenen Anstrengungen auf den Seekrieg zu verlagern. Dieses Konzept einer

---

[14] So insbesondere *D. W. Jones,* War and Economy in the Age of William III and Marlborough, Oxford 1988, passim.

[15] *Peter M. G. Dickson,* The Financial Revolution in England. A Study in the Development of Public Credit 1688 - 1756, London 1967.

„blue water“[16]-Strategie würde nicht nur die direkten Kriegslasten Englands verringern, sondern ebenso den Außenhandel mit Europa und Übersee, auf dem ja die Prosperität des Landes ruhte, von bisherigen Risiken und Verlusten befreien.

Der König und seine Minister konnten diese Kritik jedoch letztlich mit dem Hinweis abwehren, daß Ludwigs politische Ziele und ein französischer Erfolg in diesem Krieg die Unabhängigkeit des Landes und damit auch die innen- und verfassungspolitische Ordnung in Frage stellen würden. Wenn schon England in seinen Anstrengungen nachließ, wie sollten dann die Verbündeten bei der Stange gehalten werden? Die Position Spaniens schien dem Kollaps nahe, Savoyen suchte 1696 schließlich den Weg zu einem Separatfrieden mit Frankreich, und auch in Holland und im Reich gab es Tendenzen zugunsten eines Ausgleichs mit dem französischen Monarchen. In diesem Fall hätte ein isoliertes England allein der französischen Armee und Marine gegenübergestanden oder es hätte in einem Friedensvertrag Ludwigs Bedingungen annehmen müssen, was – da der französische Monarch sich noch immer weigerte, Wilhelm als legitimen englischen König anzuerkennen – die Restauration Jakobs oder zumindest die Thronfolge seines Sohnes nach dem Tod des Oraniers beinhalten konnte. Gerade die im Febraur 1696 aufgedeckte jakobitische Verschwörung gegen Wilhelm[17] hatte diese Gefahr erneut deutlich gemacht und das Land in einer innenpolitisch kritischen Situation wiederum hinter ihm versammelt. Dennoch waren Kriegsmüdigkeit und Erschöpfung unübersehbar.

Geheimverhandlungen zwischen der englischen und der französischen Seite zur Beendigung des Krieges begannen schon früh, nämlich 1693, als Ludwig die Hoffnung auf eine Invasion Englands und eine Restauration Jakobs hatte aufgeben müssen. Allerdings zogen sie sich lange hin, zumal militärische Erfolge der einen oder der anderen Seite jeweils die Kräfteverhältnisse veränderten und Ludwig zudem Standfestigkeit und Zusammenhalt der gegnerischen Koalition auf die Probe zu stellen suchte. Im Mai 1697 konnte schließlich ein Friedenskongreß in Rijswijk[18] eröffnet werden, der sich jedoch ohne konkrete Ergebnisse dahinzuziehen drohte. Vor allem der Kaiser hatte ein Interesse an der Verzögerung der Verhandlungen, da er bei Fortbestand der Großen Allianz darauf hoffen konnte, im Falle des Todes von Karl II. die Hilfe der Alliierten für die Wahrung der Erbfolgerechte in Spanien für sein Haus in Anspruch nehmen zu können. Dagegen waren der französische wie der englische Monarch an einem baldigen Friedensschluß interessiert, da ihnen an der Fortsetzung des Krieges mit dem Ziel der Sicherung der spanischen Erbfolge für einen habsburgischen Kandidaten

---

[16] Vgl. hierzu *Baxter* (Anm. 4), 306f.

[17] Vgl. hierzu und zur Reaktion auf dieses Ereignis *Jones,* Country (Anm. 13), 274ff.

[18] Vgl. zum Frieden von Rijswijk *Jones,* Britain (Anm. 9), 149ff.

nicht gelegen war und sie zudem eine weitere militärische Kampagne im kommenden Jahr auch aus Rücksicht auf ihre finanziell erschöpften Länder verhindern wollten. Unter Umgehung des Friedenskongresses fanden sie bzw. ihre Unterhändler dann die Kompromißlinie, die anschließend in den Friedensvertrag von Rijswijk Eingang fand. Ludwig mußte substantiellen Gebietsabtretungen an seiner Ostgrenze sowie der Zulassung von holländischen Garnisonen zur Sicherung der spanisch-niederländischen Grenzfestungen zustimmen, was den Sicherheitsinteressen der beiden Seemächte entgegenkam. Es war der erste Verlustfriede, den Frankreich hatte unterzeichnen müssen, wenn es auch die elsässische Oberrheingrenze und Straßburg in seinem Besitz halten konnte. Der Erfolg Englands bestand darin, daß der französische Monarch sich bereit erklärte, Wilhelm als englischen König anzuerkennen und damit die jakobitische Option aufzugeben. Zu einem solchen Schritt hatte Pomponne bereits 1693 geraten, doch hatte Ludwig diesen Trumpf noch nicht aus der Hand geben[19] wollen. Und auch während der Rijswijker Verhandlungen hatte sich diese Frage als äußerst schwierig und komplex gestaltet. Dennoch stand am Ende die Anerkennung des *Revolution Settlement* von 1688/89, auch wenn der Roi Soleil sich nicht bereit fand, Jakob und seine Familie aus Versailles zu verbannen.

Die sich im Frieden von Rijswijk abzeichnende Zusammenarbeit zwischen beiden Monarchen, die sich in den vergangenen 25 Jahren als unversöhnliche Gegner gegenübergestanden hatten, kam einer diplomatischen Revolution gleich. Deutlich wird hier, daß Wilhelms Politik nicht gegen Frankreich an sich gerichtet war, sondern allein der Eindämmung der französischen Hegemonie dienen sollte. In dem Moment, wo dies erreicht schien – immerhin hatte Ludwig Lothringen und alle Reunionen mit Ausnahme der elsässischen zurückgeben und auch in den spanischen Niederlanden seine territorialen Ziele zurückstecken müssen –, bekamen für den Oranier andere Überlegungen, nämlich die Austarierung eines Gleichgewichts zwischen den Häusern Habsburg und Bourbon, entscheidendes Gewicht, zumal die seit den 1660er Jahren anstehende spanische Erbfrage[20] dies zu einem akuten europäischen Problem machte.

Die Frage, an wen nach dem Tode des kinderlosen Karl II. das spanische Reich fallen und wie dieser Erbfall die politische Landkarte Europas verändern würde, war höchst brisant, zumal die österreichischen und die französischen Ansprüche auf den spanischen Thron nahezu gleichrangig waren. Die eleganteste Lösung, das Haupterbe gleichsam einem „neutralen" Dritten zu übertragen, der weder direkt zum Haus Habsburg noch zum Haus Bourbon gehörte, und Wien und Versailles mit bestimmten territorialen

[19] Vgl. hierzu *Thomson* (Anm. 9), 29 ff.

[20] Vgl. zur Bedeutung der spanischen Erbfolgefrage für die europäische Politik *Duchhardt* (Anm. 8), 68 ff.

Kompensationen zu befriedigen, hatte dem ersten Teilungsvertrag zugrunde gelegen, der zwischen Ludwig und Wilhelm im Oktober 1698 ausgehandelt worden war. Nach dem Tod des dort verabredeten Erben, des jungen bayerischen Kurprinzen, im Januar 1699 vereinbarten beide Monarchen dann im März 1700 einen zweiten Teilungsvertrag, demzufolge das Haupterbe an den jüngeren Sohn des Kaisers fallen und Frankreich als Kompensation Neapel, Sizilien, die toskanischen Hafenstädte und Lothringen erhalten sollte. Dies jedoch provozierte, als Einzelheiten dieses Teilungsvertrages bekannt wurden, weitverbreitete Kritik in England und Holland[21], da man in dem Vordringen Frankreichs nach Italien eine Beeinträchtigung der Handelsinteressen beider Staaten im Mittelmeer und in der Levante sah. Dies in Rechnung stellend, hatte Wilhelm in den Verhandlungen bereits die Forderung nach Stützpunkten (Minorca, Ceuta, Oran) erhoben, um so die englischen Handelsrouten dort besser sichern zu können, und hatte auch einen Gebietsaustausch zwischen Savoyen (an Frankreich) und Neapel und Sizilien (an den Herzog von Savoyen) angeregt. Dennoch war es eher unwahrscheinlich, daß die Betroffenen dies akzeptieren würden.

Allerdings kam auch dieser zweite Teilungsvertrag nicht zum Tragen, da Karl in seinem Testament sein gesamtes Erbe dem Enkel Ludwigs, Philipp von Anjou, vermacht und der französische Monarch dies schließlich akzeptiert hatte, allerdings von der Zusicherung begleitet, daß beide Königreiche getrennt blieben und Philipp seiner Rechte auf den französischen Thron entsagen würde. Diese Lösung fand in der englischen Öffentlichkeit durchaus Zustimmung, stand doch zu erwarten, daß der neue spanische Monarch, nachdem alle Hoffnungen auf sein französisches Erbe fortgefallen waren, sich allein und ausschließlich den Interessen seines neuen Königreiches zuwenden würde und somit eine enge Zusammenarbeit zwischen den beiden Zweigen des Hauses Bourbon kaum wahrscheinlich war. Zudem fürchtete man, in einen neuen Krieg hineingezogen zu werden und hier für die kontinentalen Staaten den Kopf hinhalten zu müssen, ohne selbst direkte Vorteile erwarten zu können. Im Gegenteil, angesichts der weitverbreiteten Kriegsmüdigkeit und der Kritik an Ausmaß und Dauer der Verwicklung des Landes in den Orléansschen Krieg hatte das Parlament den König sogar gezwungen, die englische Armee auf 7000 Mann[22] zu reduzieren. In dieser innenpolitischen Konstellation schien ein neuer Krieg gegen Ludwig bzw. zur Sicherung des habsburgischen Erbes in Spanien kaum durchsetzbar.

Daß England sich dann doch in eine neue Große Allianz gegen Frankreich einreihte, lag in verschiedenen Aktionen Ludwigs[23] begründet, die als

---

[21] Vgl. *Jones,* Britain (Anm. 9), 152f.

[22] Hierauf weist *Baxter* (Anm. 4), 370, hin.

[23] Vgl. hierzu und zur englischen Reaktion auf diese Politik *Mark A. Thomson,* Louis XIV and the Origins of the War of the Spanish Succession, in: Hatton/Bromley (Anm. 9), 140 - 161.

erneute Herausforderung des Inselstaats angesehen werden konnten. Schon als das Pariser Parlament im Februar 1701 die Ansprüche des neuen spanischen Königs auf den französischen Thron bestätigte, zeichnete sich die Gefahr einer Zusammenarbeit und eines gemeinsamen außenpolitischen Vorgehens beider Königreiche in der Zukunft ab. Bedrohlicher jedoch aus der Sicht Londons und den Haags mußte es scheinen, daß Philipp noch im selben Monat die spanischen Niederlande für französische Truppen öffnete und die dort in acht Festungen stationierten holländischen Garnisonstruppen vertreiben ließ. Damit war eine wesentliche französische Zusage im Rijswijker Friedensvertrag, die den Sicherheitsinteressen der beiden Seemächte hatte dienen sollen, aufgekündigt worden. Allerdings zögerte die Öffentlichkeit in England wie in den Niederlanden noch, dies als casus belli anzusehen, vielmehr drängte sie Wilhelm zu Verhandlungen mit Ludwig, in denen eine Lösung für die Frage der spanischen Niederlande gefunden sowie gewisse Kompensationen aus dem spanischen Erbe für das Kaiserhaus (vornehmlich in Italien) verabredet werden sollten.

Beide Monarchen setzten offenbar von vornherein auf einen Fehlschlag dieser Verhandlungen; gerade Wilhelm mußte sich durch Ludwigs Verhalten düpiert und hintergangen fühlen und konzentrierte seine politischen Anstrengungen auf die Bildung einer neuen Allianz, die nun eine die verschiedenen Interessen ausbalancierende Regelung der spanischen Erbfolge erreichen sollte. Auch Ludwig setzte eher auf den militärischen Überraschungseffekt und auf militärische Stärke denn auf einen Verhandlungskompromiß, zumal er Armee und Finanzen in den vergangenen Jahren gestärkt und (kriegs-)bereit gemacht hatte. Doch die spektakulären Erfolge der französischen Armeen, die 1701 in einem schnellen Vorstoß Flandern, die Lombardei und große Teile des Rheinlandes überrollten, also Gebiete vereinnahmten, die sie im Devolutionskrieg wie im Orléansschen Krieg nicht hatten erobern können, veranlaßten Parlament und Öffentlichkeit in England noch immer nicht, sich voll hinter den sich abzeichnenden Krieg zu stellen, wenn auch die warnenden Stimmen an Zahl und Einfluß gewannen.

Als der französische Monarch nach dem Tod Jakobs II. im September 1701 dessen Sohn als rechtmäßigen englischen König anerkannte und damit eine weitere Konzession des Friedens von Rijswijk wieder in Frage stellte, wendete sich jedoch[24] das Blatt. Dies schien ein erneuter Anschlag auf die protestantische Thronfolge, die kurz zuvor im Act of Settlement festgeschrieben worden war. Zudem wurden auch die von Frankreich verfügten handelspolitischen Maßnahmen, die an Colberts aggressiven Merkantilismus der 1660er Jahre erinnerten, als ernsthafte Bedrohung für den „Handelsstaat England“[25] angesehen. Höhere Zollschranken für englische Produkte, eine

[24] Vgl. hierzu *Jones*, Country (Anm. 13), 287ff.

schikanöse Behandlung durch französische Zöllner und die Beschlagnahme englischer Schiffe in französischen Häfen waren nur die sichtbarsten Zeichen dieser Politik. Auch die Öffnung des spanischen Kolonialreichs für französische Handels- und Schiffahrtsinteressen und die Übertragung des Asiento-Handels an Frankreich 1702 bestätigte die Befürchtung, daß der französische Monarch, nachdem er vom zuvor vereinbarten Teilungsvertrag abgerückt sei und Karl II. auf dem Sterbebett zu einem Testament zugunsten Philipps veranlaßt habe, nun seine Hand nach den Reichtümern des spanischen Weltreichs ausstrecke. Dies jedoch hätte die politische wie wirtschaftliche Vorherrschaft Frankreichs in Europa und in Übersee bedeutet.

Vor dem Hintergrund dieser Entwicklung zeigte sich das Inselreich bereit, erneut den Kampf gegen die französische Hegemonie aufzunehmen und damit Wilhelms Zielsetzung zu entsprechen. Auch nach seinem Tod im März 1702, zwei Monate vor Beginn des neuen Kriegs gegen Frankreich, setzte seine Nachfolgerin, Anna, seine Politik fort und konnte hierbei auf die Unterstützung der Nation[26] rechnen. Obwohl die Ausgangslage ungünstiger war als 1689 – immerhin war Ludwig bei Kriegsausbruch im Besitz der spanischen Niederlande und Norditaliens, hatte wichtige Bundesgenossen im Reich gewinnen können (Köln, Bayern, Lüttich) und verfügte praktisch über die Ressourcen des spanischen Kolonialreiches –, vermochten die Verbündeten nach einem langen und wechselvollen Krieg schließlich im Friedensvertrag von Utrecht eine Lösung im Sinne der zweiten Großen Allianz durchzusetzen. Ja, die Übereinkunft, die Allianz auch nach Kriegsende fortzusetzen im Sinne der Aufrechterhaltung der soeben getroffenen Regelungen, läßt deutlich werden, wie sehr allen Beteiligten an der Verhinderung eines erneuten französischen Anlaufs zur europäischen Hegemonie gelegen war.

Die Tatsache, daß Wilhelms außenpolitische Linie auch nach seinem Tod fortgesetzt wurde, zeigt den prägenden Charakter der von ihm initiierten Wende in der englischen Außenpolitik. Der insulare Zuschnitt, der für das 17. Jahrhundert so charakteristisch gewesen war, wurde abgestreift zugunsten einer verstärkten Anteilnahme an und einer aktiven Intervention in die europäischen Mächtebeziehungen. Insofern bezieht sich die von G. C. Gibbs konstatierte „revolution in foreign policy"[27], die der Glorreichen Revolution im innen- und verfassungspolitischen Kontext in nichts nachgestanden

---

[25] *Ernst Schulin,* Handelsstaat England. Das politische Interesse der Nation am Außenhandel vom 16. bis ins frühe 18. Jahrhundert, Wiesbaden 1969.

[26] Vgl. hierzu *John B. Hattendorf,* England in the War of the Spanish Succession. A Study of the English View and Conduct of Grand Strategy, 1702 - 1712, New York/ London 1987, passim, sowie zum Friedensvertrag von Utrecht und der hinter ihm stehenden Gleichgewichtskonzeption *Heinz Duchhardt,* Gleichgewicht der Kräfte – Convenance – Europäisches Konzert. Friedenskongresse und Friedensschlüsse vom Zeitalter Ludwigs XIV. bis zum Wiener Kongreß, Darmstadt 1976, 41 ff., 68 ff.

[27] Anm. 11. Ähnlich auch *Heinz Duchhardt,* Die Glorious Revolution und das internationale System, in: Francia 16/2 (1989), 29 - 37.

habe, zunächst einmal auf das Wiedererscheinen Englands als europäischer Machtfaktor und aktiver Teilnehmer an der internationalen Politik. Die Einschätzung, daß der Inselstaat ein vitales Interesse an den kontinentalen Mächtebeziehungen habe und sein eigenes Gewicht hierbei in die Waagschale werfen solle, wurde von allen politischen Lagern geteilt, so sehr auch konkrete Aktionen oder die militärische Strategie in Parlament und Öffentlichkeit umstritten sein mochten. England hatte den Weg zum Kontinent durch den Übergang der Krone auf Wilhelm von Oranien gefunden und blieb auch nach dessen Tod bei diesem Kurs. Im aktiven Interesse und Teilhabe an den europäischen Mächtebeziehungen, im Ausbau eines sich über den ganzen Kontinent spannenden diplomatischen Netzes und – falls nötig – in der militärischen Intervention an strategisch neuralgischen Punkten sollte sich diese Weichenstellung in Zukunft manifestieren.

Zunächst jedoch hatte diese neue Politik nahezu ausschließlich auf den Schultern des Monarchen selbst geruht, während die führenden politischen Köpfe in England wenig außenpolitische Kompetenz besaßen. Die Tatsache, daß Wilhelm die Schlüsselpositionen in Politik und Heer[28] mit langjährigen Vertrauten, meist Holländern und Hugenotten, besetzte – Portland, Athlone, Schomberg, Galway oder auch Rochford –, stieß zwar auf erhebliche Kritik in England, doch konnte der neue Monarch hier (neben unbedingter Loyalität und Gehorsam) auf entsprechende außenpolitische und militärische Erfahrungen und Einsichten seiner Vertrauten setzen. Erst mit der Zeit fand er auch unter seinen englischen Untertanen loyale und sachkundige Mitarbeiter – John Methuen, James Vernon, William Blathwayt und George Stepney –, die nun in entsprechenden Positionen Verwendung fanden.

Ein ähnliches Muster läßt sich für den Ausbau des diplomatischen Netzwerkes konstatieren. Bis zur Glorious Revolution hatte die Außenpolitik der Krone eher auf Sonderbevollmächtigte gesetzt, die mit einer speziellen und begrenzten Mission beauftragt worden waren, als auf permanent an den entsprechenden Höfen akkreditierte diplomatische Repräsentanten. Mit Wilhelm III. änderte sich dies[29]; angesichts fehlender Qualifikation und Professionalität englischer Kandidaten setzte er allerdings zunächst eher auf das bestehende Netz der holländischen Diplomatie, die nun auch für die englische Außenpolitik Verwendung fand. Während des Orléansschen Kriegs und des Spanischen Erbfolgekriegs nahm dann der englische diplomatische Dienst die Gestalt an, die für das 18. Jahrhundert kennzeichnend werden sollte. Zahl, Rangordnung und Aufgabenstellung der Vertreter der Krone in den anderen europäischen Staaten wurden (nach französischem Vorbild)

---

[28] Dies betont *Jones,* Britain (Anm. 9), 41f.

[29] Vgl. hierzu und zum folgenden *David Bayne Horn,* The British Diplomatic Service 1689 - 1789, Oxford 1961; sowie *ders.,* The Diplomatic Experience of Secretaries of State, 1660 - 1852, in: History 41 (1956), 88 - 99.

ausgebaut und ihre Zusammenarbeit mit den beiden für die Außenpolitik zuständigen Staatssekretären formalisiert und verbessert. Auch galten Erfahrungen als Botschafter oder Gesandter nun in verstärktem Maße als Empfehlung für Ministerämter in London selbst, so daß Politiker mit Ehrgeiz sich – im Unterschied zur Situation zuvor – durchaus für einen solchen Posten zu interessieren begannen. Auch dies zeugt von einem veränderten außenpolitischen Selbstverständnis des Inselstaates, das durch Wilhelm initiiert worden ist.

Als das bleibende Vermächtnis des Oraniers ist jedoch die Orientierung am *balance-of-power*-Prinzip anzusehen, das im 18. Jahrhundert zur zentralen Ordnungsidee der englischen Außenpolitik wurde. Wilhelm selbst hat es noch in einem engeren Kontext gesehen, nämlich einer Allianz potentiell oder tatsächlich bedrohter Staaten gegen die Hegemonie einer anderen Macht, weniger im Sinne der Etablierung Englands als „balancer" und eigentlichen Garanten einer „ausgewogenen" europäischen Ordnung. Allerdings war das Gleichgewichtsmotiv für sein außenpolitisches Denken schon früh konstitutiv. Wie Sir William Temple berichtet, langjähriger englischer Botschafter im Haag, Unterhändler der Tripelallianz von 1668 und Advokat des Zusammenstehens der Seemächte (und weiterer Bündnispartner) gegen Ludwig XIV., hatte bereits der junge Wilhelm sich überzeugt gezeigt, daß – wenn der gegenwärtige Siegeszug der französischen Armeen gebrochen und aus dieser Situation eine erneute spanische Hegemonie erwachsen sollte – er von einem Verfechter der habsburgischen Allianz zum Anhänger eines bourbonischen Bündnisses werden[30] würde.

Diese Bemerkung macht die Essenz von Wilhelms außenpolitischem Denken aus. Wie die Vorgeschichte des Rijswijker Friedens und auch die Teilungsverträge für das spanische Weltreich zeigen, war die Austarierung der machtpolitischen Gewichte in Europa das eigentliche Ziel seiner Allianzpolitik. Wo sie durch die Hegemonieaspirationen einer Macht aus dem Lot gebracht wurden, wurde deren Eindämmung mit diplomatischen und militärischen Mitteln zum Gebot der Stunde. Die Orientierung an „Europa" als Bezugspunkt von Wilhelms außenpolitischem Denken und Handeln ist von der Forschung[31] mehrfach konstatiert worden. In seiner persönlichen Korrespondenz wie in öffentlichen Äußerungen bezog er sich wiederholt auf das Wohl Europas, dessen Vielfalt und dessen Freiheiten erhalten bleiben müßten. Dies spiegelt durchaus das konkrete außenpolitische Interesse der Generalstaaten wie Englands im ausgehenden 17. Jahrhundert wider, war

---

[30] Zitiert bei *Martin Wight,* The Balance of Power and International Order, in: The Bases of International Order. Essays in Honour of C. A. W. Manning, London 1973, 85 - 115, hier 105.

[31] So z.B. Wight (Anm. 30), 97; *Duchhardt,* Glorious Revolution (Anm. 27), 34; *Michael Sheehan,* The Development of British Theory and Practice of the Balance of Power before 1714, in: History 73 (1988), 24 - 37, hier 30.

aber gleichzeitig ein Bezugssystem, das die Einheit des Kontinents jenseits von dynastischen Überlegungen oder konfessionellen Kategorien aufzeigte und somit auf ein neues, in die Zukunft weisendes Ordnungsgefüge verwies. Untermauert von Sicherheitszonen, Barrieresystemen u. a. m., später dann kodifiziert im Völkerrecht, sollte ein Gleichgewicht der Kräfte den europäischen Staatenpluralismus wahren und schützen und eine neue, sei es habsburgische, sei es bourbonische „Universalmonarchie" verhindern.

Daß Parlament und Öffentlichkeit in England diesem Kurs folgten bzw. ihm die notwendige Unterstützung gewährten, lag nicht primär in der Einsicht in die Richtigkeit und Logik dieser Politik begründet, sondern erklärt sich zunächst einmal aus der spezifischen innenpolitischen Konstellation der Jahre nach 1688: der Kampf gegen Ludwig diente der Anerkennung des *Revolution Settlement* und der protestantischen Thronfolge, die durch die tatsächliche oder auch nur vermutete Zusammenarbeit zwischen dem französischen Monarchen und dem exilierten Jakob immer wieder in Frage gestellt schien. Jedes neue Anzeichen eines „Jacobite Plot" versammelte die Nation hinter Wilhelm und ließ sie letztlich die Lasten tragen, die direkt oder indirekt aus dem Krieg gegen Ludwig XIV. erwuchsen. Hinzu kam die machtpolitische wie merkantile Konkurrenz zu Frankreich, die ebenfalls für die Eindämmung von dessen Expansionsstreben zu plädieren schien. Insbesondere im Vorfeld des Spanischen Erbfolgekriegs, als dem bourbonischen Nachbarn wesentliche wirtschaftliche Konzessionen in Spanien und seinem Kolonialreich eingeräumt worden waren, galten aus Londoner Sicht[32] nicht mehr die Generalstaaten, sondern das ludovizianische Frankreich als entscheidender ökonomischer und maritimer Rivale, der in Europa wie in Übersee Prosperität und Zukunft des Inselstaates einzuschnüren drohte. Auch dies veranlaßte Parlament und Öffentlichkeit zur Unterstützung von Wilhelms Politik.

Wenn auch die Gleichgewichtsidee nicht der auslösende Faktor für den englischen Kriegseintritt 1689 wie 1702 war, so gewann sie – nachdem die Entscheidung für den Beitritt zur Großen Allianz gefallen war – doch bald große öffentliche Verbreitung und wurde zur ideologischen Grundlage der englischen Außenpolitik erhoben. In einer breiten und intensiven publizistischen Diskussion wurde diese Metapher aufgegriffen und nach Wegen zur Durchsetzung und Bewahrung des europäischen Gleichgewichts gesucht. Die Vorteile, die England hieraus erwuchsen, hat ein anonymer Autor 1694, also auf einem ersten Höhepunkt dieser Pamphletliteratur, wie folgt charakterisiert:

> "'Tis the general Interest of all Christendome to resettle the House of Austria in a sort of Equality with France. This Equilibrium is necessary for the security of the

[32] Dies betont *Jones,* Britain (Anm. 9), 157.

people and even for that of the Sovereigns too. But 'tis the particular Interest of England to reestablish this Equality, that she may have the Ballance in her hand and turn it to which side she pleases"[33].

Gerade angesichts der traumatischen Erfahrungen von außenpolitischer Isolierung und Inferiorität während der Bürgerkriegs- und Restaurationszeit und eingedenk der noch immer virulenten Furcht vor einer ausländischen Intervention wurden mit dem Denken in Gleichgewichtskategorien auch die Rolle und das internationale Gewicht des Inselstaates aufgewertet. Nicht von ungefähr datiert der Versuch, die Kontinuität der Balanceidee als außenpolitische Maxime Englands seit den Tudors nachzuweisen[34], aus der Zeit um die Wende vom 17. zum 18. Jahrhundert.

Aber auch im politischen Denken derjenigen, die nach Wilhelms Tod die englische Außenpolitik prägten, wurde die Gleichgewichtsmetapher zum entscheidenden Prinzip. Beide politischen Kräfte, Whigs wie Tories, bekannten sich hierzu, beide sahen in England diejenige Macht, die für die Herstellung und Bewahrung des Gleichgewichts der Kräfte auf dem Kontinent die Hauptverantwortung trug und hieraus auch einen moralischen Führungsanspruch ableiten konnte. Nicht Gebietserwerb in Europa (wohl aber in Übersee, wo die maritim-kommerzielle Expansion der nun führenden Seemacht durch die kontinentale Machtordnung begünstigt und abgesichert wurde) war das Ziel englischer Außenpolitik, sondern – wie es im Friedensvertrag von Utrecht hieß –

"that the peace and tranquillity of the Christian world may be ordered and stabilized in a just balance of power, which is the best and most solid foundation of mutual friendship and a lasting general concord"[35].

Damit war das außenpolitische Vermächtnis Wilhelms III. in Worte gefaßt und England ein natürliches Schiedsamt im europäischen Mächtekonzert zugesprochen.

---

[33] Zitiert nach *Sheehan* (Anm. 31), S. 31. Vgl. zur Verbreitung dieser Metapher vom europäischen Gleichgewicht ebd. sowie *H. D. Schmidt,* The Establishment of 'Europe' as a Political Expression, in: Historical Journal 9 (1966), 172 - 178.

[34] Hierauf weist *Sheehan* (Anm. 31), 24f., hin.

[35] Zitiert nach *Wight* (Anm. 30), 98.

Heeresaufbringung und Koalitionskriegführung im Pfälzischen* und im Spanischen Erbfolgekrieg

Von Bernhard Sicken, Münster

Politisches Handeln schloß im Zeitalter Ludwigs XIV. wie in den vorausgegangenen Epochen den Rückgriff auf die bewaffnete Macht ein, sei es außenpolitisch für expansive Ziele oder zur Wahrung der territorialen Integrität, sei es innenpolitisch zum Herrschaftsausbau und zur Herrschaftssicherung. Das Machtmonopol beanspruchte der Staat, galt es doch als maßgebliches hoheitliches Attribut. Mit dem Aufbau eines stehenden Heeres bzw. kontinuierlich unterhaltener kleinerer Truppenkörper stand seit der zweiten Hälfte des 17. Jahrhunderts durchweg auch das Instrument zur Verfügung, diesen Anspruch durchzusetzen. Dabei diente die Dislokation der Streitkräfte mitunter dem Zweck, frondierende Stände im Zaum zu halten, und unterstrich somit sinnfällig das staatliche Machtmonopol gegenüber den intermediären Gewalten, während ein Truppeneinsatz bei Unruhen in der Bevölkerung als Strafaktion galt, zu der sich die Obrigkeit ohne Prüfung von Anlaß und Ursache jederzeit für berechtigt hielt. Mit Waffengewalt ausgetragene zwischenstaatliche Konflikte waren hingegen Kriege[1], deren Legitimation[2] vor der politisch relevanten Öffentlichkeit unter apologetischen und propagandistischen Erwägungen zwar als wichtig erschien, ohne daß jedoch die prinzipielle Zulässigkeit des Kriegführens und demnach das ius ad bellum der Mächte und – von gewissen Einschränkungen abgesehen – der Reichsstände strittig war. Sowohl aus säkularer naturrechtlicher und folglich „moderner" Sicht als auch aus tradierter naturrechtlicher Perspektive erschien der Krieg in der ludovizianischen Ära als erlaubt[3]. So lehrte Thomas Hobbes „quaerendam esse pacem, ubi habere potest; ubi non potest, quaerenda esse belli auxilio" und erklärte den politischen Nutzen zum Maßstab zwischenstaatlicher Beziehungen. Dagegen hieß es bei Francisco Suárez und ähnlich bei anderen Spätscholastikern „in statu naturali mensura

---

* Diese Auseinandersetzung wird in der deutschen Historiographie auch als „Orléansscher Krieg" bezeichnet; sie firmiert in der französischen Literatur dagegen als „la guerre de la ligue d'Augsbourg" und in der englischen als „Nine Years War".

1 s. *Wilhelm Janssen,* Krieg, in: Otto Brunner/Werner Conze/Reinhart Koselleck (Hrsg.), Geschichtliche Grundbegriffe. Historisches Lexikon zur politisch-sozialen Sprache in Deutschland, Bd. 3, Stuttgart 1982, 567ff.

2 s. dazu *Konrad Repgen,* Kriegslegitimationen in Alteuropa. Entwurf einer historischen Typologie, in: HZ 241 (1985), 32ff.

3 *Janssen* (Anm. 1), 577 - 583; dort sind auch die Zitate belegt.

iuris est iustitia"; sie bezeichneten den Griff zu den Waffen aber für erlaubt, um jenes zwischenstaatliche friedliche Nebeneinander wiederherzustellen, das dem gottgewollten Naturzustand entsprach und auf Gerechtigkeit gegründet war[3a]. Die unterschiedlichen theoretischen Positionen, die für die eine Seite mit dem Fazit „bellum omnium in omnes" den Normalzustand und für die andere mit dem Lehrsatz des Augustinus „bellum geritur, ut pax adquiratur" den Ausnahmezustand kennzeichnen, glichen sich in den Maximen für die praktische Politik indes stark an, weil zwischen einsichtigen „Rechtsgründen und politischen Interessen"[4] nur schwer zu differenzieren war und eine allseits anerkannte Autorität zur Entscheidung fehlte. Überdies konnten zuweilen die Gegner wechselseitig mit plausiblen Gründen darlegen, einen „gerechten Krieg" zu führen. War dieses aber nicht auszuschließen, wie sich schon bei Hugo Grotius in Aussagen über den völkerrechtlich erlaubten Krieg niederschlug[5], dann kam der Legitimation eines Konflikts vor allem propagandistische Bedeutung zu, während sie ethisch und rechtlich kaum noch Gewicht hatte. Im übrigen folgte die Rechtfertigung einer bewaffneten Auseinandersetzung meist der politischen Wirklichkeit.

Kriege wurden im Zeitalter Ludwigs XIV. so häufig geführt, daß zuweilen pointiert festgestellt wurde, „nicht der Friede, sondern der Krieg sei in Alteuropa der Regelzustand gewesen"[6]. Denn Streitkräfte waren jederzeit verfügbar, seit aus dem Kriegswesen mit dem Übergang zum miles perpetuus das Militärwesen geworden war und folglich der Landesherr über eine Streitmacht gebot, die zumindest in ihrem Kern ständig präsent war und bei Bedarf meist unschwer vergrößert werden konnte. Beim Aufbau einer Streitmacht griffen die Landesherren in der Regel auf die einheimischen Kräfte und materiellen Ressourcen zurück, doch wurden auch immer wieder im Ausland geworbene Truppenkörper unter Vertrag genommen, falls sich das als vorteilhafter erwies und die erforderlichen finanziellen Mittel bereitstanden; unter Umständen lief das auf die dauernde Übernahme geschlossener Regimenter hinaus. Der Anspruch des Kriegsherrn auf ausschließliche Verfügungsgewalt über die bewaffnete Macht schloß zugleich

---

[3a] Zur Rechtfertigung des Kriegs bei Suárez mit einer skeptischeren Akzentuierung s. *Michael Behnen,* Der gerechte und der notwendige Krieg. „Necessitas" und „Utilitas reipublicae" in der Kriegstheorie des 16. und 17. Jahrhunderts, in: Johannes Kunisch (Hrsg.), Staatsverfassung und Heeresverfassung in der europäischen Geschichte der frühen Neuzeit (Historische Forschungen, 28), Berlin 1986, 63ff.

[4] *Janssen* (Anm. 1), 582.

[5] s. etwa *Hugo Grotius,* De iure belli ac pacis libri tres. Neuer deutscher Text und Einleitung von Walter Schätzel (Die Klassiker des Völkerrechts in modernen deutschen Übersetzungen, 1), Tübingen 1950, 2. Buch 23. Kap. § 13. Vgl. auch *G. I. A. D. Draper,* Grotius' Place in the Development of Legal Ideas about War, in: Hedley Bull et al. (Ed.), Hugo Grotius and International Relations, Oxford 1990, 194ff., 206.

[6] *Heinz Duchhardt,* Friedenssicherung im Jahrhundert nach dem Westfälischen Frieden, in: Manfred Spieker (Hrsg.), Friedenssicherung. Historische, politikwissenschaftliche und militärische Perspektiven, Bd. 3, Münster 1989, 11; zu einem ähnlichen Befund kommt *Repgen* (Anm. 2), 30.

die Verpflichtung ein, die Truppen zu besolden und zu versorgen. Andererseits fiel diesem mit der Übernahme der Lasten die kaum zu überschätzende Chance zu, das Kriegsinstrument an sich zu binden, die Truppenorganisation zu regeln und die Befehlshaber zu bestimmen, kurzum, den Einfluß intermediärer Gewalten und des traditionellen Militärunternehmertums auszuschalten oder wenigstens zu beschränken und dadurch die bewaffnete Macht gleichsam zu verherrschaftlichen. Daß diese Entwicklung auf Grund unterschiedlicher Staatsstrukturen an der Wende vom 17. zum 18. Jahrhundert bei manchen Mächten und Territorien über Ansätze noch nicht hinausgelangt war, kann nicht erstaunen und spiegelt die unterschiedliche Durchsetzung absolutistischer Herrschafts- und Regierungsmaximen wider.

Der beständige Unterhalt von Kriegsvolk war außerordentlich kostspielig. Er ließ die Staatsausgaben stark anschwellen, zwang zum Ausbau der Verwaltung – in Frankreich und Brandenburg-Preußen entstand daraufhin eine eigenständige, allein vom Monarchen abhängige Militärverwaltung mit umfassenden Kompetenzen – und nötigte zur Vorsorge, um die regelmäßige Besoldung und zum Teil auch die Verpflegung, den Bedarf an Reit- und Zugtieren sowie darüber hinaus an Waffen, Monturen, Munition und anderen Ausrüstungsgegenständen sicherzustellen. In einigen Staaten wurden deshalb Fertigungsstätten für den Militärbedarf errichtet und jene Kriegsgüter bevorratet, deren kurzfristige Beschaffung im Fall eines Konflikts anderenorts schwierig, wenn nicht gar ausgeschlossen war. Zur Unterkunft dienten dem Kriegsvolk in der Kampagne Zelte und als Winterquartier die Häuser der Bürger und Bauern, die auch im Frieden die Masse der Soldaten beherbergten und somit die Staatskasse entlasteten. Gemessen am Kriegsbedarf erwiesen sich die Ausgaben für die Streitmacht im Frieden allerdings noch immer als tragbar, da sie im allgemeinen aus den laufenden Einnahmen aufgebracht werden konnten. Um die Kosten zu decken, hatten in der zweiten Hälfte des 17. Jahrhunderts allerdings merklich die Steuern erhöht werden müssen, ohne daß sich deswegen größerer Widerstand unter den Untertanen regte, gebot der Landesherr mit dem Kriegsvolk doch über die nötigen Mittel, die geforderten Abgaben notfalls mit Gewalt einzutreiben. Dagegen ließen bewaffnete Auseinandersetzungen den Aufwand für die Streitmacht derart expandieren, daß kein Staat die Kosten ohne Rückgriff auf außerordentliche Aushilfsmittel zu tragen vermochte; auch das Ausschreiben neuer Abgaben, das vom Einfallsreichtum der Verantwortlichen kündet, brachte üblicherweise keine durchgreifende Verbesserung. Zu den kriegsbedingten finanziellen Schwierigkeiten trugen nicht nur die starke Vermehrung der bewaffneten Macht und der teuere Ersatz der oft umfangreichen Verluste an Personal und Material bei, sondern auch die Einbußen bei den Einnahmen durch Handelssperren, Zerstörungen in den Kriegsgebieten und Bevölkerungsverluste. Die Lücke zwischen den Ausgaben und den Einnahmen konnten die Kriegführenden daher nur durch Anleihen schließen, vorausgesetzt, es war genügend mobilisierbares Kapital im Land vorhanden, es gab einen hinlänglich leistungsfähigen Geldmarkt und der Staat galt als kreditwürdig. Solche günstigen Voraussetzungen besaßen in erster Linie die Republik der Niederlande und nach einer wirtschafts- und finanzpolitischen Umorientierung Mitte der 90er Jahre auch England, so daß die beiden Seemächte die benötigten Gelder ohne substantielle ökonomische Eingriffe zu relativ günstigen Bedingungen aufbringen und außerdem ihre Verbündeten durch Anleihen unterstützen konnten. Unter den Großmächten war vor allem die Casa d'Austria auf derartige Finanzhilfen angewiesen, etwa um Truppen im Feld zu bezahlen, die sonst nicht zum Kampf zu bewegen gewesen wären oder auseinanderzulaufen drohten. In England stellte sich die Quote der Anleihen an den gesamten Staatsausgaben im Pfälzer Erbfolgekrieg durchschnittlich auf gut 33 % und lag im Spanischen Erbfolgekrieg nur geringfügig niedriger[7], während sie in den Niederlanden und in Frankreich zwischen 33 % und 50 % schwankte, hingegen in den habsburgisch-österreichischen Landen lediglich 10 % erreichte[8]. Spiegeln sich in dieser niedrigen Anleihquote die wirtschaftliche Schwäche und Rückständigkeit sowie die daraus resultierenden begrenzten Möglichkeiten zur Kreditaufnahme, so läßt andererseits die hohe Staatsverschuldung in Frankreich aber nicht auf eine volks- und finanzwirtschaftlich solide Ausgabendeckung schließen. Denn im Spanischen Erbfolgekrieg steuerte der durch die Politik Ludwigs XIV. überforderte Staat auf einen Bankrott zu[9], da bei rapide wachsender Verschuldung trotz Erschließung neuer Einnahmequellen[10] zur Verzinsung der Anleihen nicht nur überproportional steigende Haushaltsmittel aufgewendet werden mußten, sondern schließlich auch ein Teil der Kredite nicht mehr pünktlich bedient werden konnte, so daß die Staatsanleihen erheblich unter ihrem Nominalwert gehandelt wurden und folglich die Kreditwürdigkeit der Monarchie drastisch sank. Diese ungünstige Entwicklung war sicherlich durch die strukturale und institutionelle Schwäche des französischen Finanzmarktes mitbedingt, der zum Rückgriff auf kurzfristige Aushilfen zwang, um dringende Bedürfnisse zu erfüllen. Bezeichnenderweise scheiterte deshalb auch das Projekt zur Gründung einer Staatsbank, die der Konsolidierung des Kredits dienen sollte, weil keine schnellen Erfolge zu erwarten waren, so daß das

---

[7] *Paul Kennedy,* The Rise and Fall of the Great Powers. Economic Change and Military Conflict from 1500 to 2000, London 1988, 81.

[8] s. hierzu und zum Folgenden *P[eter] G[eorg] M[uir] Dickson/John Sperling,* War Finance, 1689 - 1714, in: J. S. Bromley (Ed.), The Rise of Great Britain and Russia, 1688 - 1715/25 (The New Cambridge Modern History VI), Cambridge 1970, 284 ff.

[9] s. *André Corvisier,* La France de Louis XIV 1643 - 1715. Ordre intérieur et place en Europe, Paris 1979, 169 ff.

[10] Zur Problematik der Kreditbeschaffung durch Ämterverkauf, auf den in Frankreich notgedrungen in jener Epoche verstärkt zurückgegriffen wurde, siehe *Wolfgang Reinhard,* Staatsmacht als Kreditproblem. Zur Struktur und Funktion des frühneuzeitlichen Ämterhandels, in: VSWG 61 (1974), besonders 309 ff.

Vorhaben verworfen wurde. Analoge Schwierigkeiten kennzeichneten den Kapitalmarkt in den habsburgischen Landen, doch gelang es hier mit der Errichtung der Wiener Stadtbank (1706), das Vertrauen des anlagefähigen Publikums zu gewinnen, da die Bonität der Stadt außer Zweifel stand. Dieses Finanzinstitut, das in seinen Aufgaben an die Stelle der wenige Jahre zuvor gescheiterten kurzlebigen Staatsbank trat, konnte sich zwar nur bedingt mit der Leistungskraft der Amsterdamer Börse und dortigen Banken sowie der Bank of England (seit 1694) im Anleihgeschäft messen, doch gelang es längerfristig immerhin, den Staatskredit zu heben und die Staatsverschuldung unter Kontrolle zu halten. Im übrigen dürfte zum finanzwirtschaftlichen Vorsprung der Niederlande und Englands, hinter dem die beiden katholischen Großmächte so auffällig zurückblieben, auch ein höheres Maß an religiöser Toleranz beigetragen haben, das den im Finanzgeschäft führenden jüdischen und hugenottischen Familien einen großen Freiraum gewährte und durch deren internationale Verbindungen die Mobilisierung von Kapitalien erleichterte. Das galt nicht zuletzt für kurzfristig benötigte Mittel, wie sie immer wieder der Truppenunterhalt verlangte und die dann rasch unter Nutzung der Beziehungen zu den größeren Finanzplätzen verfügbar gemacht werden konnten. Zu Recht ist darum festgestellt worden, „that the descending scale of efficiency of the powers' mobilization of public credit corresponds to, and is clearly connected with, that of their military effectiveness“[11]. Hohe staatliche Einnahmen ermöglichten somit das Aufstellen und den Unterhalt starker Streitkräfte, die ihrerseits wiederum im Neben- und Gegeneinander der Staaten und Territorien maßgebend zur Wahrung oder gar Erweiterung des politischen Einflusses und der Handlungsspielräume beitrugen.

Von ihrer finanziellen Stärke profitierten in den langjährigen Auseinandersetzungen an der Wende vom 17. zum 18. Jahrhundert in erster Linie die Seemächte; indem sie nämlich bloß einen Teil ihrer Heere im Inland rekrutierten und daneben stets eine Reihe von Regimentern in Dienst stellten, die geschlossen von anderen Landesherren gegen Entgelt übernommen wurden, nutzten sie ihre Wirtschaftskraft und schonten zugleich ihr Bevölkerungspotential. Das war für die Republik der Niederlande schon insofern geboten, als sie bei einer Population von nicht einmal zwei Millionen nicht jahrelang ohne gravierende Folgen 75 000 bis 100 000 Mann zum Waffendienst bereitstellen konnte. Zwar war die demographische Lage Britanniens günstiger, doch verpflichtete man hier wegen politischer Vorbehalte[12] gegen den

---

[11] *Dickson/Sperling* (Anm. 8), 314. Auf diesen Zusammenhang von staatlich-militärischer Macht und finanziellem Leistungsvermögen verweist auch nachdrücklich *Kennedy* (Anm. 7), 76f.

[12] s. dazu *M[atthew] S[mith] Anderson,* War and Society in Europe of the Old Regime, 1618 - 1789 (Fontana History of European War and Society), Leicester 1988, 103; *John Childs,* Armies and Warfare in Europe, 1648 - 1789, New York 1982, 176, *George Clark,* The Nine Years War, 1688 - 1697, in: J. S. Bromley (Ed.), The Rise

Unterhalt starker Streitkräfte im Inland immer wieder fremde Truppen, wenn in die Kriege auf dem Kontinent eingegriffen wurde.

Die Truppenstellung gegen Subsidien hatte eine lange Tradition und wurde beinahe zur Alltäglichkeit, seit die Regenten kleiner Territorien, nicht zuletzt im Heiligen Römischen Reich, zum miles perpetuus übergegangen waren, selbst wenn die Finanzierung auf längere Sicht nicht gesichert war. Mancher Fürst hat demnach von vornherein auf eine Überstellung des einen oder anderen Regiments in fremde Dienste spekuliert, um finanziellen oder politischen Gewinn aus einer solchen Abmachung zu ziehen[13]. Daraus entstand nicht selten eine gewisse Abhängigkeit, weil derartige Verträge häufig die Forderung politischen Wohlverhaltens einschlossen und unschwer zum Ausüben von Druck – etwa über die Höhe von Vergütungen oder bei Zahlungsrückständen – mißbraucht werden konnten. Freilich nutzten auch machtvollere Potentaten die Chance, ihre exorbitanten Militärlasten auf andere Staaten abzuwälzen, wie sich für die österreichischen Habsburger, die Hohenzollern und die dänischen Oldenburger nachweisen läßt, doch suchten sie sich dabei meist die Verfügungsgewalt über die Einheiten zu erhalten[14]. Aus vertraglich in Dienst genommenen Regimentern setzten sich zu einem großen Teil die Streitkräfte der Niederlande und Englands zusammen, wobei der Anteil mitunter deutlich über 50 % lag[15] und Marlborough zeitweise ein Heer befehligte, das aus rund einem Dutzend von verschiedenen Landesherren formierten Truppenkörpern zusammengesetzt war und von ihnen – wenngleich meist zögernd – bei Bedarf immer wieder ergänzt wurde. Selbst Reichskreise griffen zuweilen auf Subsidientruppen zurück, wie der Fränkische Kreis im Pfälzer und im Spanischen Erbfolgekrieg demonstrierte[16]. Zweifellos erwuchsen für die Heerführung daraus

---

(Anm. 8). 229; *André Corvisier,* Armies and Societies in Europe, 1494 - 1789 [engl. Übersetzung], Bloomington/London 1979, 96, 123f.; *Samuel E. Finer,* State- and Nation-Building in Europe: The Role of the Military, in: Charles Tilly (Ed.), The Formation of National States in Western Europe (Studies in Political Development, 8), Princeton, London 1975, 123f.; *J. A. Houlding,* Fit for Service. The Training of the British Army, 1715 - 1795, Oxford 1981, 8f.; *R. E. Scouller,* The Armies of Queen Anne, Oxford 1966, 6f., 10, 23.

[13] s. dazu grundsätzlich *Max Braubach,* Die Bedeutung der Subsidien für die Politik im spanischen Erbfolgekriege (Bücherei der Kultur und Geschichte, 28), Bonn/Leipzig 1923, 10ff. Eine knappe Zusammenfassung der Geschichte der Subsidientruppen bietet auch *Fritz Redlich,* The German Military Enterpriser and his Work Force. A Study in European Economic and Social History II (VSWG, Beiheft 48), Wiesbaden 1965, 99ff.

[14] Auf die wiederholten Forderungen König Friedrichs I. nach geschlossenem Einsatz eines starken brandenburgisch-preußischen Korps und somit nach militärischer Selbständigkeit im Spanischen Erbfolgekrieg sei hier verwiesen. *Arnold Berney,* König Friedrich I. und das Haus Habsburg (1701 - 1707), München/Berlin 1927, 54f., 73ff., 120f.

[15] *Braubach,* Bedeutung der Subsidien (Anm. 13), 88ff., 170f.; s. auch *David Chandler,* Marlborough as Military Commander, London 1973, 66, und *Scouller* (Anm. 12), 80f.

mancherlei Probleme[17], die primär auf dem militärpolitischen Gebiet lagen, hingegen den taktischen Bereich weniger betrafen[18], denn die im wesentlichen einheitlichen Strukturen und Kriegsdoktrinen erleichterten die Zusammenarbeit und ermöglichten auch bunt gemischten Heeren ein erfolgreiches Operieren. Das bekundet nicht zuletzt die unproblematische Integration von Fremdenregimentern in die Streitkräfte, die besonders zahlreich im französischen Heer vertreten waren; diese rekrutierten sich durchweg aus einer bestimmten Region oder benachbarten Landschaften, wurden von ihren eigenen Landsleuten geführt und behielten als Dienstsprache die Muttersprache bei. In Frankreich zählten diese Einheiten im Jahr 1711 rund 50 000 Mann[19], womit offenbar der Höhepunkt erreicht war, doch scheint die Stärke seit Mitte der Regierungszeit Ludwigs XIV. niemals unter 20 000 Mann gesunken zu sein. Die Masse dieser Soldaten stammte aus der Schweiz, dem Heiligen Römischen Reich und Irland, ihre Anwerbung war den Regimentschefs überlassen. Wenngleich diese Regimenter in ihrer rechtlichen Stellung nicht mit den Subsidientruppen gleichgesetzt werden können, so bestätigen sie andererseits aber, daß die nationale Herkunft oder nationale Eigentümlichkeiten den Einsatzwert der Truppen im Absolutismus nicht nennenswert beeinträchtigten, da Organisation und Ausbildung, Bewaffnung und Ausrüstung, Taktik und Kriegführung der europäischen Staaten insgesamt keine gravierenden Unterschiede aufwiesen[20].

Verläßliche Angaben über die Kosten des Unterhalts der Streitkräfte in Krieg und Frieden fehlen jedoch meistens. Das ist erstens dem komplizierten Rechnungs- und Kassenwesen zuzuschreiben, dessen durchweg lückenhaft überlieferte Unterlagen nur selten exakte Erkenntnisse gewinnen lassen, ist zweitens auf die Tatsache zurückzuführen, daß manche Einnahmen und Leistungen vor Ort verlangt und erbracht wurden und deswegen nicht in die Militäretats Eingang fanden, und ist drittens durch die noch vorhandenen Relikte des tradierten Militärunternehmertums zu erklären, die sowohl „private" Investitionen als auch „private" materielle Vorteile einschlossen. Die Auseinandersetzungen beispielsweise um die Marlborough nach seinem Sturz vorgeworfene Bereicherung an den Brotlieferungen für die Armee, bei der mehr als 500 000 Gulden zur Debatte standen[21], wirft ein

---

16 s. *Bernhard Sicken,* Das Wehrwesen des Fränkischen Reichskreises. Aufbau und Struktur (1681 - 1714), Nürnberg 1967, Bd. I, 176, 179, 369 ff.

17 *Chandler,* Marlborough (Anm. 15), 127 f.

18 s. *Childs* (Anm. 12), 46 ff., 105, und *Clark,* The Nine Years War (Anm. 12), 231.

19 *André Corvisier,* L' armée française de la fin du XVIIe siècle au ministère de Choiseul. Le soldat, Paris 1964, vol. I, 259 ff.; s. auch *Childs* (Anm. 12), 47.

20 Vgl. dazu *Micheline Kerney Walsh,* Regiments irlandais intégrés dans l'armée française pendant la guerre de succession d'Espagne, in: Forces armées et systèmes d'alliances. Colloque international d'histoire militaire et d'études de défense nationale Montpellier 2 - 6 septembre 1981, Montpellier 1983, vol. I, 191 ff.

21 *Chandler,* Marlborough (Anm. 15), 302 ff.

Schlaglicht auf diese Praktiken, auch wenn Summen dieser Dimension als atypisch eingestuft werden müssen. Andererseits wurden die Truppen immer wieder – und zwar insbesondere in Friedenszeiten – zu Aufgaben herangezogen, die nicht unmittelbar militärischer Art waren und folglich nicht kurzerhand der bewaffneten Macht zugerechnet werden können. Sieht man von diesen Schwierigkeiten und Unwägbarkeiten einmal ab, dann scheinen jene Schätzungen, die für die Jahre 1689 bis 1714 die Ausgaben für die bewaffnete Macht auf bis zu 75 % der Staatseinnahmen veranschlagen[22], zumindest die Größenordnung anzugeben, die die Aufwendungen für das Kriegsinstrument erreichten. Diese Beobachtungen decken sich mit jenen Berechnungen, die für England[23] im Untersuchungszeitraum von einer Haushaltsquote von durchschnittlich 40 % für das Heer und 35 % für die Kriegsmarine ausgehen, während für Frankreich im Pfälzer Erbfolgekrieg 65 % für das Heer und 9 % für die Marine bzw. im Spanischen Erbfolgekrieg 57 % für die Armee und 7 % für die Kriegsmarine ermittelt wurden[24]. In den österreichisch-habsburgischen Landen lag die Quote der Militärausgaben im Pfälzer Erbfolgekrieg – gemessen an den nur grob erfaßbaren Gesamtausgaben – noch merklich höher[25] und dürfte im Spanischen Erbfolgekrieg bloß geringfügig gesunken sein[26], obwohl der Staat durch den Friedensschluß mit dem Osmanischen Reich eine gewisse Entlastung erfahren hatte. Auch in Spanien – soweit die Herrschaft Philipps V. reichte – stellten sich die Kriegskosten 1702 - 1713 im Durchschnitt auf merklich über 80 %[27]. Hingegen scheinen die Relationen in den Niederlanden zwischen den Militär- und Zivilausgaben im Krieg in etwa jenen Englands geglichen zu haben, wobei die Kosten für die Landstreitkräfte allerdings höher, für die Seestreitkräfte aber eher niedriger anzusetzen sein dürften[28].

Diese Beobachtungen zur schwierigen Finanzierung lassen einerseits fragen, ob es Möglichkeiten zur Verringerung der Kosten gab und inwieweit diese genutzt wurden, und nötigen andererseits zur Analyse des Kriegsinstruments, um seine Struktur und seine Stellung in Staat und Gesellschaft zu erläutern. Zur Kostenbegrenzung wäre in erster Linie eine Limitierung der Personalstärke der Streitkräfte oder der Verzicht auf bestimmtes Kriegsgerät geeignet gewesen, jedoch gerade diese Maßnahmen schieden von vornherein aus, weil sie einen zwischenstaatlichen Konsens verlangten

---

22 *Dickson / Sperling* (Anm. 8), 313.

23 *Anderson* (Anm. 12), 143; *Dickson / Sperling* (Anm. 8) 285; *Finer* (Anm. 12) 122.

24 *Dickson / Sperling* (Anm. 8), 299.

25 *Jean Bérenger,* Finances et Absolutisme autrichien dans la seconde moitié du XVIIe siècle, Lille, Paris 1975, vol. II, 467.

26 Vgl. *Gustav Otruba,* Die Bedeutung englischer Subsidien und Antizipationen für die Finanzen Österreichs 1701 bis 1748, in: VSWG 51 (1964), 194.

27 *Henry Kamen,* The War of Succession in Spain, 1700 - 1715, London 1969, 228.

28 s. dazu *J. S. Bromley / A. N. Ryan,* Armies and Navies: Navies, in: J. S. Bromley (Ed.), The Rise (Anm. 8), 798.

und eine Überwachung erforderten, was indes illusionär war. Entsprechende Vorschläge hat es zwar gegeben, wie beispielsweise die Anregungen William Penns zur Beilegung zwischenstaatlicher Differenzen durch Schiedsgerichte andeuten und das Konzept des Abbé de Saint-Pierre zur einschneidenden Rüstungsbegrenzung darlegt[29], doch stand ein prinzipieller Verzicht auf eine Politik der Machtausweitung für die Verantwortlichen in jener Epoche nicht zur Debatte. Deshalb war auch Gottfried Wilhelm Leibniz' „Consilium Aegyptiacum" zur Ablenkung expansiver Bestrebungen auf den Orient wirklichkeitsfremd und fand am Hof Ludwigs XIV. keine Beachtung. Die gebotenen Einsparungen im Militäretat suchten die Landesherren deswegen auf andere Weise zu erzielen. Hierzu rechnete auch der Rückgriff auf Ausschüsse oder Milizen, sei es zum geschlossenen Einsatz zur Verteidigung des Landes, sei es zur Ergänzung des stehenden Heeres beim Feldeinsatz[29a]; allerdings kam diesen Aufgeboten in den großen Kriegen durchweg nur subsidiäre Bedeutung zu, und deswegen wurden sie meist durch geworbene Regimenter ersetzt, sobald es die finanzielle Lage irgendwie gestattete. Der Zwang zur Kostensenkung beim stehenden Heer blieb demnach bestehen. Im Krieg konnten vor allem Kontributionen aus den gegnerischen Landen eine gewisse Entlastung bringen[30]. Ferner sind direkte oder indirekte Beihilfen verbündeter Staaten zu nennen, wobei auch immer wieder auf die Ressourcen kleinerer Territorien – zum Beispiel durch die Belegung mit Winterquartieren oder durch überproportional viele Durchmärsche von Truppen – zurückgegriffen wurde. Außerdem waren Manipulationen bei der Bezahlung und Versorgung des Kriegsvolks an der Tagesordnung; durch ungerechtfertigte Soldabzüge oder die unzulängliche Versorgung wurde in der Regel aber nicht das Militärbudget entlastet, sondern füllten sich in erster Linie andere die Taschen[31]. Beim Übergang zum Frieden waren hin-

---

[29] Eine Einführung in die Friedenskonzeption Penns findet sich bei *Kurt von Raumer*, Ewiger Friede. Friedensrufe und Friedenspläne seit der Renaissance (Orbis Academicus. Geschichte der politischen Ideen in Dokumenten und Darstellungen), Freiburg/München 1953, 108ff.; dort ist der Friedensessay auch in deutscher Übersetzung publiziert (321ff.). s. zudem *[Carles Irenée] Abbé Castel de Saint-Pierre*, Der Traktat vom ewigen Frieden 1713, hrsg. und mit einer Einleitung versehen von Wolfgang Michael, deutsche Bearbeitung von Friedrich von Oppeln-Bronikowski (Klassiker der Politik, 4), Berlin 1922, 86ff., besonders 98, 105ff. Die Kerngedanken Saint-Pierres zur Rüstungsbeschränkung hat auch *Werner Gembruch*, Zur Kritik an der Heeresreform und Wehrpolitik von Le Tellier und Louvois in der Spätzeit der Herrschaft Ludwigs XIV., in: MGM 12 (1972), 160ff., skizziert.

[29a] s. dazu *Winfried Schulze*, Die deutschen Landesdefensionen im 16. und 17. Jahrhundert, in: Staatsverfassung und Heeresverfassung (Anm. 3a), 147; vgl. auch 101f.

[30] Gemessen am Kriegsaufwand waren solche Einnahmen meist nur von marginaler Bedeutung; als massiver Rückgriff auf das finanzielle und wirtschaftliche Potential eines Gegners kam der Kontribution dagegen größeres Gewicht zu. Vgl. *Bernd Wunder*, Frankreich, Württemberg und der Schwäbische Kreis während der Auseinandersetzungen über die Reunionen (1679 - 97). Ein Beitrag zur Deutschlandpolitik Ludwigs XIV. (Veröffentlichungen der Kommission für geschichtliche Landeskunde in Baden-Württemberg B, 64), Stuttgart 1971, 90, 142f., 190, 195f.

gegen die Möglichkeiten für Einsparungen ungleich größer. Denn nunmehr wurden manche Einheiten entlassen – das traf vor allem für die Subsidientruppen zu –, wurden überdies die Regimenter personell drastisch reduziert, wobei hauptsächlich die als leicht ersetzbar geltenden Mannschaften betroffen waren, hatten ferner die Kavallerietruppen auf einen Teil oder gar die Masse des Pferdebestands zu verzichten, wurde die Artillerie demobilisiert, das Stabspersonal vermindert, das Fuhrwesen aufgelöst und das Feldverpflegungspersonal durchweg verabschiedet. Schließlich blieb auch der Friedenssold merklich hinter dem Kriegssold zurück und wurden die Feldzulagen gestrichen. Zudem mußten überzählige Offiziere, die als Personalreserve zur Komplettierung der Truppenkörper für den Kriegsfall galten, mit einer zusätzlich reduzierten Gage vorliebnehmen.

Waren die Großmächte in der zweiten Hälfte des 17. Jahrhunderts zum Unterhalt stehender Heere übergegangen und ihnen die kleineren Staaten mit der Aufstellung weniger, zur selbständigen Operation aber meist ungeeigneter Truppenkörper gefolgt, so bedeutete dieser Schritt vom Kriegswesen zum Militärwesen aber nicht, daß die Streitkräfte jederzeit zum Kampf bereit waren. Wie angedeutet, standen nämlich meist nur numerisch schwache Einheiten unter Waffen, die gerade zur Erfüllung repräsentativer Pflichten bei Hof, zur Besatzung der Festungen und für Wachtdienste in den wichtigeren Städten sowie gefährdeten Regionen ausreichten, jedoch größtenteils für einen Feldzug weder personell noch materiell gerüstet waren. Vor dem Ausrücken mußten deshalb im allgemeinen die Regimenter und Artilleriekorps komplettiert, zusätzliche Waffen aus den Zeughäusern bereitgestellt oder bei überalterten untauglichen Beständen zuvor erworben werden, waren ferner Ausrüstung und Kampfmittel zu ergänzen, Reit- und Zugtiere zu kaufen und Nachschub- und Versorgungseinrichtungen zu organisieren. Da abrufbereite finanzielle Mittel für diese Zwecke in der Regel nicht verfügbar waren und die erforderlichen Gelder wenigstens zum Teil vorher aufgebracht werden mußten, dauerte es generell mehrere Monate, bis schlagkräftige Truppen ins Feld rückten. Aus diesen strukturbedingten Schwerfälligkeiten vermochte ein besser gerüsteter Gegner erhebliche Vorteile zu ziehen, und das um so mehr, wenn eine günstige Dislokation stärkerer Kräfte hinzukam. Das traf im Untersuchungszeitraum für die Krone Frankreich zu, deren Regimenter einerseits einen proportional höheren Friedensstand aufwiesen und die folglich rascher einsatzfähig waren[32] – von den zahlreichen Neuaufstellungen bei Kriegsbeginn natürlich abgesehen – und deren Festungsgürtel im Norden und Nordosten mit

---

[31] s. *Redlich* (Anm. 13), 61ff., 81f.; die hier für Deutschland skizzierten Verhältnisse unterschieden sich nicht von denen in anderen Staaten.

[32] *Corvisier,* L'armée (Anm. 19), I, 153f. Diese Angaben beziehen sich zwar nur auf den Spanischen Erbfolgekrieg und die nachfolgenden Jahrzehnte, doch dürften sie im wesentlichen auch für den Pfälzer Erbfolgekrieg gelten.

seiner Truppenkonzentration und den Magazinen andererseits in den Auseinandersetzungen mit den Niederlanden und dem Heiligen Römischen Reich von großem Vorteil war. Nicht zuletzt deshalb konnten die Heerführer Ludwigs XIV. immer wieder die Initiative ergreifen und ihren Kriegsgegnern zuvorkommen.

Die Verstärkung der Truppenkörper auf Kriegsfuß, was eine Verdoppelung der Mannschaften bedeuten konnte, erfolgte in erster Linie durch Werbung im Namen des Regimentskommandeurs oder des Kompaniechefs[33]. Besondere Qualifikationen wurden von den Dienstwilligen normalerweise nicht erwartet, sieht man einmal von der physischen Eignung zum Kriegsdienst und somit von gewissen Altersanforderungen, einer zur Handhabung der Waffen hinlänglichen Körpergröße und dem Fehlen auffälliger körperlicher Mängel ab. Übertraf die Zahl der Interessenten die Nachfrage, konnten die Anforderungen selbstredend heraufgesetzt werden; dann stellte man vorzugsweise kampferprobte Leute ein oder wählte vornehmlich Ledige aus, um den Troß nicht zusätzlich aufzublähen. Zudem konnte das Handgeld reduziert werden, das üblicherweise dem angehenden Soldaten gezahlt wurde und den Empfänger zur Dienstannahme verpflichtete, obwohl meist die Vereidigung auf das Kriegsrecht noch ausstand. Bei größerer Nachfrage nach Rekruten in Krisen- und Kriegszeiten sanken hingegen notgedrungen die Anforderungen; außerdem mußte man häufig das Handgeld erhöhen, um mit konkurrierenden fremden Werbern mithalten zu können, zumal landesherrliche Verbote zur Annahme fremder Kriegsdienste bei den dienstwilligen Untertanen meist wenig bewirkten, falls anderenorts die Konditionen günstiger waren. Traditionelle Bindungen kamen hinzu, die zum Beispiel zahlreiche Schweizer in den französischen Kriegsdienst und manchen Norddeutschen in niederländische Regimenter treten ließen sowie viele Untertanen süd- und westdeutscher Landesherren unter die kaiserlichen Fahnen führten. Darüber hinaus folgten anscheinend auch immer wieder eine Reihe von Grundholden ihrem Guts- oder Grundherrn ins Feld, wenn dieser als Offizier diente und etwa seine Kompanie bevorzugt im eigenen Herrschaftsbereich rekrutierte[34]. Es waren die unterschiedlichsten Gründe, die Männer und Burschen Militärdienst nehmen ließen[35], wobei u. a. Neigung zum Waf-

---

[33] s. zum Folgenden *Chandler,* Marlborough (Anm. 15), 65 f.; *Corvisier,* L'armée (Anm. 19), I, 149 ff.; *Houlding* (Anm. 12), 117 ff.; *Scouller* (Anm. 12), 103 ff.; *Peter-Christoph Storm,* Der Schwäbische Kreis als Feldherr. Untersuchungen zur Wehrverfassung des Schwäbischen Reichskreises in der Zeit von 1648 bis 1732 (Schriften zur Verfassungsgeschichte, 21), Berlin 1974, 413 ff., und *Jürg Zimmermann,* Militärverwaltung und Heeresaufbringung in Österreich bis 1806 (Handbuch zur deutschen Militärgeschichte 1648 - 1939, I, 3), Frankfurt a. M. 1965, 96 f.

[34] s. *Anderson* (Anm. 12), 122 f., und *Ulrich Muhlack,* Absoluter Fürstenstaat und Heeresorganisation in Frankreich im Zeitalter Ludwigs XIV., in: Staatsverfassung und Heeresverfassung (Anm. 3 a), 273, 275. Ob diese Beobachtungen für England und Frankreich auch auf andere Länder übertragen werden können, ist ohne weiterführende Untersuchungen nicht zu sagen.

fenhandwerk und Abenteuerlust, sozialer Druck in den Dörfern, drückende Abhängigkeit vom Feudalherrn oder eine ausgeprägte Loyalität zum Grund- oder Gutsherrn, kleinliche Reglementierung der Lebensführung durch die Zunft, Aussichtslosigkeit des beruflichen Fortkommens, familiäre Schwierigkeiten oder eine drohende Strafverfolgung eine Rolle spielten, doch war für die Mehrzahl zweifellos ihre schlechte wirtschaftliche Lage ausschlaggebend. Davon kündet nicht zuletzt der große Zulauf an Rekruten in den Jahren von Mißernten, die etwa 1692/94 und 1709/10 die Ergänzung der Heere spürbar erleichterten[36] und zum Teil eine merkliche Senkung des Handgelds erlaubten[37]; das deutet ferner die durchweg erfolgreichere Werbung im Spätherbst und Winter an, wenn durch Unterbeschäftigung, Arbeitslosigkeit und Teuerung die Not der unteren Schichten wuchs und die Subsistenzsicherung schwierig, wenn nicht gar gefährdet war. Schließlich konnte auch konfessionelle Intoleranz der Obrigkeit zum Motiv für den Eintritt in den Militärdienst werden, denn nach dem Bekenntnis wurde bei den Streitkräften in der Regel nicht gefragt, und somit boten sie einen gewissen religiösen Freiraum. Mangel an Zulauf bei der Rekrutierung führte andererseits zu Übergriffen der Werbekommandos auf jene für tauglich Erachteten, deren man mit List oder auch Gewalt habhaft werden konnte. Zuweilen förderten die lokalen Herrschaftsträger sogar diese „Praktiken“, um auf solche Weise mißliebige Leute loszuwerden; und obwohl die Landes- und Kriegsherren durchweg dieses Vorgehen untersagten, scheinen ihre Verbote nur die gröbsten Übergriffe verhindert zu haben. Selbst das „Unterstecken“ Krimineller oder Kriminalisierter kam vor[38], wobei als ehrlos Diffamierte allerdings ausgeschlossen waren, ohne daß aber ein Unterschlüpfen in jedem Fall zu verhindern war. Konnte der erforderliche Personalersatz dennoch nicht beschafft werden, dann griff die Obrigkeit mitunter auf die Aushebung zurück; hiervon waren in erster Linie offenbar jene betroffen, die in der Miliz, im Landausschuß bzw. in vergleichbaren Formationen zum Landesschutz dienten[39].

Zur massiven Aushebung von Untertanen kam es beispielsweise im Spanischen Erbfolgekrieg in Frankreich[40]. Auch wenn nach wie vor in erster

---

[35] s. dazu generell *Anderson* (Anm. 12), 121f., und *Corvisier,* Armies and Societies (Anm. 12), 132f.

[36] *Anderson* (Anm. 12), 121, und *J. W. Stoye,* Armies and Navies: Soldiers and Civilians, in: J. S. Bromley (Ed.), The Rise (Anm. 8), 764f.

[37] In Frankreich scheint 1693/94 und 1710 die Zahlung von Handgeld sogar entfallen zu sein; *Corvisier,* Armies and Societies (Anm. 12), 133.

[38] Vgl. dazu die Beobachtungen für Frankreich bei *Corvisier,* L'armée (Anm. 19), I, 281ff., und für Deutschland bei *Redlich* (Anm. 13), 186f., die im großen und ganzen auch für andere Staaten zutreffend sein dürften.

[39] s. zusammenfassend für Deutschland *Helmut Schnitter,* Volk und Landesdefension. Volksaufgebote, Defensionswerke, Landmilizen in den deutschen Territorien vom 15. bis zum 18. Jahrhundert (Militärhistorische Studien NF, 18), Berlin 1977, 147, 158, dessen Ausführungen aber nicht frei von Einseitigkeiten sind.

Linie die Werbung zur Komplettierung der Einheiten diente, so rückten nun jedoch auch Jahr für Jahr viele Milizangehörige ins Feld, die in geschlossenen Einheiten eingesetzt wurden; diese Truppenkörper trugen spürbar dazu bei, den Sollstand der Streitkräfte aufrechtzuerhalten. Viele der Betroffenen, die durch das Los zum Einrücken bestimmt worden waren, suchten sich indes dem Kriegsdienst durch Flucht zu entziehen und fanden mancherorts bei den lokalen Herrschaftsträgern Rückhalt, denn ein Einsatz von Milizangehörigen außerhalb der Heimatregion oder -provinz – erst recht außerhalb des Landes – war ungewöhnlich und galt durchweg als unzulässig oder gar unrechtmäßig. Zeitweise wurden jährlich mehr als 20 000 Mann ausgehoben; an Zuverlässigkeit und Kampfeifer blieben diese Soldaten anscheinend aber merklich hinter den meisten Geworbenen zurück, wie die häufigen Desertionen folgern lassen. Erst die Krisenjahre ab 1709 bereiteten den Schwierigkeiten insofern ein Ende, als zum einen ein Appell des Königs zum Schutz des bedrohten Vaterlandes nicht ohne Wirkung geblieben zu sein scheint[41], so daß nunmehr ohne nennenswerte Widersetzlichkeit Jahr für Jahr zwischen 16 000 und 23 000 Milizionäre für das stehende Heer rekrutiert werden konnten, und zum anderen der Zulauf auf den Werbeplätzen bekanntlich in diesen Jahren anschwoll, da Mißernten und Teuerung die Angehörigen der Unterschichten aus Existenznot vermehrt in den Kriegsdienst führten. Der Anteil der Milizangehörigen stellte sich im Spanischen Erbfolgekrieg auf rund 40 % bzw. sogar auf ca. 46 %[42], wenn bloß die „nationale" Rekrutierung veranschlagt wird und die Fremdenregimenter unberücksichtigt bleiben. Zu einem vergleichbaren Rückgriff auf die Miliz oder den Landausschuß – de iure gab es diese Institutionen in fast allen europäischen Ländern – kam es in den anderen Staaten zumeist nicht. Zwar wurden bei akuter Bedrohung immer wieder Untertanen zum unmittelbaren Landesschutz aufgeboten, die dann mehr schlecht als recht zu Einheiten zusammengefaßt und notdürftig mit Waffen ausgestattet wurden, doch blieb der militärische Wert dieser Kräfte im allgemeinen gering[43]. Das schloß freilich nicht aus, daß die Landesherren oder ihre Befehlshaber versuchten, aus diesem Potential einen Teil ihres Mannschaftsersatzes für den miles perpetuus zu wohlfeilen Bedingungen zu gewinnen, jedoch fehlen darüber für die Zeit des Pfälzischen und des Spanischen Erbfolgekrieges verläßliche quantitative Erkenntnisse.

---

[40] s. *Corvisier,* La France (Anm. 9), 195ff., und *Muhlack* (Anm. 34), 271f., 274. Zur Struktur der Miliz und zum Rückgriff auf dieses Personal siehe zudem *Corvisier,* L'armée (Anm. 19), I, 55ff., 197ff.

[41] *Corvisier,* La France (Anm. 9), 195, spricht in diesem Zusammenhang von „défense nationale".

[42] *Corvisier,* L'armée (Anm. 19), I, 157, 249, II, 960.

[43] Vgl. dazu für den Fränkischen Reichskreis *Sicken* (Anm. 16), I, 358ff., und für den Schwäbischen Reichskreis *Storm* (Anm. 33), 95, 104f.

Die Art der Rekrutierung, die sowohl ein freiwilliges Engagement aus unterschiedlichen Motiven als auch Zwang zum Dienst durch Aushebung, Abschiebung oder betrügerische Machenschaften einschloß, war für den Zusammenhalt, die Leit- und Wertvorstellungen, die Disziplin, die Kampfweise und Loyalität natürlich nicht ohne gewichtige Konsequenzen. Das galt um so mehr, als den Soldaten ethische Bindungen an den Kriegsherrn in der Regel fremd und die Kriegsziele meist gleichgültig waren, individuelle Fähigkeiten im Kampf nicht verlangt und besonderes Engagement in den Feldzügen nicht gefordert wurden. Denn die arrangierte Schlacht mit der zunehmend dominierenden Lineartaktik wurde von gleichmäßig und geschlossen avancierenden und rasch feuernden Truppenkörpern geprägt, die dem einzelnen keinen Raum für aufsehenerregende Waffentaten ließen, so daß der sozialen Herkunft des Kriegsvolks und den Gründen für den Eintritt in den Militärdienst oder einer etwaigen Nötigung zum Dienst keine große Bedeutung zukam. Daraus folgte einerseits ein großes Maß an Zwang im Dienst, gekennzeichnet durch vielfältige Kontrolle und enge Reglementierung, durch harte Disziplin und schwere Strafen, um ein Kriegsinstrument zu formen, das sich erfolgreich handhaben ließ; andererseits begünstigten diese strukturellen Bedingungen die doktrinäre Erstarrung der Kriegführung. Im übrigen erlaubte die mechanische Art des Einsatzes auch einen unproblematischen Austausch „abgerichteter" Soldaten und gestattete ohne weiteres den Gefangenen einen Parteiwechsel oder Deserteuren das Unterschlüpfen bei einem anderen Truppenkörper[44]; sie erleichterte darüber hinaus die gemeinsamen Operationen von Heeren verschiedener Staaten und gestattete außerdem die Formation einer Armee aus mehreren Kontingenten unterschiedlicher nationaler oder landsmannschaftlicher Herkunft, ohne daß die Kampfkraft gravierend leiden mußte.

Dennoch war es um die Ausbildung des Kriegsvolkes im allgemeinen nicht zum besten bestellt und rückten mitunter Truppenkörper ins Feld, deren Kampfkraft den Anforderungen nicht genügte. Auch fehlten noch zur Zeit des Spanischen Erbfolgekrieges durchweg für die Infanterie und die Kavallerie verbindliche Exerzierreglements[45], obwohl Heerführer wie Prinz Eugen, Marlborough und Villars wiederholt auf eine Vereinheitlichung gedrängt hatten. Statt dessen gingen die Regimentskommandeure bei der Ausbildung nach ihren Kenntnissen und Erfahrungen vor, was in manchen Details individuellen Zügen Raum gab, jedoch den Einsatzwert für die Schlacht oder bei Belagerungen kaum behinderte. Häufig standen zudem den Regimentern, die zu Kriegsbeginn hastig aufgefüllt worden waren, nur wenige Wochen zur Verfügung, um die Rekruten mit dem Waffenhandwerk

---

44 s. zusammenfassend *Anderson* (Anm. 12), 128, 130.

45 *Anderson* (Anm. 12), 105f.; zur Entwicklung der Reglements in England s. *Houlding* (Anm. 12), 172ff.

vertraut zu machen und in die Kompanien bzw. das Bataillon, das als taktische Einheit fungierte, zu integrieren[46]. Bei Neuaufstellungen mußten ebenfalls wenige Monate genügen, um die Waffenhandhabung und die sog. Evolutionen, die taktischen Bewegungen in der geschlossenen Formation, zu erlernen, obwohl die Vielzahl der Handgriffe und manche der kunstvollen Schwenkungen, wie sie in zahlreichen zeitgenössischen kriegswissenschaftlichen Werken überliefert sind, nicht leicht einzuüben waren, wenn sie tatsächlich zum allgemeinen Rüstzeug werden sollten[47], das selbst unter extremer Belastung sicher beherrscht wurde. Weitere Gelegenheiten zur Ausbildung und zum Exerzieren ergaben sich zwar durchweg noch beim Ausmarsch ins Feld und in den Lagern, so daß Unzulänglichkeiten eventuell wettgemacht werden konnten, doch schloß das den risikoreichen Einsatz ungenügend für den Kampf vorbereiteter Truppen nicht aus. Dieser Mißstand war zum einen darauf zurückzuführen, daß die Verantwortlichen häufig aus finanziellen Erwägungen die Fristen zwischen der Einstellung von Rekruten und dem Ausrücken ins Feld zu knapp bemaßen und zum anderen Gefechtsdrill im Bataillon oft nicht möglich war; im Frühjahr und Sommer, also zur Kampagnezeit, wurden nämlich die zur Komplettierung nachgesandten Rekruten meist unverzüglich in die Kompanien eingereiht und unter Umständen auch eingesetzt, während im Winter die Dislokation der Truppenkörper – ganz zu schweigen von der notwendigen Schonung von Mann und Material bei ungünstigen Witterungsverhältnissen – eine Gefechtsausbildung erschwerte oder verhinderte. Die oft beklagte Abwesenheit der Offiziere im Winter[48], die die übliche Kampfpause[49] von November oder Dezember bis März oder April gern auf ihren Besitzungen verbrachten, erschwerte zudem die Aufsicht über das Kriegsvolk und verkürzte die Zeitspanne zur Ausbildung, so daß die Feldzugpraxis für zahlreiche Soldaten zum eigentlichen Lehrmeister wurde. Das scheint für die Infanterie und die Kavallerie gleichermaßen gegolten zu haben, wobei die Reiterei aber normalerweise insofern begünstigt war, als sie sich eines größeren Zulaufs erfreute, bei den Dienstwilligen hinlängliche Reitkenntnisse voraussetzte und ihre Kampftaktik arm an Varianten war[50]. Hingegen benötigte die Artillerie besonders qualifiziertes Personal, soweit es die Geschütze zu bedienen hatte, weshalb man von vornherein stärkere Kader unterhielt, zum

---

[46] Nach *Houlding* (Anm. 12), 116 Anm. 31 galt im 18. Jahrhundert generell eine Zeitspanne von einem Jahr als erforderlich, um einen Rekruten feldverwendungsfähig auszubilden.

[47] *Chandler,* Marlborough (Anm. 15), 76f.; *ders.,* The Art of Warfare in the Age of Marlborough, London 1976, 102f.

[48] *Chandler,* Marlborough (Anm. 15), 76, *Scouller* (Anm. 12), 274ff. Einige Beispiele für die hohen Abwesenheitsquoten bei den Reichs- und Kreistruppen finden sich bei *Sicken* (Anm. 16), I, 178.

[49] *Chandler,* Marlborough (Anm. 15), 63.

[50] *Childs* (Anm. 12), 105, hält hingegen die Ausbildung der Kavalleristen für schwieriger.

Teil auch Personal aus fremden Diensten zur Aufstockung übernahm. Das in großer Zahl erforderliche Hilfspersonal wurde dagegen bei Bedarf auf die gewöhnliche Art und Weise rekrutiert.

Zur Artillerie sei in diesem Zusammenhang angefügt, daß sie erst gegen Ende des 17. Jahrhunderts die handwerklichen Elemente abstreifte und eine militärische Organisation erhielt, die der der Infanterie und Kavallerie mit ihren Regimentern und Kompanien bzw. Schwadronen sowie den hierarchisch gestuften Chargen glich. In dieser Entwicklung ging Frankreich voran[51], indem aus mehreren Dutzend Zug um Zug formierten Artilleriekompanien schließlich zwei Regimenter hervorgingen, die in Bataillone untergliedert waren und sowohl im Pfälzischen als auch im Spanischen Erbfolgekrieg rund 6300 bis 6500 Offiziere und Mannschaften umfaßten. Diese Truppenkörper, denen später noch die Bombardiere – zuständig u. a. für die Bedienung der Mörser – angegliedert wurden, zählten im Frieden immerhin gut 3800 Mann und konnten sich auf Artillerieschulen zur fachlichen Ausbildung stützen, die – basierend auf den guten Erfahrungen mit Vorläufern – im Jahr 1720 an jenen Orten eingerichtet wurden, wo ein Artilleriebataillon in Garnison lag[51a]. Dem französischen Vorbild folgten zögernd die anderen Staaten, allerdings zugeschnitten auf einen merklich kleineren Rahmen bei quantitativ viel geringeren Kräften. Hier wurde das Artilleriepersonal organisatorisch oftmals zu sog. Korps zusammengefaßt, ohne daß dies allerdings eine Vorgabe für den taktischen Einsatz bedeutete. Da dem Geschützpersonal auch im Frieden die Wartung des kostspieligen Materials oblag, war es meist am Standort von Zeughäusern oder in Festungen untergebracht. Im Spanischen Erbfolgekrieg gehörten beispielsweise zur Artillerie des habsburgischen Staatenkonglomerats nur ca. 800 Mann; damit übertraf sie zwar ihre Stärke im vorausgegangenen Krieg, ohne aber proportional nur annähernd mit den französischen Kräften Schritt halten zu können[52]. Numerisch noch schwächer war das britische Artilleriepersonal[53], läßt man die Bedienung der stark armierten Kriegsschiffe außer acht. Bei der Mobilisation im Pfälzer und im Spanischen Erbfolgekrieg faßte man das Personal zu einigen schwachen Artilleriekompanien zusammen, die nach Friedensschluß jedoch auf Druck des Parlaments alsbald wieder aufgelöst wurden. Erst 1716 kam es zu einer dauerhaften Organisation mit der Bildung eines wenige hundert

---

51 *Chandler,* The Art of Warfare (Anm. 47), 157ff.; *Corvisier,* La France (Anm. 9), 190.

51a *Roger Hahn,* L'enseignement scientifique aux écoles militaires et d'artillerie, in: Réne Taton (Ed.), Enseignement et diffusion des sciences en France au XVIIIe siècle (Histoire de la pensée XI), Paris 1964, 516.

52 *Bernhard Sicken,* Kriegskunst und Heeresorganisation im Zeitalter des Prinzen Eugen, in: Johannes Kunisch (Hrsg.), Prinz Eugen von Savoyen und seine Zeit, Freiburg/Würzburg 1986, 40.

53 *Chandler,* The Art of Warfare (Anm. 47), 160f.

Mann zählenden Regiments, nachdem eine Erhebung in Schottland eklatante artilleristische Mängel offenbart hatte.

Im Frieden bildete bei der Infanterie und Kavallerie das Regiment den stärksten geschlossenen Truppenkörper und fungierte zugleich als organisatorischer Baustein, aus dem im Krieg die Heere formiert wurden. Die Kopfstärke der Regimenter schwankte beträchtlich von Staat zu Staat und bekanntlich auch zwischen Krieg und Frieden. Im Spanischen Erbfolgekrieg zählten zum Beispiel manche habsburgischen Infanterieregimenter nach dem Sollstand bis zu 2500 Mann, andere wiederum bloß ca. 1500 Mann, aus denen zur Schlacht dann drei oder zwei Bataillone formiert wurden, während die Kavallerieregimenter jeweils über 800 bis 1000 Berittene verfügten[54]. Die Masse der Reichsstände orientierte sich für ihre Truppenkörper am kaiserlichen Vorbild, und folglich ist von vergleichbaren Personalstärken auszugehen. Hingegen waren die Regimenter der verbündeten Seemächte personell deutlich schwächer; denn die Kopfzahl stellte sich bei der britischen Infanterie auf rund 800 bis 900 Mann und bei den niederländischen Truppen auf ca. 700 Mann sowie bei der Kavallerie auf englischer Seite je nach der Zahl der Schwadronen auf 300 bis 480 Mann und auf niederländischer Seite auf rund 310 Mann[55]. Noch schwächer waren zum Teil die französischen Truppenkörper, die z.B. bei der Infanterie im Spanischen Erbfolgekrieg gerade 600 Mann und bei der Kavallerie zwischen 300 und 400 Reiter umfaßten[56]. Diese beträchtlichen Unterschiede spielten im Kampf insofern keine größere Rolle, als bei der Infanterie das ca. 500 bis 800 Mann zählende Bataillon – numerisch kleine Regimenter fungierten faktisch als Bataillon – die taktische Einheit bildete und bei der Reiterei die Zusammenfassung der Regimenter, gegebenenfalls in Schwadronen unterteilt, flexibler gehandhabt werden konnte. Andererseits war in den kleineren Truppenkörpern das Verhältnis zwischen Offizieren und Mannschaften aber günstiger, was die Aufsicht und Führung sicherlich erleichterte. Daß diese günstige Relation bei den französischen Streitkräften u.a. durch die Vermehrung der käuflichen Ämter zustandegekommen war, von der die Offizierstellen nicht ausgenommen waren, und dadurch manchem Untüchtigen der Weg in den Militärdienst gebahnt wurde, sei allerdings nicht verschwiegen. Schließlich verdient noch Beachtung, daß es größere gemischte Verbände, die der späteren Division vergleichbar waren, in jener Epoche nicht

---

54 Feldzüge des Prinzen Eugen von Savoyen. I. Serie 3. Bd.: Spanischer Successions-Krieg. Feldzug 1701, bearb. von Leander Heinrich Wetzer, Wien 1876, 83f., 88, 466.

55 *Chandler,* Marlborough (Anm. 15), 71f.; *ders.*, The Art of Warfare (Anm. 47), 46, 96, Feldzüge des Prinzen Eugen (Anm. 54), 455, Scouller (Anm. 12), 98ff.; *J. W. Wijn,* Inleiding en veldtochten van 1702 - 1705 (Het Staatsche Leger VIII: Het tijdperk van de Spaanse Successieoorlog 1702 - 1715, Bd. I), s'Gravenhage 1956, 22.

56 *Corvisier,* L'armée (Anm. 19), I, 153f.

gab[57]. Zwar wurden gelegentlich mehrere Regimenter – auch unterschiedlicher Waffengattung – für bestimmte Aufgaben zu Detachments zusammengefaßt sowie Infanteriebataillone für die Schlacht zur Brigade formiert, um die einheitliche Kampfführung sicherzustellen, doch waren solche Zusammenstellungen auftragsgebunden. Gemeinsame Übungen von Infanterie, Kavallerie und Artillerie blieben im Frieden die Ausnahme und kamen über ein effektvoll inszeniertes theatrum belli kaum hinaus, das in erster Linie der Unterhaltung des Monarchen und seines Hofes und zudem der Reputation des Befehlshabers diente, wie vor allem die französischen Feldlager in der Ära Ludwigs XIV. bekunden[58].

Bereitete im Krieg die Rekrutierung der Mannschaften bei der Komplettierung der Einheiten und bei Neuaufstellungen zuweilen Schwierigkeiten, so fehlte es nicht an Offizierersatz, falls die Standeszugehörigkeit nicht zum ausschlaggebenden Kriterium für Befehlshaberstellen gemacht wurde und diese folglich auch Nichtadeligen zugänglich waren[59]. Denn die hohen Blutopfer, die die zahlreichen Kriege jener Epoche auch und gerade von den Offizieren verlangten, überforderten durchweg den Adel und nötigten zur Erweiterung der sozialen Basis, so daß eine Entwicklung zur ständischen Exklusivität ausgeschlossen war, zumal sich auch ein Teil des Adels aus unterschiedlichen Gründen dem Kriegsdienst fernhielt. Zwar entstammten um die Wende vom 17. zum 18. Jahrhundert die meisten Offiziere weiterhin dem Adel, doch standen daneben zahlreiche Aufsteiger aus den unteren Ständen, die als *homme de fortune* manchmal sogar Generalsrang erreichten und mit der Nobilitierung belohnt wurden. Eine solche Karriere wurde begünstigt, wenn durch finanzielle Investitionen die Voraussetzungen verbessert oder dem Aufstieg in der militärischen Hierarchie tatkräftig nachgeholfen werden konnte. Dem traditionellen Standesvorzug trat der Besitz von Vermögen und somit in modifizierter Form das ältere Militärunternehmertum[60] zur Seite, was in vorwiegend ständisch-statischen Gesellschaften zu beträchtlichen Spannungen führen konnte[61]. Das traf vor allem für Frankreich zu, da durch die Käuflichkeit der Stellen des Kompanie- und des Regimentschefs dem ärmeren Adel im reichen Bürgertum ein Konkurrent erwuchs, der Zugriff auf jene Chargen hatte, die für den Aufstieg wichtig waren und zugleich Ansehen und materiellen Gewinn verhießen. In der Ära Ludwigs XIV. war dieses Konfliktpotential allerdings insofern relativiert, als durch den großen Bedarf an Offizieren, den die Aristokratie kaum zu

---

[57] s. *Chandler,* Marlborough (Anm. 15), 70, *Houlding* (Anm. 12), 162f.

[58] *Chandler,* The Art of Warfare (Anm. 47), 107f.

[59] s. zum Folgenden *Redlich* (Anm. 13), 121ff.

[60] Auf die grundlegende und materialreiche Studie von *F. Redlich* sei verwiesen.

[61] s. *Corvisier,* Armies and Societies (Anm. 12), 161ff., und *Johannes Kunisch,* La guerre – c' est moi! Zum Problem der Staatenkonflikte im Zeitalter des Absolutismus, in: ZHF 14 (1987), 414ff.

decken vermochte[62], die Aufstiegschancen durchweg gut waren, zumal wichtige Befehlshaberstellen von vornherein von der Käuflichkeit ausgenommen waren. Gleichwohl stieß die Ämterkäuflichkeit schon in jener Zeit auf massive Kritik[63], ohne daß infolge der Finanznot der Krone dieses problematische Kreditinstrument[64] jedoch wirksam eingedämmt, geschweige denn beseitigt werden konnte.

Durch die Käuflichkeit fanden trotz des von der Krone beanspruchten Prüfungsrechts auch Unqualifizierte den Weg in die mittleren und unter Umständen sogar höheren Offiziersränge; darunter mußte nicht in jedem Fall die Kampfkraft leiden, weil in der arrangierten Schlacht der Pflichtenkreis für die Masse der Offiziere recht klein war. Durch die Stellenkäuflichkeit verlor andererseits der Schwertadel seinen Anspruch auf die Befehlshaberstellen, so daß hierdurch die Umformung der *armée féodale* zur *armée du roi* vorangetrieben wurde, für die freilich mit dem Aufbau der dem Monarchen verantwortlichen Militärverwaltung längst die Grundlagen gelegt und mit den Intendanten, Kriegskommissaren und Inspekteuren die erforderlichen Vollzugs- und Kontrollorgane geschaffen worden waren. Auch die im Jahr 1682 formierten Kadettenkompanien, die zur Ausbildung geeigneten Offiziersnachwuchses vorgesehen und den Söhnen Adeliger und Bürgerlicher gleichermaßen zugänglich waren, dienten nicht zuletzt dem Zweck, diese angehenden Befehlshaber auf den „Staatsdienstgedanken" zu verpflichten[65] und die überkommenen Standesansprüche zurückzuweisen. Schließlich trug zu dieser Entwicklung noch bei, daß seit dem Pfälzer Erbfolgekrieg vermehrt Offizierstellen in den zahlreichen neu formierten Regimentern an bewährte Soldaten vergeben werden mußten, die aus dem Mannschaftsstand hervorgegangen waren, weil insbesondere die Besetzung von Subalternstellen auf Schwierigkeiten stieß.

Der Kauf militärischer Chargen war freilich nicht auf Frankreich beschränkt, sondern trotz vieler Vorbehalte und Kritik in unterschiedlichen Versionen in den meisten europäischen Staaten verbreitet, wobei sich aber durchweg der Kriegsherr die Vergabe der höheren Ränge vorbehielt und bei anderen wichtigeren Stellen zumindest die Bestätigung des Anwärters beanspruchte. Der Stellenhandel gehörte auch in den britischen Streitkräften zur gängigen Praxis, obwohl ihn die Monarchen und das Parlament wiederholt für illegal erklärt oder zumindest zu beschränken versucht hatten[66].

---

62 s. *Muhlack* (Anm. 34), 273 ff. Vgl. dazu auch die Schätzungen über den Adelsanteil bei *Corvisier,* La France (Anm. 9), 61 f.

63 s. zusammenfassend *Gembruch* (Anm. 29), 133 f.

64 Vgl. dazu *Reinhard* (Anm. 10), 310 ff.

65 *Gembruch* (Anm. 29), 133; siehe zudem *Corvisier,* Armies and Societies (Anm. 12), 163.

66 *Anthony Bruce,* The Purchase System in the British Army, 1660 - 1871 (Studies in History, 20), London 1980, 14 ff.

Bezeichnenderweise mußte deshalb ein striktes Verbot König Wilhelms III., das seit 1693 bei einer Beförderung von jedem Offizier eine eidliche Erklärung verlangt hatte, keinerlei Zahlungen für die vakante Charge geleistet oder zugesagt zu haben, im Vorfeld des Spanischen Erbfolgekrieges wieder aufgehoben werden, weil anscheinend in vielen Fällen bedenkenlos ein Meineid geleistet worden war. Die große Nachfrage nach Offizierstellen war im Frieden insofern verständlich, als die kleine, ständig im Inland unterhaltene Streitmacht nur wenige Ansehen und Einnahmen verheißende Posten zu vergeben hatte[67], doch konnte auch die kriegsbedingte Aufstellung zusätzlicher Truppenkörper die Zahl der Interessenten nicht nennenswert vermindern, weil hauptsächlich die Chargen in jenen Truppenkörpern gefragt waren, die nach Friedensschluß nicht abgedankt wurden und folglich die Investition für einen Kauf lukrativ machten[68]. Geld und Protektion – in erster Linie trifft das für die Vergabe von Regimentern zu – spielten bei der Stellenvergabe und bei Beförderungen die maßgebende Rolle[69]; andererseits nötigten die immer wieder erhobenen Klagen über die daraus resultierenden Mißstände die Krone zum neuerlichen Einschreiten[70]. Daraufhin wurde beispielsweise im Jahr 1705 der Verkauf von Stellen an Kinder und Jugendliche untersagt und ein Jahr später sogar jeder Stellenkauf verboten, soweit sich der Monarch nicht bestimmte Ausnahmeregelungen eigens vorbehalten hatte. Dennoch änderte sich an der bisherigen Praxis wenig, so daß 1711 abermals einschneidende Weisungen ergingen, um den Stellenhandel einzudämmen und an eine bestimmte Ordnung zu binden, die die Autorität der Krone hervorheben und ihr zugleich die tatsächliche Kontrolle über die Vergabe der Offizierstellen sichern sollte. Diese Restriktionen stießen freilich bei Marlborough auf erhebliche Bedenken, der einerseits den damit verbundenen Einfluß des Parlaments auf die Streitkräfte fürchtete und andererseits die Vorschriften für unzweckmäßig hielt, weil sie die insbesondere im Krieg nötige Flexibilität bei der Personalauswahl und somit die Förderung tüchtiger Offiziere zusätzlich erschwerten, für die sich verantwortungsvolle Befehlshaber – das gilt nicht zuletzt für Marlborough, schloß jedoch die Begünstigung eigener Parteigänger nicht aus – immer wieder eingesetzt hatten. Kritik rief u.a. hervor, daß fortan den weniger engagierten oder glücklosen Offizieren ein vorzeitiges Ausscheiden gegen eine Abstandszahlung durch einen ambitionierteren und – das wurde kurzerhand unterstellt – qualifizierteren Offizier untersagt werden sollte. Darüber hinaus hielt Marlborough ein solches Verbot insofern für unzweckmäßig, als es besonders befähigten Offizieren verwehrte, die Anwartschaft eines anderen auf

---

67 Vgl. dazu die Angaben für die Zeit nach dem Spanischen Erbfolgekrieg bei *Houlding* (Anm. 12), 99, die auch die Größenordnung für die Jahre 1697 - 1701 abstecken.

68 *Childs* (Anm. 12), 89.

69 *Chandler,* Marlborough (Anm. 15), 76; *Scouller* (Anm. 12), 69 ff.

70 *Bruce* (Anm. 66), 20 ff.

eine höhere Charge finanziell abzulösen, und diesen somit die Chance zum rascheren Avancieren durch ein Überspringen älterer, aber mittelmäßiger Anwärter nahm. Diese einseitigen Einwände deuten an, daß sich die englischen Heer- und Truppenführer mit dem Stellenhandel, der ihnen wohl als unausrottbar galt, zu arrangieren wußten. Sie nahmen die unbestreitbaren Nachteile wahrscheinlich auch in Kauf, um die Einwirkungsmöglichkeiten Dritter auszuschalten oder zu begrenzen, deren Sachkompetenz fragwürdig und deren Engagement für die Streitkräfte zweifelhaft war. In der Diskussion über die Reglementierung des Stellenhandels in England fand Marlborough mit seinen Argumenten im Sommer 1711 nochmals Gehör, doch gab sein Sturz wenig später wieder der Gegenseite Auftrieb, so daß der Kampf gegen die Ämterkäuflichkeit zur Wahrung der monarchischen Prärogative verschärft wurde, ohne daß längerfristig aber mehr als eine festere Reglementierung durchgesetzt werden konnte[71].

Der Aufstieg in die oberen militärischen Ränge war daher in der Regel den Söhnen vermögender Familien reserviert. Finanzielle Mittel allein genügten jedoch nicht, sondern die Zugehörigkeit zum hohen Adel oder zum Landadel und somit die richtige ständische Herkunft, verbunden mit familiärem Einfluß und entsprechender Protektion, waren weitere wichtige Erfordernisse für eine militärische Karriere. Die Kommandeure der Regimenter und die Generalität gehörten zu mehr als der Hälfte dieser Schicht, der *landed class*, an, wie für das 18. Jahrhundert nachgewiesen ist[72] und offenbar auch für die Zeit um die Wende vom 17. zum 18. Jahrhundert zutrifft. Darüber hinaus entstammten die Offiziere zu einem beträchtlichen Teil dem angesehenen Bürgertum, das u. a. im kirchlichen Dienst, im Handel oder in anderen angesehenen Berufen tätig war und partiell den Nebenlinien adeliger Familien zuzuordnen war. Ferner stellten traditionell die den Militärdienst bevorzugenden Familien ohne größeres Vermögen und manche Ausländer einen Teil der Offiziere; unter den Fremden fanden sich häufig Söhne von Glaubensflüchtlingen[73], die durch Erziehung und Bildung mit den erstgenannten Gruppen konkurrieren konnten, jedoch keine engeren Beziehungen zur einflußreichen *landed class* hatten, so daß ihnen die Befehlshaberstellen meist vorenthalten blieben. Das galt erst recht für jene Aufsteiger, die weder über Standesvorzüge und Vermögen noch über Bildung und Erziehung verfügten und meist durch langjährigen Dienst in die unteren Offizierstellen gelangt waren, ohne dann aber über die Subalternränge hinauszugelangen. Der vergleichsweise offene Zugang zur „officer class“[74] schloß demnach keine

[71] *Bruce* (Anm. 66), 22ff.; *Houlding* (Anm. 12), 100ff.

[72] *Houlding* (Anm. 12), 104.

[73] s. *Geoffrey Symcox,* Louis XIV and the Outbreak of the Nine Years War, in: Ragnhild Hatton (Ed.), Louis XIV and Europe, London, Basingstoke 1976, 184; hierbei handelte es sich in erster Linie um Hugenotten, von denen offenbar viele in der Marine dienten.

[74] Vgl. dazu *Houlding* (Anm. 12), 104 Anm. 15.

größere vertikale Mobilität ein, sondern ließ die weniger begünstigten Offiziere über die unteren und mittleren Ränge nicht hinausgelangen; folglich konnten sie sich in einem selbständigen Kommando nicht hervortun, während den ohnehin durch Geburt, Vermögen und Beziehungen ausgezeichneten Offizieren der Aufstieg in Befehlshaberstellen, die Ansehen und Ehre verhießen, von vornherein erleichtert war.

Selbstverständlich wurde der Stellenhandel in den habsburgisch-österreichischen Streitkräften ebenfalls praktiziert[75]. Beispielsweise war es vielen Regimentsinhabern bzw. in deren Auftrag den Regimentskommandeuren erlaubt, alle Offizierchargen bis zum Oberstleutnant nach ihrem Ermessen zu vergeben; das sollte zwar grundsätzlich ohne sachfremde Erwägungen geschehen, schloß jedoch Begünstigungen und Nepotismus hüben und finanzielle Zuwendungen oder Entschädigungen drüben nicht aus. Bei diesem Recht handelte es sich um ein Relikt aus der vorabsolutistischen Zeit, in der die Befehlshaber zugleich Militärunternehmer waren und sich die Stellenvergabe vorbehielten, wenn sie einen Truppenkörper auf eigene Kosten formiert und dann einem Kriegsherrn zur Verfügung gestellt hatten[76]. Derartige Ansprüche entfielen oder wurden eingeschränkt, sofern der Landesherr die Kosten ganz oder wenigstens teilweise übernommen hatte oder sich vertraglich Einfluß auf die Vergabe der wichtigeren Posten hatte sichern können, was gegen Ende des 17. Jahrhunderts mehr und mehr geschah, soweit nicht bei hochgestellten Persönlichkeiten Ausnahmen gemacht wurden. Die angestrebte systematische Monarchisierung der Streitmacht wurde darüber hinaus durch den offiziell zugelassenen Stellenkauf beeinträchtigt, der zwar im Untersuchungszeitraum durch die habsburgischen Herrscher verstärkt an bestimmte Voraussetzungen gebunden war – Ungediente durften sich bloß den Rang des Fähnrichs bzw. Kornetts erkaufen, ein Offizier jeweils nur den nächsthöheren Rang –, doch immer wieder zur Zurücksetzung erprobter Offiziere führte, wenn das für eine Beförderung im allgemeinen maßgebende Anciennitätsprinzip auf solche Weise unterlaufen wurde. Diese Begünstigung der Vermögenden bedrohte die soziale Homogenität des werdenden Offizierskorps stärker als die herkömmlichen und akzeptierten Standesunterschiede. Einsichtige Staatsmänner und Heerführer sahen im Stellenhandel deswegen einen Mißstand, da er die landesherrliche Gewalt über die Streitmacht beschränkte und die Qualität des Kriegsinstruments durch manchen untüchtigen Offizier sowie durch die Unzufriedenheit Zurückgesetzter schwächte. Mehrfach wandte sich deshalb Prinz Eugen gegen den Stellenkauf[77], auf den er im Unterschied zu Marlborough in vielen Fällen nicht einmal informell Einfluß

[75] s. zusammenfassend *Zimmermann* (Anm. 33), 131ff.

[76] s. *Redlich* (Anm. 13), 50ff.

[77] s. dazu *Max Braubach,* Prinz Eugen von Savoyen. Eine Biographie, 5 Bde., München 1963 - 1965, hier II, 25ff.

nehmen konnte. Darauf ergingen z.B. 1703, 1708 und 1711 kaiserliche Verbote, durch die allerdings bloß die gröbsten Auswüchse beseitigt werden konnten. Auch das Stellenbesetzungsrecht der Regimentsinhaber konnte nicht aufgehoben, sondern nur allmählich eingedämmt werden.

In ihrer sozialen Zusammensetzung unterschieden sich die kaiserlich-habsburgischen Streitkräfte kaum von denen der meisten anderen europäischen Staaten. Denn das Kriegsvolk rekrutierte sich hauptsächlich aus den unteren Bevölkerungsschichten des flachen Landes und der vorwiegend kleineren Städte, hingegen dominierte unter den Offizieren in herkömmlicher Weise der Adel. Bürgerlichen war der Zugang zu Offizierstellen zwar nicht verwehrt, doch blieb ihr Anteil relativ gering, weil ein numerisch bedeutsames Wirtschaftsbürgertum fehlte und von den Söhnen der im Hof- und Staatsdienst tätigen Bürger nur vergleichsweise wenige in den Militärdienst traten, zumal ihnen schon mangels finanzieller Mittel ein rascher Aufstieg erschwert war. Allerdings konnten bürgerliche Offiziere verhältnismäßig leicht den Adelsstand erlangen, was mitunter irreführende Rückschlüsse begünstigt hat. Aus solchen Familien ohne nennenswertes Vermögen, die auf den Staatsdienst angewiesen waren, gingen oft über mehrere Generationen Offiziere hervor, die durch ihre Bindung an die Dynastie zugleich dem Zusammenhalt des habsburgischen Staatenkonglomerats dienten und dessen Umformung zu einem Gesamtstaat mittrugen. Die Anziehungskraft des kaiserlichen Kriegsdienstes, die in den Auseinandersetzungen mit dem Osmanischen Reich nicht nur viele Adelige aus den verschiedenen habsburgischen Landen und aus zahlreichen Reichsterritorien, sondern auch aus anderen europäischen Staaten in die Feldlager führte, spiegelt sich in den Offizieren der nun rasch verstärkten Streitmacht wider. Die Heerführer entstammten zu einem erheblichen Teil dem Hochadel, wobei die Reichsfürsten freilich dominierten; deren politisches und militärisches Engagement mußte der Kaiser indes häufig mit höheren Befehlshaberstellen honorieren[78], was die Kriegführung bei ungenügender Erfahrung und mangelndem Talent dieser Herren wiederholt behinderte und manchen Fehlschlag verursachte. Unter den Regimentskommandeuren scheint die nationale und landsmannschaftliche Vielfalt besonders groß gewesen zu sein. Wie anhand der Analyse der 1683 zum Entsatz Wiens eingesetzten Einheiten zu folgern ist, waren hier die fremden Befehlshaber eindeutig in der Überzahl, unter denen sich wiederum jene aus den nichthabsburgischen Reichsterritorien und aus dem Ausland in etwa die Waage hielten[79]. Offen-

---

[78] s. *Redlich* (Anm. 13), 113f.

[79] s. dazu *Thomas M. Barker,* Army, Aristocracy, Monarchy: Essays on War, Society, and Government in Austria, 1618 - 1780, New York 1982, 15ff., dem auch *Corvisier,* Armies and Societies (Anm. 12), 104, folgt. Bei diesen Angaben scheinen jedoch Truppenkörper von Reichsständen oder -kreisen miterfaßt zu sein, so daß die Erkenntnisse lediglich den Trend anzeigen.

sichtlich mied die inländische Aristokratie, vor allem wenn sie über einträglichen Grundbesitz verfügte, eher den Militärdienst, der manchem als Instrument zur Durchsetzung des Absolutismus erscheinen mochte und folglich tradierte landständische Rechte gefährdete. Diese Reserve bot den Fremden, hauptsächlich Adeligen aus dem Reichsgebiet, gute Chancen zum Aufstieg, zumal die Beziehungen mit den süd- und westdeutschen Territorien und der Reichsritterschaft ohnehin eng waren. Andererseits machten die vielfältigen personellen und informellen Beziehungen verständlich, daß sich die Streitkräfte dieser Fürsten und Stände bei ihrem Auf- und Ausbau, soweit es die beschränkten Verhältnisse zuließen, durchweg am kaiserlichen Vorbild orientierten; hierzu trug nicht zuletzt die enge Kooperation mit habsburgischen Regimentern in den Reichskriegen oder als Subsidientruppen bei. Die kaiserlich-österreichischen Streitkräfte wurden demnach von Befehlshabern kommandiert, die mehr als in anderen Staaten nach ihrer landsmannschaftlichen und nationalen Herkunft gemischt waren. In einigen Regimentern dominierten außerdem die fremdsprachigen Soldaten, denn zum habsburgischen Besitz gehörten auch größere Territorien im romanischen, slawischen und finnisch-ugrischen Sprachgebiet. Aus dieser Vielfalt erwuchsen indes keine gravierenden Schwierigkeiten, weil die militärischen Strukturen bekanntlich für ein hohes Maß an Gleichheit sorgten und die doktrinär erstarrte Kriegskunst für die Schlacht und bei Belagerungen kaum noch Varianten kannte, die nicht längst zum Allgemeingut geworden waren. Deshalb konnte Frankreich, so sei angefügt, auch ohne Einbußen an Schlagkraft seinen Heeren Fremdenregimenter einverleiben, und konnten die Seemächte ihre Streitkräfte durch zahlreiche und vielherrige Kontingente in den Kriegen gegen Frankreich auffüllen.

Die Deckung des umfangreichen Ausrüstungsbedarfs der Streitkräfte und ihres Ersatzbedarfs nach verlustreichen Kämpfen hat in der Forschung über den Pfälzischen und den Spanischen Erbfolgekrieg bislang wenig Aufmerksamkeit gefunden[80], so daß kaum mehr als punktuelle Erkenntnisse über einige Produktionsstätten und lediglich generelle Beobachtungen zur wirtschaftlichen, technischen oder organisatorisch-institutionellen Entwicklung vorliegen. Bekannt ist dagegen, daß Frankreich in jener Epoche staatliche protoindustrielle Rüstungsbetriebe errichtet und in den Arsenalen stattliche Vorräte angehäuft hat, die den Bedarf zusätzlicher Truppen sicherstellen konnten[81]. Damit hatte sich der ludovizianische Staat nicht nur weitgehend von Einfuhren unabhängig gemacht – von einigen Rohstoffen wie Blei und Salpeter einmal abgesehen[82] –, sondern auch durch die

[80] Vgl. dazu die kritischen Bemerkungen zum Forschungsstand bei *Bernhard R. Kroener,* Vom „extraordinari Kriegsvolck" zum „miles perpetuus". Zur Rolle der bewaffneten Macht in der europäischen Gesellschaft der Frühen Neuzeit. Ein Forschungs- und Literaturbericht, in: MGM 43 (1988), 171.

[81] s. zusammenfassend *Corvisier,* La France (Anm. 9), 147ff.

Konzentration von Fachleuten gute Voraussetzungen für technische Verbesserungen und mit den großen Fertigungsstätten die nötigen Kapazitäten für eine Massenfertigung leistungsfähigerer Waffen geschaffen. Mit diesem systematischen Ausbau der Rüstung konnten die anderen Staaten – läßt man die Werften für den Kriegsschiffbau und die Werkstätten für die nötige Armierung außer Betracht – nicht mithalten, weil die Nachfrage schon auf Grund der Heeresstärken um ein Vielfaches geringer war und überdies die staatlich-administrativen Strukturen eine analoge Entwicklung ausschlossen. Insgesamt scheinen die kleineren Betriebe in den anderen Ländern, mochten sie handwerklich-zünftig organisiert sein oder als privilegierte Manufaktur firmieren, die Nachfrage aber befriedigt zu haben, da die metallgewerblichen Zentren um Lüttich, Suhl, Nürnberg, Brescia, in Kärnten und Steiermark etc. durchaus in der Lage waren, binnen kurzer Zeit einige tausend Musketen, Karabiner, Degen, Bajonette etc. zu liefern; zudem scheint der Waffenhandel recht leistungsstark gewesen zu sein und kurzfristige Lieferschwierigkeiten ausgeglichen zu haben[83]. Darüber hinaus lagerten in den landesherrlichen Zeughäusern meist umfangreiche Bestände an Rüstungsgütern, die zwar oft überaltert und nur noch bedingt verwendungsfähig waren, doch zumindest zur Überwindung produktionsbedingter oder finanzieller Engpässe herhalten konnten, bis eine feldgerechte Ausrüstung möglich war, die unter Umständen auch aus der Einnahme feindlicher Waffenplätze stammen konnte. Obwohl dadurch die Einheitlichkeit der Bewaffnung, die die Kriegsherren in ihren Vorschriften immer wieder forderten, in manchen Details in Frage gestellt wurde[84], waren die Folgen für die Schlagkraft schon deshalb gering, weil die nach wie vor handwerkliche Fertigung ohnehin zu erheblichen Toleranzen führte und z.B. bei den Schußwaffen auch bei Fertigung nach Modell kaum mehr als die verlangte Kalibergleichheit eingehalten werden konnte; ein Austausch von Waffenteilen war deswegen vielfach unmöglich. Mit solchen Schwierigkeiten hatte erst recht die Artillerie zu kämpfen, da bei den Geschützen herstellungsbe-

---

82 *George Clark,* War and Society in the Seventeenth Century, Cambridge 1958, 61f.

83 Zwar ergingen im Krieg regelmäßig Handelsverbote oder -beschränkungen, die dem Gegner insbesondere die Zufuhr kriegswichtiger Waren abschneiden sollten, doch scheinen diese nur bedingt eingehalten worden zu sein, da die wirtschaftlichen Interessen der Alliierten erheblich divergierten. So setzte sich beispielsweise England im Pfälzischen und im Spanischen Erbfolgekrieg für strenge Handelssperren gegen Frankreich ein, während die Republik der Niederlande bezeichnenderweise eine maßvolle, den Handelskreisen entgegenkommende Haltung einnahm. s. dazu *Anderson* (Anm. 12), 147; *Andrew Lossky,* International Relations in Europe, in: J. S. Bromley (Ed.), The Rise (Anm. 8), 174f., 187f., und *A. J. Veenendaal,* The War of the Spanish Succession in Europe, in: J. S. Bromley [wie vorstehend], 419. Zur wirtschaftlichen Haltung des Reichs siehe auch *Fritz Blaich,* Die Wirtschaftspolitik des Reichstags im Heiligen Römischen Reich. Ein Beitrag zur Problemgeschichte wirtschaftlichen Gestaltens (Schriften zum Vergleich von Wirtschaftsordnungen, 16), Stuttgart 1970, 116ff.

84 s. *Anderson* (Anm. 12), 105, und für die Kreistruppen *Sicken* (Anm. 16), I, 188ff.

dingt die Abweichungen relativ groß waren, selbst wenn der Bedarf in den Standardgattungen im Serienguß gefertigt wurde. Zur Fabrikation von Geschützen dienten durchweg staatliche Gießereien, die vielfach mit einem Zeughaus verbunden waren, was sich personell anbot und für die Wartung sowie das Einschmelzen alter Rohre für Neugüsse als vorteilhaft erwies.

Verläßliche quantitative Angaben über die Stärke der Heere in den Kriegen um die Wende vom 17. zum 18. Jahrhundert sind kaum zu ermitteln; denn die Sollzahlen, die etwa in den Anschlägen der Kriegsherren und ihrer Behörden oder in den Ansätzen gegenüber den Verbündeten bei den Feldzugsplanungen zu finden sind, weichen von den Istzahlen oft merklich ab. Derartige Differenzen sind nicht in jedem Fall auf eine Täuschung der Koalitionspartner oder auf gewinnsüchtige Manipulationen der Befehlshaber zurückzuführen, wie manchmal vorschnell gefolgert wird, sondern häufig durch das Unvermögen zur rechtzeitigen Aufbringung der Truppen, durch unvorhersehbare Ausfälle oder andere Ursachen bedingt, die für die Heeresstruktur jener Epoche typisch sind. Auch Rückschlüsse anhand der Zahl der etwa in einer Kampagne oder bei einem Treffen eingesetzten Regimenter führen zu keinen gesicherten Erkenntnissen, da bekanntlich deren Personalumfang schon nach den Richtwerten stark schwankte, und selbst der Rückgriff etwa auf Abrechnungen über Brot- und Fourageportionen gewährt keinen klaren Einblick, unterschieden sich doch die Ansprüche je nach Charge erheblich[85]. Die folgenden Angaben zur Personalstärke können somit nicht mehr als Größenordnungen markieren und darüber hinaus anhand der Proportionen lediglich andeuten, welche Lasten die an den langjährigen Auseinandersetzungen beteiligten Staaten und Territorien übernahmen.

Im Pfälzischen Erbfolgekrieg zählte das Heer Frankreichs zeitweise um 400 000 Mann[86], von denen vermutlich über zwei Drittel im Feldeinsatz standen. Dagegen konnte die Große Allianz schätzungsweise 320 000 bis 350 000 Mann aufbieten; England mit rund 80 000 Mann, die Republik der Niederlande mit über 70 000 Mann und das Haus Österreich mit ungefähr 50 000 Mann stellten den Löwenanteil[87], wobei allerdings zu berücksichtigen ist, daß der Kaiser zusätzlich in einen Krieg mit dem Osmanischen Reich verwickelt war. Die Streitkräfte der anderen Verbündeten waren merklich schwächer; das gilt gleichermaßen für Spanien und Savoyen und erst recht für das Heilige Römische Reich[88], da es mancher Reichsstand vorgezogen

[85] Vgl. *Chandler,* The Art of Warfare (Anm. 47), 15.

[86] *Anderson* (Anm. 12), 83; *Chandler,* The Art of Warfare (Anm. 47), 30, veranschlagt für das Jahr 1693 sogar 440 000 Mann.

[87] s. *Childs* (Anm. 12), 42, und *Kennedy* (Anm. 7), 99; zum Teil abweichende Angaben finden sich bei *Anderson* (Anm. 12), 85.

[88] Über den genauen Umfang des Reichsheeres besteht keine Klarheit; im wesentlichen sind hierzu die Truppen der Reichskreise zu rechnen, die ab 1692 mindestens 24 000 Mann zählten, die allein von den Kreisen Franken und Schwaben unterhalten

hatte, größere Truppenkontingente gegen Subsidien den Seemächten oder dem Kaiserhaus zu überlassen. Im Spanischen Erbfolgekrieg ist von vergleichbaren Truppenmassen auszugehen. Allerdings bereitete es Frankreich jetzt große Mühe, nochmals ein überstarkes Heer aufzubringen und Jahr um Jahr zu komplettieren, so daß einerseits zur Rekrutierung zu einem erheblichen Teil auf Milizangehörige zurückgegriffen werden mußte[89] und andererseits der effektive Stand sank, der nach mehreren verlorenen Schlachten im Jahr 1710 zwar noch nominell ca. 360 000 Mann betrug, von denen anscheinend aber eine große Quote nicht oder nur bedingt feldverwendungsfähig war[90]. Rückhalt an seinen Verbündeten fand Ludwig XIV. nicht; im Gegenteil, diese benötigten ihrerseits Unterstützung, da sich Philipp V. in Spanien lange Zeit nur mit französischer Hilfe behaupten konnte[91] und die Kurfürstentümer Köln (1703) und Bayern (1704) in die Hand der Gegner gefallen waren. Auf Seiten der erneuerten Großen Allianz mobilisierten jetzt England rund 75 000 Mann, die Republik der Niederlande über 100 000 Mann und das Haus Österreich ebenfalls ca. 100 000 Mann[92], zu denen sich noch die Truppen weiterer Verbündeter gesellten, unter ihnen jene Savoyens (seit 1703), Portugals, Brandenburg-Preußens und des Heiligen Römischen Reichs; viele reichsständische Regimenter standen allerdings als Subsidientruppen wieder im Sold der Seemächte. Quantitativ hatten die Streitkräfte der Allianz nun offenbar ein Übergewicht.

Die umfassenden Koalitionen, die sich 1688/89 und 1701 aus aktuellem Anlaß gegen die Krone Frankreich bildeten, sind als Reaktionen auf das Streben Ludwigs XIV. nach Hegemonie zu verstehen, denn offenkundig konnte dem Bourbonen kein Staat ohne den Beistand anderer Mächte widerstehen. Diese Auseinandersetzungen firmierten propagandistisch auf Seiten der Verbündeten als Kampf gegen eine drohende Universalmonarchie[93], der man die Idee vom Gleichgewicht der Kräfte und somit ein politi-

---

wurden, und 1696/97 durch das Engagement weiterer Reichskreise auf 60 000 Mann aufgestockt werden sollten, ohne daß es aber zum Vollzug der Beschlüsse kam. Siehe *Aloys Schulte,* Markgraf Ludwig Wilhelm von Baden und der Reichskrieg gegen Frankreich 1693 - 1697, Bd. I: Darstellung, Heidelberg 1901, 74, 343; *Sicken* (Anm. 16), I, 89ff.; *Storm* (Anm. 33), 92ff.; *Bernd Wunder,* Die Kreisassoziationen 1672 - 1748, in: ZGO 128 (1980), 208ff.

89 *Corvisier,* La France (Anm. 9), 195ff.

90 *Corvisier,* L'armée (Anm. 19), 55. Zu den Schwierigkeiten Marschall Villars', für den Feldzug des Jahres 1709 in Flandern ein kampfkräftiges Heer zu formieren, s. auch *Claude C. Sturgill,* Marshal Villars and the War of the Spanish Succession, Lexington 1965, 81ff.

91 s. *Kamen* (Anm. 27), 58ff.

92 s. dazu *Braubach,* Bedeutung der Subsidien (Anm. 13), 170f.; *Childs* (Anm. 12), 40; *Corvisier,* Armies and Societies (Anm. 12), 113; *Kennedy* (Anm. 7), 99. Nach *Wijn* (Anm. 55), 24, unterhielt die Republik der Niederlande im Jahr 1702 nominell sogar 113 700 Mann.

93 s. *Franz Bosbach,* Monarchia universalis. Ein politischer Leitbegriff der frühen Neuzeit (Schriftenreihe der Historischen Kommission bei der Bayerischen Akademie der Wissenschaften, 32), Göttingen 1988, 107ff., 118f.

sches Prinzip zur Gestaltung der Mächtebeziehungen entgegenstellte[94], auf das sich die Vormächte um so leichter verständigen konnten, als es den Handlungsspielraum und folglich die Wahrung der eigenen Interessen nicht unmittelbar beschnitt. Das erleichterte den Abschluß eines Bündnisses und zugleich den Beitritt vieler Staaten, denn eine Bedrohung des Gleichgewichts blieb für keine Macht in Europa ohne Folgen und lieferte plausible Argumente, um die Abwehr als gemeinsame Sache auszugeben. Ein defensiver Kampf gegen das Streben nach Vorherrschaft bzw. im zeitgenössischen Sprachgebrauch nach einer Universalmonarchie schloß indes offensive Kriegsziele nicht aus, die einerseits auf die Durchsetzung eben dieses Mächtegleichgewichts gerichtet sein konnten, andererseits aber – insbesondere bei günstigem Verlauf der Auseinandersetzungen – mit sich ausweitenden territorialen, dynastischen oder wirtschaftlichen Forderungen verknüpft sein konnten, die ihrerseits gewichtige Machtverschiebungen bedeuteten und demnach die ideelle und politische Basis untergruben, auf die das Bündnis gegründet war. Das Konzept von der Balance der Kräfte konnte sich dann gegen den einen oder anderen seiner Protagonisten wenden, indem es zur Begründung eines Kompromißfriedens diente oder zur Verteidigung eines vertragswidrigen, jedoch vorteilhaften Separatfriedens herangezogen wurde, um das angebliche oder tatsächliche Übergewicht einer Macht zu verhindern, die noch unmittelbar zuvor Allianzpartner gewesen war. Trotz immer wiederkehrender Bündnisbestimmungen, die Separatabmachungen mit dem Gegner ausschlossen, waren solche Vereinbarungen jedoch eher die Regel als die Ausnahme. Durchweg kam es nämlich zur Krise im Bündnis oder gar zum einseitigen Bruch der Abmachungen, falls wiederholt Rückschläge in den militärischen Auseinandersetzungen einzustecken waren, weil die gemeinsamen Grundlagen größeren Belastungen in den meist nach Verfassung, Macht und Interessen heterogenen Koalitionen nur selten standhielten. Die vage politische Formel vom Kampf gegen eine drohende Universalmonarchie bzw. für ein Kräftegleichgewicht, die den Beitritt vieler Mächte mit recht unterschiedlichen Vorstellungen ermöglicht hatte, eignete sich insbesondere dann nicht zur Klammer für eine Allianz, wenn die Vertragspartner ihre Ansprüche oder Interessen übergangen wähnten oder diese gar verletzt zu sein schienen[95]. Die verschiedensten Gründe und Vorwände mußten sodann herhalten, um die Lösung aus der Koalition zu rechtfertigen; in erster Linie berief man sich hierbei auf ein generell bündniswidriges Verhalten oder auf ein ungenügendes militäri-

---

[94] *Bosbach* (Anm. 93), 116f., 120f.; *Heinz Duchhardt,* Westfälischer Friede und internationales System im Ancien Régime, in: HZ 249 (1989), 536ff.; *ders.,* Die Glorious Revolution und das internationale System, in: Francia. Forschungen zur westeuropäischen Geschichte 16/II: Frühe Neuzeit – Revolution – Empire 1500 - 1815 (1989), 34f.

[95] s. auch *Jehuda L. Wallach,* Suggestions for a Typology of Coalition Warfare, in: Forces armées et systèmes des alliances (Anm. 20), vol. I, 19.

sches Engagement der Vertragspartner. Diese Vorwürfe waren insofern meist nicht von der Hand zu weisen, als es bei der gemeinsamen Willensbildung und konkreten Zusammenarbeit immer wieder objektive Schwierigkeiten gab; auch die subjektiven Vorbehalte der Herrscher, Staatsmänner und Heerführer untereinander dürfen nicht unterschätzt werden. Daraus wiederum konnte eine geschickte gegnerische Diplomatie vielfachen Nutzen ziehen, wie die Unterhändler Ludwigs XIV. in den Jahren 1697 und 1711 bis 1714 eindrucksvoll demonstrierten.

Die sich im Jahr 1689 formierende Große Allianz, die aus einem Defensiv- und Offensivbündnis zwischen der Casa d'Austria und der Republik der Niederlande hervorging und von vornherein den Beitritt weiterer Staaten, insbesondere Englands und Spaniens anstrebte und erreichte, erweiterte sich bekanntlich in den folgenden Jahren u. a. um Savoyen, Brandenburg-Preußen, Bayern, Braunschweig-Lüneburg, Sachsen und schließlich noch die Assoziation der Reichskreise Franken und Schwaben. Dieses machtmäßig heterogene Bündnis hatte sich zum Ziel gesetzt[96], nicht nur den Angriff Frankreichs abzuwehren, sondern auch die Rückkehr zum territorialen und rechtlichen Besitzstand bei Abschluß des Westfälischen Friedens und des Pyrenäenfriedens durchzusetzen. Demnach sollte die Krone Frankreich vordergründig unter Berufung auf eine Friedensordnung bekämpft werden, die sich längst als unhaltbar erwiesen hatte und zunehmend den Charakter einer formelhaft gebrauchten Wendung annahm, je mehr das Gleichgewichtsprinzip zur „Basis des staatlichen Nebeneinanders" wurde und dann „in die Funktion eines wirklichen Ordnungsfaktors hineinwuchs"[97]. Daher war auf eine Restitution der territorialen Verluste, die seit 1648 bzw. 1659 vor allem das Reich und Spanien erlitten hatten und deren Wiedergewinn manchem tatsächlich als aussichtsreiches Ziel erscheinen mochte, kaum zu hoffen, weil eine solche Rückgabe ohne größere Machtverschiebungen zu Lasten Frankreichs nicht zu erwarten und somit an eine Voraussetzung gebunden war, die ihrerseits das Gleichgewichtsprinzip in Frage stellte, wenn nicht gefährdete.

Von derartigen Bedenken oder Vorbehalten gegenüber den weit gesteckten Zielen war in den Bündnisvereinbarungen natürlich nicht die Rede. Statt dessen sagten die Alliierten einander den Einsatz aller ihrer Streitkräfte zu Land und zu Wasser zu, schlossen Friedensverhandlungen ohne wechselseitige Zustimmung und Berücksichtigung ihrer Ansprüche aus und erklärten generell, die Interessen des Partners nach Kräften fördern zu wollen. Über diese allgemeinen Zusicherungen hinausgehende konkrete Ver-

---

[96] s. Österreichische Staatsverträge. Niederlande I, bearbeitet von Heinrich Ritter von Srbik (Veröffentlichungen der Kommission für neuere Geschichte Österreichs, 10), Wien 1912, 271 ff.

[97] *Duchhardt,* Westfälischer Friede (Anm. 94), 536.

pflichtungen enthielt der Allianzvertrag nicht. Also gründete sich das Bündnis auf den Konsens über die Abwehr der aggressiven französischen Politik, deren Gefahren im übrigen als so groß eingeschätzt wurden, daß ein Defensivbündnis auch nach Friedensschluß als weiterhin unerläßlich galt und sogleich zwischen dem Kaiser und den Niederlanden abgeschlossen wurde. Substantielle Absprachen über die Art und Weise der Kooperation – von Zusagen über eine enge Kommunikation zur zweckmäßigen Kriegführung und Unterrichtung über das Vorgehen abgesehen – fehlen in dem Vertrag; gemeinsame Gremien zur Koordination der Operationen waren nicht vorgesehen. Dieser Verzicht erleichterte zweifellos den Zusammenschluß, er konnte andererseits aber zum strukturellen Defizit werden, sobald sich das politische Einvernehmen lockern oder die Einschätzung der vom Gegner ausgehenden Bedrohung ändern sollte. Hingegen war von vornherein festgelegt, daß Streitigkeiten zwischen den Vertragschließenden über Besitz, Rechte und Ansprüche grundsätzlich auf friedlichem Weg durch Kommissionen oder Beauftragte beizulegen seien, womit ein Weg gewiesen war, der selbstverständlich auch zur besseren Zusammenarbeit genutzt werden konnte.

Tatsächlich wurde auf Drängen König Wilhelms III., der auf Grund der sich bald abzeichnenden Schwierigkeiten ein Gremium zur Koordination der Politik und Kriegführung für dringend erforderlich hielt, ein Gesandtenkongreß im Haag einberufen, der Mitte März 1690 zusammentrat und bis zum Kriegsende tätig war[98]. An diesen Zusammenkünften nahmen die Vertreter der mindermächtigen Alliierten ebenfalls teil, deren Mitsprache die Großmächte zwar mit Skepsis betrachteten, die sie jedoch in der Hoffnung auf einen um so tatkräftigeren Einsatz im Kampf gegen Frankreich[99] sowie zur Wahrung des Bündniszusammenhalts akzeptierten. Größere Bedeutung blieb diesen Beratungen allerdings versagt, weil es die Vormächte an der nötigen Verständigungsbereitschaft fehlen ließen und über die Schwerpunkte der Kriegführung Uneinigkeit bestand. So verlangten etwa die Seemächte von der Casa d'Austria eine Befriedung Ungarns und suchten darüber hinaus ein Ende des Türkenkriegs zu vermitteln, um weitere Streitkräfte zum Kampf gegen Frankreich verfügbar zu machen, während die Wiener Hofburg ihrerseits den Verbündeten vorwarf, die nötige Tatkraft im Feld vermissen zu lassen und dafür die Rückschläge bei Fleurus, Steenkerken[99a] und Nerwinden zum Beweis nahm. Doch nicht nur solche Divergenzen belasteten die Haager Zusammenkünfte, sondern auch über die Zuständigkeiten und Aufgaben bestand Unklarheit; außerdem waren die Gesand-

---

[98] s. dazu *Stephen B. Baxter,* William III, London 1966, 288; *Lossky* (Anm. 83), 171f.; *Clark* (Anm. 12), 237f.

[99] s. Österreichische Staatsverträge. Niederlande I (Anm. 96), 289ff.

[99a] Nach *Baxter* (Anm. 98), 304f., endete die Schlacht bei Steenkerken dagegen mit einem bedingten Erfolg Wilhelms III.

ten, denen militärisch weitgehend die Fachkompetenz und erst recht die Autorität fehlte, von ihren Höfen bzw. Regierungen weisungsabhängig und mancher ohne größeren Einfluß auf die Beratungen in der heimischen Zentrale. Sieht man von gelegentlichen Vereinbarungen über die Verteilung von Winterquartieren und von einer Regelung[100] zum Schutz der mittel- und niederrheinischen Gebiete im Jahr 1693 durch die Truppen der reichsständischen Verbündeten einmal ab, so führten die Konferenzen im Haag über einen unverbindlichen Informationsaustausch offenbar nicht hinaus. Sie erfuhren auch keine Aufwertung durch die Friedenssondierungen, die seit 1693 nicht mehr abrissen und den Haager Kongreß wiederholt beschäftigten[101], da diesen Vorschlägen und Anregungen lediglich eine ablenkende, wenn nicht gar eine täuschende Funktion zufiel, wurden die tatsächlich wichtigen Gespräche doch insgeheim an anderen Orten und ohne Wissen der Mitalliierten geführt. Von der Bedeutungslosigkeit der Haager Beratungen kündet darüber hinaus, daß sich in Wien schließlich unter Federführung habsburgischer Minister und Beteiligung von Gesandten der Verbündeten ein zweites, informelles Beratungsgremium bildete, das die Operationen auf den verschiedenen Kriegsschauplätzen zu koordinieren und das gemeinsame politische Handeln sicherzustellen suchte. In dieser Konkurrenz spiegelt sich sowohl das Ringen um Einfluß zwischen dem Kaiser und den Seemächten als auch das wachsende Gewicht der südlichen Kriegsschauplätze. Zugleich demonstriert dieses Bemühen um informelle Absprachen, daß eine Koordination des Vorgehens geboten war, wenn sich die Allianz gegen Frankreich behaupten wollte, mehr noch, daß solche Zusammenkünfte für den Bestand des Bündnisses um so wichtiger wurden, je geringer das politische Einvernehmen war. Diese Einsicht führte allerdings nicht zur Aufwertung der Konferenzen im Haag oder in Wien, geschweige denn zur Einrichtung gemeinsamer politischer oder militärischer Gremien mit nennenswerten Kompetenzen, sondern lediglich zur formellen Erneuerung der Allianz im Sommer 1695[102]. Damit sollte gegenüber Frankreich Einigkeit bewiesen und zudem wechselseitig die ungebrochene Bündnistreue unterstrichen werden, um das übergroße Mißtrauen zu dämpfen, das durch die Geheimverhandlungen des Kaisers und der Seemächte mit französischen Emissären lähmend wirkte und tatsächlich um den Bestand des Bündnisses hatte fürchten lassen. Nennenswerte Impulse gingen von dieser Erneuerung für die Allianz jedoch nicht aus, denn die politische Uneinigkeit blieb bestehen, die Zusammenarbeit wurde nicht intensiviert und die heimlichen Friedenssondierungen wurden alsbald wieder aufgenommen.

Den Alliierten fehlte im Pfälzer Erbfolgekrieg sowohl eine strategische Gesamtkonzeption für die Auseinandersetzungen mit Frankreich als auch Jahr

[100] Österreichische Staatsverträge. Niederlande I (Anm. 96), 293 ff.
[101] Österreichische Staatsverträge. Niederlande I (Anm. 96), 306 ff.
[102] Österreichische Staatsverträge. Niederlande I (Anm. 96), 322 ff.

um Jahr eine verbindliche Operationsplanung, um das Vorgehen gegen den Gegner zu Land und zu Wasser zu koordinieren. Da die Allianz die Kämpfe aufnahm, ohne irgendwelche Absprachen über die Kriegführung getroffen zu haben, und diesen Mangel in den folgenden Jahren nicht auszuräumen vermochte, ließen die Feldzüge auf den verschiedenen Kriegsschauplätzen einen übergeordneten Zusammenhang vermissen. Somit war eine zweckmäßige Kombination von Offensive und Defensive, die etwa den konzentrierten Einsatz von Truppen in einem Operationsschwerpunkt unter vorübergehender Schwächung der Kräfte auf einem anderen Kriegsschauplatz erlaubte, von vornherein erschwert, wenn nicht gar durch die wachsende Uneinigkeit ausgeschlossen. Zu diesen Schwierigkeiten trugen zweifellos die Auseinandersetzungen auf zum Teil weit entlegenen und isolierten Kriegsschauplätzen bei; zu Land wurde nämlich im südlichen Vorfeld der Niederlande, im Mittel- und Oberrheingebiet, in Oberitalien, Katalonien und zeitweise in Irland sowie zur See vor allem im Kanal und im westlichen Mittelmeer gekämpft. Zwar blieben Erfolge oder Mißerfolge hüben oder drüben nicht ohne Auswirkungen auf die anderen Kriegsschauplätze und führten gefährliche Rückschläge selbstverständlich zu Umdispositionen, doch handelte es sich hierbei um erzwungene Reaktionen, die außerdem unter den Alliierten oft umstritten waren, nicht aber um einen Ansatz von Streitkräften in einem strategischen Konzept. Von diesem Defizit an Planung und Koordination künden beispielsweise die Kontroversen zwischen dem Kaiser und den Seemächten aus dem Jahr 1693[103], als die Wiener Hofburg drängte, die schwierige Lage in Oberitalien zu stabilisieren, sodann auf diesem Kriegsschauplatz die Initiative zu ergreifen und nach Frankreich einzufallen, um dem Krieg von Piemont aus eine Wende zu geben, während die Republik der Niederlande und England weiterhin dem Kampf im eigenen Vorfeld den Vorrang zubilligten und hier – nicht zuletzt mit Rücksicht auf die innenpolitische Lage – eine Entscheidung suchten. Die Seemächte waren deshalb weder zur prinzipiellen Beschränkung auf die Defensive in Brabant und Flandern noch zur tatkräftigen, vor allem finanziellen Hilfeleistung zum Kampf auf dem südlichen Kriegsschauplatz zu bewegen und ließen sich auch nicht durch den Hinweis beeindrucken, daß die starken französischen Festungen im Nordwesten einen raschen Erfolg ausschlössen, hingegen die wenigen Fortifikationen im savoyisch-piemontesischen Grenzraum unschwer zu überwinden seien und deshalb einen Durchbruch ermöglichten. Auf der anderen Seite lehnte es Leopold I. wiederholt ab, den Krieg gegen das Osmanische Reich zu beenden, solange die habsburgischen Positionen in Ungarn nicht gesichert waren, und verschloß sich demnach dem

[103] s. Österreichische Staatsverträge, Niederlande I (Anm. 96), 306f., mit der Einleitung H. v. Srbiks, und Weensche gezantschapsberichten van 1670 tot 1720, I, bearbeitet von G. von Antal/J. C. H. de Pater (Rijks geschiedkundige publicatien, 67), s'Gravenhage 1929, Nr. 255, 256. Vgl. auch *Braubach*, Prinz Eugen (Anm. 77), I, 195.

Verlangen seiner Verbündeten nach Konzentration der Kräfte auf den Kampf gegen den Bourbonenstaat[104]. Im Gegenteil, der Kaiser war zeitweise sogar gezwungen, sein militärisches Engagement im Krieg gegen Frankreich merklich zu reduzieren, um Mißerfolge im Osten wettzumachen; damit lieferte er den Alliierten plausible Argumente, ihrerseits einen größeren Einsatz abzulehnen.

War die militärische Zusammenarbeit zwischen der Casa d'Austria, England und der Republik der Niederlande unzulänglich, so galt das auch für den Kaiser und die meisten Reichsstände. Denn zum einen verhalf den mächtigeren Territorialherren der Beitritt zur Großen Allianz zu einem erweiterten Freiraum, den die armierten Reichsstände durch Subsidienverträge zusätzlich auszudehnen verstanden, und zum anderen zielten selbst die kleineren und kleinen Reichsstände, die bisher in erster Linie die Stütze und die Klientel des Reichsoberhaupts gebildet hatten, auf mehr Unabhängigkeit von der Wiener Politik, indem sie sich zu einer Kreisassoziation zusammenschlossen und Streitkräfte von ansehnlicher numerischer Stärke formierten[105]. Die Übernahme des Kommandos über die Truppen der vom Schwäbischen und Fränkischen Reichskreis initiierten und im wesentlichen getragenen Assoziation durch den kaiserlichen Generalleutnant Ludwig Wilhelm von Baden[106] zog der Eigenständigkeit zwar Grenzen, wertete andererseits aber diese Streitkräfte auf und beschränkte zugleich die Verfügungsgewalt des Reichsoberhauptes über dieses militärische Potential, über das der Wiener Hof zuvor meist nach Gutdünken disponiert hatte.

Neben den Schwierigkeiten, die sich vor allem aus den Spannungen zwischen dem Kaiser und den Seemächten ergaben, litt die Kriegführung der Alliierten unter dem Fehlen überragender Feldherren. Unter den kaiserlichen Heerführern traten weder Karl von Lothringen († 1690) noch Max Emanuel von Bayern, weder Ludwig Wilhelm von Baden noch Eugen von Savoyen oder andere mit Impulsen hervor, die eine übergreifende, die Kräfte auf den verschiedenen Kriegsschauplätzen ins Kalkül einbeziehende realitätsnahe Strategie erkennen lassen. Auch König Wilhelm III., der an der Spitze der englischen und der niederländischen Streitkräfte stand[107], als *roi-connétable* eine stattliche Streitmacht befehligte und in einer vergleichsweise günstigen Position war, blieb als Heerführer den Kategorien der herkömmlichen Operationsführung verhaftet[108]. Er vermochte zudem den Einsatz der Land- und Seestreitkräfte nicht zielgerichtet zu koordinieren und mußte auf dem niederländischen Kriegsschauplatz, auf dem nach

---

[104] *Baxter* (Anm. 98), 297; *Clark* (Anm. 12), 233 f.

[105] *Wunder,* Kreisassoziationen (Anm. 88), 225 ff.; s. zudem *Storm* (Anm. 33), 92 ff.

[106] *Schulte* (Anm. 88), 85 ff.

[107] *Clark* (Anm. 12), 234, 236.

[108] Vgl. etwa *Baxter* (Anm. 98), 290, 295, 311 ff.

seiner Ansicht die Kriegsentscheidung fallen würde, mehrere Niederlagen einstecken. Derartige Rückschläge sowie die zeit- und kräfteraubenden Festungskämpfe, die in Brabant und Flandern die Feldzüge prägten, ließen auf habsburgischer Seite die Kritik nicht verstummen und den Kaiserhof wiederholt mit alternativen Vorschlägen für die Kriegführung hervortreten, die sich vor allem dadurch auszeichneten, daß sie die habsburgischen Interessen stärker berücksichtigten, die Lasten jedoch in erster Linie den Verbündeten zuwiesen. Zu einer Strategie, die dem Leistungsvermögen der Alliierten und den politischen Vorstellungen vom Gleichgewicht der Kräfte angemessen war, fand die Koalition nicht.

Das Ringen um das spanische Erbe ließ im Jahr 1701 die Allianz zwischen dem Kaiser und den Seemächten wieder aufleben. Der Habsburger sah sich nämlich durch die Politik der Bourbonen in seinen Erbrechten grob verletzt, während England und die Republik der Niederlande fürchteten, daß der Übergang aller spanischen Besitzungen auf einen Enkel Ludwigs XIV. „ad opprimendam Europae libertatem" führen und überdies ihren Handel empfindlich schmälern werde[109]. Neuerlich fanden sich somit die drei Großmächte und in ihrem Gefolge eine Reihe kleinerer Staaten zusammen, um der hegemonialen Politik Frankreichs entgegenzutreten und – wie es ausdrücklich in der britischen Kriegserklärung hieß – „la balance de l'Europe"[110] zu verteidigen. Der Allianzvertrag vom Spätsommer 1701[111] knüpfte in den generellen Bestimmungen an die Abmachungen des Jahres 1689 an; er legte außerdem die Ansprüche der österreichischen Habsburger auf die italienischen Besitzungen Spaniens fest, sprach der Republik der Niederlande zu ihrer Sicherheit eine Barriere in den Spanischen Niederlanden zu[112], räumte den Seemächten umfassende Handelsvorteile insbesondere in den spanischen Kolonien ein und erklärte generell eine Regierung Frankreichs und Spaniens in Personalunion für unannehmbar. Dagegen fehlten genauere Regelungen über die politische und militärische Zusammenarbeit. Zwar wurde ein vertraulicher Meinungsaustausch über alle beabsichtigten und laufenden Kriegsoperationen sowie in sonstigen gemeinsamen Angelegenheiten verlangt und zudem ein militärisches Engagement und wechselseitiger Beistand mit allen Kräften vorgeschrieben, doch wurde dieses Verlangen nicht präzisiert, geschweige denn die numerische Stärke der aufzubringenden Streitkräfte verbindlich festgelegt[113]. Bestimmungen über die

---

109 Österreichische Staatsverträge. England I, bearbeitet von Alfred Francis Pribram (Veröffentlichungen der Kommission für neuere Geschichte Österreichs, 3), Innsbruck 1907, 227.

110 s. *Duchhardt,* Westfälischer Friede (Anm. 94), 540.

111 Österreichische Staatsverträge. England I (Anm. 109), 226ff.

112 Zur Geschichte der Barriere im Spanischen Erbfolgekrieg s. *Werner Hahlweg,* Barriere – Gleichgewicht – Sicherheit. Eine Studie über die Gleichgewichtspolitik des Staatensystems in Europa 1648 - 1715, in: HZ 187 (1959), 72ff.

Art und Weise der gegenseitigen Informationen und erst recht über die Koordination der Operationspläne fehlten ebenfalls, obwohl mit Kämpfen auf verschiedenen und entlegenen Kriegsschauplätzen zu rechnen war. Gemeinsame Gremien, die solche Vereinbarungen hätten vorbereiten und demnach die gebotene Kooperation erleichtern können, waren nicht vorgesehen und wurden auch später nicht errichtet, so daß wie im vorausgegangenen Krieg der Zusammenhalt im Bündnis primär auf den politischen Konsens gegründet war.

Trotzdem bereitete die Kooperation zwischen den Vormächten im Spanischen Erbfolgekrieg über viele Jahre geringere Schwierigkeiten als zuvor, weil die prinzipielle Bereitschaft zur Zusammenarbeit außer Frage stand und die Erfahrungen aus dem Pfälzer Erbfolgekrieg anscheinend nicht vergessen waren. Denn zum einen konzentrierte die Casa d'Austria ihre Anstrengungen nun auf die Auseinandersetzungen mit Frankreich, so daß ein früherer Vorwurf weggefallen war; außerdem unterstützten die Seemächte – wenn auch unter massiver Wahrung ihrer kommerziellen Interessen – den Anspruch des Erzhauses auf die spanischen Kernlande und festigten somit den Pakt. Zum zweiten war die unmittelbar in ihrer Sicherheit gefährdete Republik der Niederlande jetzt mehr als im Pfälzischen Erbfolgekrieg zur engen militärischen Zusammenarbeit gezwungen, da mit den Spanischen Niederlanden das südliche Vorfeld in französische Hände gefallen war und obendrein das von einem Wittelsbacher regierte Kurfürstentum Köln samt dem Fürstbistum Lüttich im Lager Ludwigs XIV. stand. Und zum dritten ließ England an seiner Bereitschaft zur energischen Kriegführung keinen Zweifel aufkommen, nachdem der französische König mit Jakob III. nochmals einen Stuart als englischen König anerkannt und somit Wilhelm III. trotz gegenteiliger Zusagen im Frieden von Rijswijk desavouiert hatte. Die Entscheidung zum Krieg war im übrigen durch siegreiche Aktionen Prinz Eugens in Oberitalien erleichtert worden; sie wurde auch durch den Tod König Wilhelms Mitte März 1702 nicht zur Debatte gestellt, weil seine Nachfolgerin auf dem englischen Thron in Übereinstimmung mit der Parlamentsmehrheit den aus politischen und wirtschaftlichen Gründen eingeschlagenen Kurs beibehielt. Davon kündet, daß Marlborough unverzüglich zum Befehlshaber über die britischen Streitkräfte auf dem Festland und zum Botschafter im Haag ernannt wurde und somit jener hochbegabte Heerführer und Diplomat in eine entscheidende Stellung rückte, den man als „the most convinced advocate of William's III policy"[114]

[113] England und die Republik der Niederlande legten zwar einige Monate später proportional die Stärke ihrer Streitkräfte fest, doch handelte es sich hierbei anscheinend nur um Absichtserklärungen. Zudem dürfte die Casa d'Austria den Erwartungen der Seemächte, die mit dem Einsatz von 90 000 Mann habsburgischer Truppen auf den westlichen Kriegsschauplätzen rechneten, zu keiner Zeit entsprochen zu haben. *Chandler,* Marlborough (Anm. 15), 56.

[114] *Veenendaal* (Anm. 83), 414.

bezeichnet hat. Einige Wochen später übertrug die Republik der Niederlande dem Engländer auch das Kommando über ihr wesentlich stärkeres Heer, solange es mit dem britischen Korps gemeinsam operierte[115], und erkannte dadurch dessen überragende Fähigkeiten an. Marlborough trat demnach militärisch die Nachfolge Wilhelms an, doch war seine Stellung insofern schwächer als die des verstorbenen Königs und Statthalters, als er beim Einsatz des niederländischen Heeres generell an die Zustimmung der Felddeputierten der Republik gebunden war und darum bloß bedingt über die gesamte Streitmacht verfügen konnte.

Fiel auf Seiten der Seemächte Marlborough die militärische Führung zu, so trat sein politischer Einfluß dahinter kaum zurück. Zudem stand ihm mit dem Ratspensionär Heinsius[116] ein niederländischer Staatsmann zur Seite, der schon im Pfälzischen Krieg die antifranzösische Koalition mitgestaltet hatte und für den unzweifelhaft war, daß nach Ludwigs XIV. Griff nach dem spanischen Erbe diese Politik fortgesetzt werden müsse. Schließlich gesellte sich mit Eugen von Savoyen, der sich 1697/98 als Türkensieger einen Namen gemacht hatte, dem Briten und Niederländer ein Dritter hinzu, der als kaiserlicher Heerführer den Verlauf des Krieges mitbestimmte. Zu Beginn des Ringens um das spanische Erbe war dieser Generalfeldmarschall allerdings noch nicht die dominierende Persönlichkeit auf habsburgischer Seite, sondern in diese Position stieg er erst in den folgenden Jahren auf. Etappen auf diesem Weg waren 1703 die Ernennung zum Hofkriegsratspräsidenten und Konferenzminister, womit ihm die Leitung der Militärverwaltung übertragen und Mitsprache in außenpolitischen Angelegenheiten eingeräumt wurde, dann 1707 die Bestallung zum Reichsgeneralfeldmarschall sowie 1708 die Beförderung zum Generalleutnant, zum höchsten militärischen Rang im kaiserlichen Dienst. Sein Ansehen und seine Autorität verdankte Prinz Eugen jedoch vor allem seinen Siegen bei Zenta, Höchstädt, Turin und Oudenaarde, da sie von kriegsentscheidender Bedeutung waren oder zumindest Wendepunkte im Kriegsverlauf markierten. Den Triumph bei Höchstädt 1704 und die Erfolge in Flandern zwischen 1708 und 1710 hatte der Savoyer in enger Zusammenarbeit mit Marlborough errungen; demnach führten die beiden Feldherren wiederholt Koalitionsheere zum Sieg, ohne daß Neid und Mißgunst oder die ohnehin marginalen Unterschiede in der Organisation, Ausrüstung und Ausbildung der Streitkräfte die Operationen nennenswert behinderten.

---

115 *Wijn* (Anm. 55), 110ff.; die Bedingungen, unter denen Marlborough als „Capitaine General" („kapitein-generaal") den Oberbefehl zu führen hatte, sind 696ff. (Beilage 9) publiziert. s. auch *Chandler,* Marlborough (Anm. 15), 94, 98f., der die Kommandobefugnisse Marlboroughs über die niederländischen Truppen allerdings recht skeptisch bewertet.

116 s. *Horst Lademacher,* Wilhelm III. von Oranien und Anthonie Heinsius, in: RhVjBl. 34 (1970), 264ff.

Die fruchtbare Kooperation zwischen Prinz Eugen und dem Duke of Marlborough gründete sich auf menschliches Verständnis und Wohlwollen, mit dem sich die beiden Heerführer von Beginn an begegneten; vielleicht handelte es sich sogar um eine Freundschaft, wie in vielen Darstellungen betont wird[117]. Die Zusammenarbeit fußte darüber hinaus auf der gemeinsamen Einschätzung, daß die Hegemonialansprüche Frankreichs mit Entschiedenheit zurückgewiesen werden müßten; sie basierte aber insbesondere auf gleichen strategischen, operativen und taktischen Anschauungen, die es beiden offenbar leichtmachten, ihre Feldzugspläne zu koordinieren, ihre Aktionen bei getrenntem Einsatz zweckmäßig abzustimmen und bei Schlachten oder Belagerungen mit wechselndem Part führende oder unterstützende Aufgaben zu übernehmen. Längere Aussprachen waren dafür nicht unbedingt erforderlich. Die Kommunikation beschränkte sich deshalb oft auf einen schriftlichen Meinungsaustausch, um die Chancen und Risiken größerer Unternehmen abzuwägen, die Durchführung vorzubereiten und für die Bereitstellung der benötigten Truppen zu sorgen, wobei durch die Korrespondenz aber meist nur die grundlegenden Fragen geklärt werden konnten. Denn zum einen erwiesen sich die Planungen als zu komplex, zum anderen war vor allem bei Koalitionsheeren mit vielen Kriegsherren und Befehlshabern die Geheimhaltung kaum zu gewährleisten[118], weshalb die Informationen im allgemeinen knapp gehalten wurden, und zum dritten konnte ein Abfangen von Kurieren niemals ausgeschlossen werden; folglich war bei schriftlichen Äußerungen zur Feldzugsplanung stets Vorsicht geboten. In erster Linie hatten deswegen im Vorfeld gemeinsamer Aktionen vertraute Untergebene mit mündlichen Aufträgen und Erläuterungen für die Absprache über das Vorgehen und die Klärung wichtiger Einzelheiten zu sorgen. Auch Diplomaten wurden unter Umständen in die Überlegungen eingeschaltet, falls sie durch Verläßlichkeit und Sachkenntnis hinlänglich qualifiziert waren. So hat sich beispielsweise um die Kooperation zwischen Prinz Eugen und Marlborough im Frühjahr und Sommer 1704 Graf Wratislaw, der kaiserliche Botschafter in London, sehr verdient gemacht[119]; er hat

---

117 *Braubach,* Prinz Eugen (Anm. 77), II, 45, 59, *Chandler,* Marlborough (Anm. 15), 140, 303. s. auch *Gustav Otruba,* Prinz Eugen und Marlborough. Weltgeschichte im Spiegel eines Briefwechsels (Österreich-Reihe 137/138), Wien 1961, 28ff.; dort finden sich weitere einschlägige Hinweise.

118 s. dazu *Eberhard Ritter,* Politik und Kriegführung. Ihre Beherrschung durch Prinz Eugen 1704 (Schriften der Kriegsgeschichtlichen Abteilung im Historischen Seminar der Friedrich-Wilhelms-Universität Berlin, 10), Berlin 1934, 51, 66, 73; knappe Hinweise auf die problematische Geheimhaltung finden sich auch bei *Chandler,* Marlborough (Anm. 15), 126, bei *Otruba,* Prinz Eugen (Anm. 117), 58, und bei *Wijn* (Anm. 55), 416, 418.

119 *Braubach,* Prinz Eugen (Anm. 77), II, 44, 49f., 52ff., 67, 69, 71, *Chandler,* Marlborough (Anm. 15), 124, 126, und *Ritter* (Anm. 118), 47ff., 62f., 72ff., 108ff., 129ff., 141f. Siehe auch *Elke Jarnut-Derbolav,* Die Österreichische Gesandtschaft in London (1701 - 1711). Ein Beitrag zur Geschichte der Haager Allianz (Bonner Historische Forschungen, 37), Bonn 1972, 157ff., sowie generell *Klaus Müller,* Das kaiserliche

nämlich die wichtigen Vorgespräche im Winter 1703/04 am britischen Hof geführt, zudem zur Überwindung des hartnäckigen Widerstands im Haag gegen den Vorstoß eines englisch-niederländischen Heeres nach Süddeutschland beigetragen und obendrein die Streitmacht Marlboroughs ins Feld begleitet, um Bedenken und Hindernisse bei dieser für die Sicherheit der habsburgischen Erblande so wichtigen Kampagne ausräumen zu helfen. Schließlich dienten dann vor einer Schlacht oder Belagerung persönliche Begegnungen der Feldherren dem Zweck, die Lage zu analysieren, das konkrete Zusammenwirken der Heere zu regeln und die taktischen Aufgaben für den Kampf zu verteilen, wie die Treffen des Savoyers mit dem Herzog von Marlborough belegen[120]. Diese Beratungen stellten im übrigen nicht nur die gute Zusammenarbeit sicher, was fallweise Bestimmungen über den Oberbefehl einschloß und für die Zeit der gemeinsamen Operationen meist auf einen täglichen Wechsel hinauslief, sondern festigten auch das wechselseitige Vertrauen und erleichterten die weitere Feldzugsplanung. Allerdings waren solche Aussprachen unter den Heerführern nicht selbstverständlich, weil sachliche Differenzen über die Operationsführung oder die vorrangigen Ziele sowie Rang- und Etikettestreitigkeiten oft im Wege standen. Davon künden beispielsweise die vielfältigen Spannungen zwischen Kurfürst Max Emanuel von Bayern und Marschall Villars über die Kriegführung im Jahr 1703 in Oberdeutschland[121] und das Verhalten Markgraf Ludwig Wilhelms von Baden gegenüber Marlborough und dessen Drängen auf eine Schlachtentscheidung beim Donaufeldzug von 1704[122].

Das vortreffliche Einvernehmen zwischen Prinz Eugen und dem Herzog von Marlborough war nicht auf den operativen und taktischen Sektor beschränkt; es bewährte sich auch bei anderen politischen und militärischen Komplikationen, mit denen die heterogene Allianz zu ringen hatte. So setzte sich Marlborough beispielsweise im Spätherbst 1704 nachdrücklich bei König Friedrich I. ein[123], damit ein strittiger Subsidienvertrag zugunsten der Casa d'Austria verlängert und dem Savoyer die erhoffte brandenburgisch-preußische Truppenhilfe zuteil wurde, die jener dringend für den Feldzug in Oberitalien benötigte. Mehr noch, dem Einsatz und Einfluß des *commander-in-chief* war es zu verdanken, daß dem Erzhaus Österreich im Frühjahr 1706 eine stattliche britische Anleihe gewährt wurde[124], die größ-

---

Gesandtschaftswesen im Jahrhundert nach dem Westfälischen Frieden (1648 - 1740) (Bonner Historische Forschungen, 42), Bonn 1976, 290 ff.

120 s. etwa *Otruba,* Prinz Eugen (Anm. 117), 37 ff., 61, 63 ff., 74, 77.

121 s. *Bernhard R. Kroener,* La planification des opérations militaires et le commandement supérieur. La crise de l'alliance franco-bavaroise à la veille de la bataille de Höchstädt, in: Forces armées et systèmes d'alliances (Anm. 20), vol. I, 169 ff., 176, 180 ff.

122 *Braubach,* Prinz Eugen (Anm. 77), II, 55 ff., 67 ff., und *Ritter* (Anm. 118), 101 f., 107 f., 122, 129 f., 141 f., 144 f., 153 ff.

123 *Berney* (Anm. 14), 113 ff.

tenteils von hochgestellten Persönlichkeiten gezeichnet worden war. Andererseits versäumte es Prinz Eugen nicht, bei den politisch Verantwortlichen in den Niederlanden und in England die Position des britischen Befehlshabers zu stützen, wenn dieser wegen seines Engagements für die Koalitionsziele auf Kritik stieß und statt dessen verlangt wurde, die einzelstaatlichen Interessen oder gar die innenpolitischen Konstellationen stärker zu berücksichtigen[125]. Der Prinz stand ihm auch weiterhin zur Seite, als der Herzog in Ungnade gefallen, seiner Posten enthoben und von einer Anklage bedroht war[126]. Damit waren Meinungsunterschiede über die Chancen und Erfolgsaussichten kühner Operationen nicht ausgeschlossen, wie sich bei dem Angriff Prinz Eugens auf Toulon 1707[127] oder Marlboroughs Vorschlag zum Vorstoß gegen Paris 1708[128] zeigte, ohne daß darunter aber die wechselseitige Hochschätzung litt. Die Beziehungen wurden ebensowenig durch die stets problematischen Verhandlungen über Winterquartiere oder Hilfsgelder beeinträchtigt[129], die immer wieder zu Kompromissen zwangen und deshalb wechselseitig Abstriche verlangten.

Trotzdem blieben Prinz Eugen und Marlborough nicht von den vielfältigen Schwierigkeiten verschont, die in jener Epoche für die militärische Kooperation in Koalitionsheeren geradezu typisch sind. Für den kaiserlichen Heerführer erwies sich die Zusammenarbeit vor allem mit Savoyen und Brandenburg-Preußen als spannungsvoll, da beide Staaten ein nicht zu unterschätzendes Gewicht für das Bündnis besaßen und demnach mehr als die meisten anderen Alliierten ihre Belange vertreten konnten. So war in Oberitalien die Kriegführung durch latentes Mißtrauen zwischen dem Wiener und dem Turiner Hof gekennzeichnet. Denn sowohl die umfangreichen territorialen Forderungen Viktor Amadeus' zu Lasten des Kaisers als auch die Versuche des Herzogs, die durch ihre Truppenfinanzierung auch auf diesem Kriegsschauplatz einflußreichen Seemächte gegen die Casa d'Austria auszuspielen, nötigten zur Vorsicht[130]. Zudem erwuchsen aus der unklaren Regelung des Oberbefehls immer wieder Konflikte, weil Prinz Eugen zur engen Zusammenarbeit mit dem Vetter verpflichtet war, andererseits aber dessen Aufrichtigkeit und hinlängliches Engagement für die Koalition bezweifelte. Die Differenzen des Kaiserhofs mit Brandenburg-Preu-

124 *Otruba,* Prinz Eugen (Anm. 117), 50ff.; *ders.,* Bedeutung englischer Subsidien (Anm. 26), 200f.

125 *Otruba,* Prinz Eugen (Anm. 117), 45, 70f., 75.

126 *Braubach,* Prinz Eugen (Anm. 77), III, 83ff.; *Chandler,* Marlborough (Anm. 15), 303f.; *Otruba,* Prinz Eugen (Anm. 117), 83ff.

127 *Chandler,* Marlborough (Anm. 15), 196ff.; *Otruba,* Prinz Eugen (Anm. 117), 56ff.

128 *Braubach,* Prinz Eugen (Anm. 77), II, 239f.; *Chandler,* Marlborough (Anm. 15), 224f.; *Otruba,* Prinz Eugen (Anm. 117), 63f.

129 s. Österreichische Staatsverträge. Niederlande I (Anm. 96), 376ff.

130 s. *Braubach,* Prinz Eugen (Anm. 77), II, 172ff., 193, 196ff., und *Otruba,* Prinz Eugen (Anm. 117), 57.

ßen waren ähnlich gelagert[131]. Die Wiener Staatsmänner waren nämlich nicht bereit, König Friedrich I. die verlangte eigenständige Position einzuräumen und somit die nordostdeutsche Macht politisch aufzuwerten. Selbst das Angebot von Truppenhilfe, die weit über das vertraglich zugesagte Kontingent und die reichsrechtliche Verpflichtung hinausging, konnte die ablehnende Haltung nicht erschüttern, weil dieser Vorschlag an Bedingungen – u.a. den Anspruch auf ein selbständiges Kommando – geknüpft war. Erst recht vermochten die zahlreichen Reibungen, die sich daraufhin über die Verfügbarkeit, die Unterstellung, die Versorgung etc. der auf Grund des Krontraktats zu stellenden Regimenter ergaben, die Wiener Hofburg nicht zu beeindrucken, auch wenn sie mehrfach die Operationen behinderten. Diese Abfuhr nötigte schließlich den König, große Teile seines überstarken Heeres in den Sold der Seemächte zu geben, und ließ Brandenburg-Preußen zur „Auxiliarmacht“[132] werden, deren Truppen dann zum Teil in Italien und in Spanien eingesetzt wurden; letztlich dienten sie somit doch habsburgischen Zielen. Vorbehalte beeinträchtigten auch die Zusammenarbeit zwischen Prinz Eugen und Kurfürst Georg Ludwig von Braunschweig-Lüneburg, der im Jahr 1707 den Oberbefehl über die Reichstruppen am Oberrhein übernommen hatte; damit setzten sich im Grunde jene Spannungen fort, die bekanntlich schon 1704 die Kooperation mit Markgraf Ludwig Wilhelm von Baden erschwert hatten. Der Welfe fürchtete in erster Linie, daß mit der Rückkehr des Savoyers ins Reich oder auf den Kriegsschauplatz in Flandern die Aussichten auf die erhoffte Verstärkung seines Heeres zunichte gemacht und ihm die Chancen für eine ruhmvolle Waffentat genommen würden. Darum zeigte er sich gegenüber allen Versuchen unzugänglich, die Feldzugsplanungen zu koordinieren[133], und unterstrich durch sein Verhalten, daß der Ehrgeiz hochgestellter Personen der gemeinsamen Sache mitunter eher zum Schaden als zum Vorteil gereichte.

Der Herzog von Marlborough hatte mit ähnlichen Problemen zu kämpfen; seine Position war aber insofern besser, als die meisten Kontingentsherren, die Truppen gegen Subsidien für den britischen Dienst bereitgestellt hatten, keine direkten politischen Forderungen erhoben, sondern hauptsächlich eine pünktliche Bezahlung verlangten und einen vertragsgemäßen und verantwortungsvollen Einsatz ihrer Regimenter erwarteten. Sicherlich erwuchsen daraus immer wieder Konflikte, doch waren diese zweitrangig, wenn man damit die mühevolle Zusammenarbeit mit der Republik der Niederlande vergleicht. Komplikationen ergaben sich für den britischen Oberbefehlshaber zum einen durch die vagen und eingeschränkten Kompeten-

---

131 s. *Berney* (Anm. 14), 24ff., 46ff., 60ff., 117ff., 158ff., 179ff., und *Braubach,* Prinz Eugen (Anm. 77), II, 337ff.

132 *Berney* (Anm. 14), 61, 64.

133 s. *Braubach,* Prinz Eugen (Anm. 77), II, 216ff., 221ff., und *Chandler,* Marlborough (Anm. 15), 207f.

zen[134], an die seine Kommandogewalt über die niederländischen Streitkräfte gebunden war; dadurch war er sogar zu mancherlei Rücksichten auf die ihm bei gemeinsamen Operationen unterstellte niederländische Generalität gezwungen[135]. Kontroversen entstanden zum anderen aus der Pflicht, bei allen größeren gemeinsamen Unternehmungen den Rat und die Zustimmung der Felddeputierten einholen zu müssen[136], die das Heer bei seinen Operationen begleiteten und im übrigen stets „op het [der Republik der Niederlande] voordeel, off op de sekerheijt van de eene provincie, als van de andere“ bedacht sein sollten[137]. Somit war Marlborough genötigt, seine Feldzugskonzeptionen sorgsam mit den niederländischen Vorstellungen und Bedürfnissen abzustimmen und insbesondere immer wieder zu beweisen, daß die Aktionen auch und gerade den Zielen der Republik dienten. Diese Aufgabe war schwierig, weil die Interessen und der Einfluß der Provinzen manchmal spürbar divergierten[138], andererseits boten solche Meinungsunterschiede aber auch die Möglichkeit, die internen Spannungen auszunutzen. Die Vorbereitungen für einen Feldzug erforderten daher von Marlborough viel Zeit und diplomatisches Geschick, Überzeugungskraft und Festigkeit sowie zahlreiche Unterhandlungen und Reisen, um Jahr für Jahr die Mittel zur Fortsetzung des Kampfs in Flandern und auf anderen Kriegsschauplätzen verfügbar zu machen.

Die Kriegführung Frankreichs war durch derartige Konflikte und Reibungen kaum belastet. Denn im Pfälzischen Erbfolgekrieg war der Bourbonenstaat isoliert, und im Spanischen Erbfolgekrieg stand nach dem frühzeitigen Parteiwechsel Savoyens und der Eroberung Kurkölns und Kurbayerns durch die Truppen der Großen Allianz seit 1704 nur noch Spanien im Lager Ludwigs XIV. Das Verhältnis zwischen diesen beiden Staaten war eindeutig durch die Vorherrschaft Frankreichs bestimmt; Philipp V. war nämlich angesichts der finanziellen Schwäche seines Landes und des Niedergangs der Streitkräfte nicht in der Lage, den Staat zu verteidigen, und mußte den Schutz seiner Herrschaft Frankreich anvertrauen. Folglich fiel französischen Marschällen die Leitung der Kriegsoperationen auf der Pyrenäenhalbinsel zu und blieb es diesen überlassen, „to coordinate military and naval strategy in a theatre where support from the sea was of immense importance“[139]. Einen Koalitionskrieg, der zur Koordination der Aktionen und Rücksichtnahme auf den Verbündeten zwang, führte Frankreich de

---

134 s. auch 124.

135 s. *Chandler,* Marlborough (Anm. 15), 322; vgl. auch *Wijn* (Anm. 55), 624ff.

136 *Wijn* (Anm. 55), 113; s. auch 699ff. (Beilage 10), dort ist die Instruktion für die Felddeputierten abgedruckt. Vgl. zudem *Chandler,* Marlborough (Anm. 15), 101f., 117, 208, 322.

137 *Wijn* (Anm. 55), 699 Art. 1.

138 Vgl. dazu etwa Österreichische Staatsverträge. Niederlande I (Anm. 96), 352ff., und *Wijn* (Anm. 55), 69f.

139 *Kamen* (Anm. 27), 61.

facto nur in den Jahren 1703 und 1704, als ein französisches Heer zunächst unter dem Befehl Marschall Villars', dann unter dem Kommando Tallards in Süddeutschland operierte, um Max Emanuel von Bayern Rückhalt zu gewähren. Beide Feldzüge endeten mit Mißerfolgen. Diese Rückschläge sind auf viele, zum Teil unterschiedliche Ursachen zurückzuführen, doch weisen sie auch auf typische Schwierigkeiten hin, die die Zusammenarbeit zweier Partner mit stark divergierendem Machtpotential und nur partiell übereinstimmenden Zielen behinderten.

Von vornherein konnte kein Zweifel bestehen, daß der Wittelsbacher nur mit französischer Unterstützung seine hochgespannten Ansprüche auf Territorialbesitz aus der spanischen Erbmasse durchsetzen konnte und somit Anlehnung an Ludwig XIV. suchen mußte, wenn er seinen Ehrgeiz nicht zügeln wollte. Andererseits war Bayern für Frankreich ein wichtiger Partner, solange Aussichten bestanden, das Reich zum Kriegsschauplatz zu machen, die kaisertreuen Reichsstände Süddeutschlands zur Neutralität zu zwingen und das Reichsoberhaupt in seinen Stammlanden anzugreifen; entfielen dagegen diese Chancen, wurde Bayern zum Außenposten, der kaum gehalten werden konnte und zum Verzetteln von Kräften abseits der eigenen Versorgungsbasen führen mußte. Tatsächlich nahm die Entwicklung diesen Verlauf; denn zum einen hatten die heimlichen Verhandlungen über einen Parteiwechsel den Wittelsbacher noch 1703 vor einem definitiven Bruch mit der Casa d'Austria zurückschrecken lassen, so daß die zeitweilige Überlegenheit trotz Villars' Drängen nicht zu einem Stoß auf Wien genutzt und statt dessen die Zeit mit zweitrangigen Unternehmen vertan wurde[140]; und zum anderen hatten sich Max Emanuel und Tallard im folgenden Jahr durch Marlborough und Prinz Eugen die Initiative entreißen lassen und an der oberen Donau in eine Position manövriert, die ihren Gegnern zum Vorteil gereichte und von jenen dank überlegener Feldherrnkunst genutzt wurde[141]. Bezeichnend für die Unsicherheit über die Absicht des Gegners und die Unschlüssigkeit über das zweckmäßige eigene Verhalten war die unglückliche Wahl des Kampfplatzes, der anscheinend weder für eine Verteidigung noch für einen Angriff besonders günstig war und auf einen halbherzigen Kompromiß hindeutet, da der Wittelsbacher zur Schlacht drängte, von der hingegen Tallard zu Recht aus strategischen Gründen abriet. Der Zwiespalt unter den Befehlshabern war offenkundig der Grund, der die französisch-bayerischen Streitkräfte unter ungünstigen Bedingungen den Kampf aufnehmen ließ. Diese Uneinigkeit spiegelt darüber hinaus erstens die Kriegserfahrungen, die beide Heerführer auf unterschiedlichen Kriegsschauplätzen, nämlich der eine vor allem in Ungarn, der andere im westlichen Mittel-

[140] *Kroener*, La planification (Anm. 121), 178 ff.

[141] s. zusammenfassend *Johannes Kunisch*, Kurfürst Max Emanuel als Feldherr, in: Hubert Glaser (Hrsg.), Kurfürst Max Emanuel, Bayern und Europa um 1700, Bd. I: Zur Geschichte und Kunstgeschichte der Max-Emanuel-Zeit, München 1976, 327.

europa, gemacht hatten[142]; sie resultierte zweitens aus der größeren Risikobereitschaft des auf Ruhm bedachten *électeur-connétable*, während der französische Marschall, der von den Weisungen des Versailler Hofs abhängig und diesem verantwortlich war, unkalkulierbare Risiken scheute; und sie trug drittens dazu bei, daß verbindliche Absprachen über die Kommandoführung bei gemeinsamen Operationen offenbar unterblieben. Somit wiederholten sich die Schwierigkeiten, die auch ein Jahr zuvor die Kooperation zwischen dem Bayern und Villars belastet hatten. Sie waren seinerzeit von Max Emanuel außerdem durch die hochfahrende Behandlung des Marschalls verschärft worden[143], der – stolz auf seinen Rang und auf seine Reputation bedacht – wiederum im Umgang mit dem regierenden Landesherrn wenig diplomatische Geschmeidigkeit bewies, so daß persönliche und militärisch-sachliche Gründe und obendrein Mißtrauen in die politische Verläßlichkeit des Verbündeten erhebliche Spannungen heraufbeschworen, die schließlich zur Abberufung Villars' geführt hatten. Diese Erfahrungen mit einem selbstherrlichen Verbündeten, mit dem er nach seinem Vorstoß an die Donau kooperieren mußte, mögen Tallard zu einer verbindlicheren Haltung gegenüber dem Wittelsbacher bewogen haben, doch gedient hat er der Sache dadurch nicht; denn durch seine Nachgiebigkeit war er mitverantwortlich, daß Marlborough und Prinz Eugen bei Höchstädt unter günstigen Bedingungen angreifen konnten. Mit der Niederlage ging Bayern verloren und büßte Max Emanuel insofern den Status eines echten Verbündeten ein, als er fortan auf das Entgegenkommen und die Großzügigkeit Ludwigs XIV. angewiesen war.

Dagegen war der Zusammenhalt der Großen Allianz im Spanischen Erbfolgekrieg trotz vieler Differenzen und ständiger Reibungen bis zum plötzlichen Tod Kaiser Josephs I. nicht grundlegend gefährdet, zumal militärische Erfolge auf den wichtigen Kriegsschauplätzen – zunächst in Oberdeutschland, dann auch in Italien und vor allem in Flandern – die Hoffnungen auf einen endgültigen Sieg nährten und aufkommende Kritik immer wieder verstummen ließen. Hierzu trug u.a. bei, daß der Kampf gegen die Hegemonie Ludwigs XIV. zugleich den wirtschaftlichen Interessen der Seemächte diente, wovon der Einsatz für die Ansprüche Erzherzog Karls auf die spanische Krone beredt Kunde gibt. Andererseits zeichnete sich seit dem Tod Josephs I. ab, daß Karl nach dem Regierungsantritt in den Landen der Casa d'Austria unter Umständen auch Spanien beherrschen werde, falls er sich auf der Pyrenäenhalbinsel behaupten konnte. Eine solche Machtkonzentration – wenngleich nur personal konstituiert – gefährdete indes nach Ansicht mancher Staatsmänner und politisch einflußreicher Kreise in England und

---

142 Vgl. dazu die anregenden Beobachtungen *Kroeners,* La planification (Anm. 121), 166ff.

143 s. *Sturgill* (Anm. 90), 40, 50, dessen Darstellung aber durch die weiterführenden Erkenntnisse *Kroeners,* La planification (Anm. 121), 169ff., zu ergänzen ist.

in den Niederlanden nicht weniger als die bourbonischen Prätentionen das europäische Gleichgewicht[144] und ließ den Gedanken einer Teilung des spanischen Erbes wieder in den Vordergrund treten. Indem von dieser Seite ein Kompromißfriede angestrebt wurde, der angesichts der übergroßen Kriegslasten selbstverständlich auf breite Zustimmung rechnen konnte, ging dem Bündnis sowohl die politische Grundlage als auch die Bereitschaft zum tatkräftigen militärischen Engagement verloren, und begann im Jahr 1711 die Auflösung der Allianz, ohne daß ihre Anhänger Mittel und Wege fanden, den Erosionsprozeß aufzuhalten.

*

Der Hegemonialpolitik Ludwigs XIV., die zur Durchsetzung der expansiven Ziele den Griff zu den Waffen einschloß, konnte kein Staat ohne Beistand widerstehen. Deshalb bildeten Schutzbündnisse der Bedrohten und Kriegskoalitionen der Angegriffenen in den Dezennien um die Wende vom 17. zum 18. Jahrhundert einen wichtigen Bestandteil der zwischenstaatlichen Beziehungen. Mit der griffigen Formel vom Kampf gegen eine Universalmonarchie und für ein Gleichgewichtssystem waren dafür die nötigen politischen und propagandistischen Begründungen zur Hand, die weiteren Staaten den Beitritt erleichterten und das antiludovizianische Lager verstärkten, deren Interessen und Forderungen die Zusammenarbeit oft aber auch belasteten. Das galt um so mehr, als weder die Kriegsziele hinlänglich präzisiert waren noch die politische und militärische Kooperation geregelt war oder wenigstens gemeinsame Gremien vorgesehen waren, die diese Aufgabe übernehmen konnten. Folglich war der Zusammenhalt unter den Alliierten in erster Linie auf den politischen Konsens gegründet, und blieben die Absprachen über die konkrete Zusammenarbeit zwischen den Staatsmännern und Heerführern der herkömmlichen, allerdings unter dem Kriegsdruck intensivierten Kommunikation überlassen.

In der Ära des *roi soleil* waren die Staaten zum Unterhalt stehender Heere gezwungen, um im Mit-, Neben- und Gegeneinander der Mächte und Territorien ihren Platz zu behaupten. Damit waren sie auch genötigt, die administrativen und finanziellen Voraussetzungen für den Unterhalt eines kostspieligen Kriegsinstruments zu schaffen, für das es nach Ansicht der Landes- und Kriegsherren wegen seiner Schlagkraft und jederzeitigen Verfügbarkeit – nicht zuletzt zum Einsatz im Landesinnern – keine Alternative gab, obwohl die Ausgaben für Söldnerheere mitunter zu Lasten der wirtschaftlichen Substanz gingen und durchweg zu hoher staatlicher Verschuldung führten. Verständlicherweise gewannen neben den dominierenden machtpolitischen Kriegszielen, deren Anlaß häufig strittige dynastische

---

144 s. *Duchhardt,* Glorious Revolution (Anm. 94), 34f.

Erbregelungen waren, zunehmend wirtschaftliche Aspekte an Bedeutung, jedoch „economic measures were instrument of policy, never its aim“[145]. Andererseits war aber nicht zu bezweifeln, daß wirtschaftliche Kraft und finanzielles Leistungsvermögen politische Macht bedeuteten, denn sie ermöglichten den Unterhalt eines stehenden Heeres und erlaubten somit eine aktive Politik, die vor einem bewaffneten Konflikt nicht zurückschrekken mußte. Im übrigen mußten diese Streitkräfte nicht im Inland aufgebracht werden, sondern konnten aus dem Ausland gegen Entgelt übernommen werden, ohne daß darunter die Einsatzbereitschaft litt; die Kriegsziele waren nämlich den Truppen im allgemeinen gleichgültig. Da auch nationale oder landsmannschaftliche Bindungen kein nennenswertes Gewicht hatten und die Heere im Zeitalter des Absolutismus weder in ihrer Struktur noch in ihrer Kampfweise größere Besonderheiten aufwiesen, bereitete die Zusammenfassung von Kontingenten verschiedener Kriegsherren zu einer Koalitionsarmee keine prinzipiellen Probleme.

Schwierigkeiten für die Kooperation erwuchsen somit nicht in erster Linie durch das Kriegsinstrument, sondern diese waren zum einen auf divergierende Interessen und Kriegsziele zurückzuführen, die den Zusammenhalt schwächten und das erforderliche Engagement behinderten, und sie waren zum anderen dem Fehlen eines strategischen Konzepts zuzuschreiben, so daß ein zweckmäßiger Einsatz der Streitkräfte auf den verschiedenen Kriegsschauplätzen – auch unter Berücksichtigung des Leistungsvermögens der Verbündeten – ausgeschlossen war. Darüber hinaus fanden sich die Monarchen bzw. Regierungen zumeist nur zögernd zur Beschränkung ihrer Verfügungsgewalt über die Streitkräfte bereit. Zu diesen strukturellen Mängeln trugen neben der zeitraubenden Kommunikation zwischen den Regierungssitzen und den daraus resultierenden Informationslücken außerdem die Empfindlichkeiten der Heerführer bei, deren Kooperationswilligkeit gering war, wenn ihnen damit eine Unterordnung zugemutet wurde. Beachtung verdient, daß die militärische Zusammenarbeit in den Koalitionen ohne Unterstützung oder Vorbereitung durch ein Gremium fallweise abgesprochen wurde, wobei auf höchster Ebene vor Feldzugsbeginn das Ziel nur in groben Zügen festgelegt wurde, hingegen die konkreten Operationen dann der Abstimmung der Befehlshaber überlassen blieben. Das war zweckmäßig, setzte allerdings den Willen zur Kooperation voraus und bedeutete die Verpflichtung auf ein gemeinsames Vorhaben, wozu die Feldherren jedoch nur selten zu bewegen waren; davon künden die Differenzen auf Seiten der Großen Allianz im Pfälzer Erbfolgekrieg. Hingegen war die Zusammenarbeit im Spanischen Erbfolgekrieg zwischen Prinz Eugen und dem Herzog von Marlborough beispielhaft, was offensichtlich aber atypisch war, wie die zeitgenössischen Reaktionen verdeutlichen. Fest-

---

145 *Lossky* (Anm. 83), 187.

zuhalten ist ferner, daß der politische Zusammenhalt der Allianz im Spanischen Erbfolgekrieg über lange Zeit merklich größer als im Pfälzer Erbfolgekrieg war; davon profitierte selbstverständlich die Kriegführung. Hierzu trugen gewiß die schlechten Erfahrungen bei, die die Verantwortlichen in den Vorjahren hatten machen müssen, doch war das Verdienst in erster Linie den beiden überragenden Heerführern und ihrem Einsatz in Wien bzw. in London und im Haag zuzubilligen. Folglich schwand der Zusammenhalt, nachdem der politische Konsens im Bündnis durch das Verlangen der Seemächte nach einem Kompromißfrieden verlorengegangen und Marlborough als Protagonist der Kriegspartei gestürzt worden war; fortan dominierten wieder die Differenzen unter den Vormächten[146]. Diese Beobachtungen deuten an, daß die Defizite in der Zusammenarbeit trotz aller Schwierigkeiten und Unzulänglichkeiten nicht an erster Stelle auf militärischer Seite, sondern auf politischer Seite zu suchen sind.

---

[146] Analog konstatiert *Chandler,* Marlborough (Anm. 15), 275: „Allied disunity thus proved Louis XIV' greatest ally".

Konfession als Argument in den zwischenstaatlichen Beziehungen

Friedenschancen und Religionskriegsgefahren in der Entspannungspolitik zwischen Ludwig XIV. und dem Kaiserhof

Von Johannes Burkhardt, Eichstätt

Wenn unter den Faktoren, von denen im Zusammenhang mit den internationalen Beziehungen des 17. und 18. Jahrhunderts die Rede sein kann, am Ende auch die Religion in den Sinn kommt, dann wohl nicht gerade mit der gesteigerten Spannung einer Gretchenfrage, sondern eher mit der Erwartung eines knappen Amens um der Vollständigkeit willen[1]. Denn in der Reihe außenpolitisch relevanter Faktoren und Argumente – wie etatistischer, sozialer, ökonomischer, militärischer, ideeller oder ideologischer der verschiedensten Art – wechselt in den verschiedenen Epochen die Priorität und Wertigkeit, und das sicher nicht zugunsten eines Trends zu dem hier thematisierten Aspekt. Ist es in einem außenpolitischen Diskussionszusammenhang überhaupt nötig, der Religion eine eigene Betrachtung zu widmen? Ist Konfession im Zeitalter Ludwigs XIV. noch ein historisch relevanter Faktor? Ist nicht das Konfessionelle Zeitalter 1648 zu Ende gegangen?

Es gibt nicht wenige angesehene Darstellungen, die uns das bis heute versichern. Explizit hat sich Theodor K. Rabb der Frage angenommen und Religion zu Recht als einen der Krisenfaktoren des 17. Jahrhunderts behandelt, deren Gewaltpotential abgenommen habe. Daß aber darum überhaupt ihr Einfluß auf die Politik in der Mitte des 17. Jahrhunderts schnell geschwunden sei und allenfalls ein „time lag" zwischen internationalen Beziehungen und „Heimatfront" gelegen habe, sind doch recht problematische Weiterungen[2]. Vor allem Heinz Duchhardt hat unter besonderer Beachtung der Interdependenzen von Innen- und Außenpolitik die fortwirkende Bedeutung konfessioneller Verwicklungen an einer Reihe von Fällen vor allem im Zeit-

---

[1] Der nach Stichworten gesprochene Vortrag konnte wegen der fortgeschrittenen Zeit auf dem Historikertag nur noch abgekürzt gehalten werden. Ich dokumentiere ihn in Form einer schriftlich ausgeführten vollständigen Vortragsfassung, ohne die auch den Inhalt mitbestimmende Sprechsituation ganz zu tilgen.

[2] *Theodore K. Rabb,* The Struggle for Stability in Early Modern Europe, New York 1975. Vgl. das Kapitel „International Relations and the Force of Religion", 74 - 82, bes. 80.

alter Ludwigs XIV. verdeutlicht[3]. Entsprechend revidierende Gesamtdarstellungen stellen klar, daß das Konfessionelle Zeitalter 1648 nicht abrupt geendet hat und überhaupt mit dem Religionskrieg nicht auch der umfassende Zusammenhang von Politik und Religion aus der Geschichte verschwunden ist[4]. Ein neues Studienbuch setzt zwar im Titel dem „Konfessionellen Zeitalter" das traditionelle Schlußjahr 1648, läßt es aber unter Rezeption neuer Forschungen über „Konfessionelle Elemente in der Staatenpolitik" nach dem Westfälischen Frieden erst 1763 ausgehen[5]. All das hängt zum großen Teil damit zusammen, daß die Staatsräson, die 1648 die Religion abgelöst haben soll, sich vorher wie nachher mit Religion auch trefflich vertragen konnte. Nach einem vielzitierten Gewährsmann hat zwar Ratio status als ein „wunderliches Thier" im Westfälischen Frieden alle anderen Rationes verjagt[6], aber diesem – im übrigen mißbilligend gemeinten – Wort eines evangelischen Gesandten lassen sich andere gegenüberstellen, zum Beispiel, warum Ratio status nicht umsonst mit der Religion den gleichen Anfangsbuchstaben habe[7]. Im Konfliktfall fielen die epochalen Prioritäten verschieden aus, aber im Idealfall haben sich die beiden institutionellen Hauptvorgänge der Frühen Neuzeit, die Konfessionsbildung und die Staatsbildung, gegenseitig gestützt und verstärkt[8]. Gerade wenn man die Frühe Neuzeit unter dem systematischen Vorzeichen des Staatsbildungsprozesses betrachtet, der alles in allem im Zeitalter des Absolutismus die stärkste geschichtliche Dynamik entfaltete, dann erweist der konfessionelle Aspekt seine Relevanz.

---

[3] Vgl. vor allem *Heinz Duchhardt,* Protestantisches Kaisertum und Altes Reich. Die Diskussion über die Konfession des Kaisers in Politik, Publizistik und Staatsrecht, Wiesbaden 1977 sowie *ders.* (Hrsg.), Der Exodus der Hugenotten. Die Aufhebung des Edikts von Nantes 1685 als europäisches Ereignis, Köln/Wien 1985.

[4] Vgl. *Heinz Duchhardt,* Das Zeitalter des Absolutismus (Oldenbourg Grundriß der Geschichte, 11), München 1989, 78f.

[5] So *Harm Klueting,* Das Konfessionelle Zeitalter 1525 - 1648 (UTB 1556), Stuttgart 1989, 348ff., bes. 359 - 362 unter pointierter didaktischer Aufbereitung meiner Habilitationsschrift (Anm. 73).

[6] So der Gesandte von Sachsen-Altenburg, Thumshirn, am 28. 11. 1648, *Georg Schmid,* Konfessionspolitik und Staatsräson bei den Verhandlungen des Westfälischen Friedenskongresses über die Gravamina Ecclesiastica, in: ARG 54 (1953), 203 - 223, hier 223.

[7] *Dietrich Reinkingk,* Biblische Policey, Frankfurt (1653), 2. Aufl. 1681, 14. Das sprechende Zitat bei *Wolfgang Reinhard,* Konfessionelle Grundlagen und Auswirkungen des Dreißigjährigen Krieges, in: Historischer Verein für Nördlingen und das Ries. Jahrbuch 27 (1985) u.d.T.: Friede ernährt, Krieg und Unfriede zerstört. 14 Beiträge zur Schlacht bei Nördlingen 1634, Nördlingen 1985, 21 - 38, hier 27: „Religio und Ratio Status fangen beyde vom R. an, und stecket in diesen beyden das größte Arcanum Republicarum, sonderlich wann ein neues Reich und Regiment stabiliret werden soll ... Eine Religion in einem Lande und Republica verbindet und verknüpffet die Gemüther der Unterthanen unter sich und gegen ihre Obrigkeit so viel stärker und erhält besser Vertrauen".

[8] Vgl. *Johannes Burkhardt,* Frühe Neuzeit, in: Richard van Dülmen (Hrsg.), Fischer-Lexikon Geschichte, Frankfurt a. M. 1990, 364 - 385.

Der frühmoderne Staat im Aufbau ist als Konfessionsstaat angetreten. Zwar sind alle Versuche überholt, bestimmte Konfessionen mit bestimmten ökonomischen, sozialen oder politischen Verhaltensmustern zu synchronisieren[9], aber daß die Entscheidung für eine der Konfessionen, die dann auch durchzuhalten und durchzubilden war, trotz mancher Varianten und Besonderheiten gleichsam zum etatistischen Programm gehörte, ist eine konsensfähige Grundannahme der Frühneuzeitler. Das leuchtet in besonderem Maße innenpolitisch ein, insofern der Staat mit der konfessionellen Dezision die Homogenisierung und soziale Disziplinierung der Untertanen fördern konnte und seine politische Identität verstärkte[10]. In Frankreich war zwar die arbiträre Stellung Heinrichs IV. über den Religionsparteien ein erster Hebel des politischen Erfolgs, aber die Akzeptanz eines katholischen Königtums programmierte doch eine Entwicklung, die mit der Revokation seines Toleranzediktes von Nantes 1685 die konfessionelle Homogenität des Staates herstellte. Aber eine solche konfessionelle Verstärkung der Identität der Staaten war nicht nur ein innenpolitischer, sondern auch ein außenpolitischer Tatbestand. Die zwischenstaatlichen Beziehungen gingen – um es mit dem Programmbegriff des Historikertags zu sagen – noch keineswegs in Identitäten auf, die rein politisch und konfessionsneutral gewesen wären.

Der konfessionelle Aspekt konnte auf vielfältige Weise ins außenpolitische Spiel kommen. Zum Beispiel eröffnete die konfessionelle Identität der Mächte besondere Interventionsmöglichkeiten, wie sie sich am spektakulärsten in einer schwedischen Kriegsdrohung äußerte, die 1707 die Gegenreformation in Schlesien anhielt und zur Altranstädter Konvention führte. Schon 1702 veranlaßten Schweden, die Niederlande und Brandenburg ihren englischen Partner, eine Denkschrift zugunsten der österreichischen Protestanten zu präsentieren. Das war zu Beginn des Spanischen Erbfolgekriegs politisch eher störend, denn wie die englische Forschung lakonisch feststellte, hat die Denkschrift nichts dazu beigetragen, die Beziehungen zwischen den Alliierten zu verbessern[11]. Angesichts der dynastischen Struktur der Fürstenstaaten, die mit der Sukzessionsproblematik gleichsam die zu zahllosen Erbfolgekriegen führende destabilisierende Schwachstelle eingebaut

[9] Vgl. dazu treffend *Paul Münch* (Hrsg.), Ordnung, Fleiß und Sparsamkeit. Texte und Dokumente zur Entstehung der „bürgerlichen Tugenden" (dtv dokumente), München 1984, Einleitung 33f. – Ein neuer Versuch, religiöse Strömungen auf politische Affinitäten hin zu interpretieren, endet mit der Erkenntnis, daß sich je nach Umfeld ganz gegensätzliche Beiträge geleistet und Einstellungen gefördert haben. *Mary Fulbrook*, Piety and Politics. Religion and the Rise of Absolutism in England, Württemberg and Prussia, Cambridge 1983, 174ff.

[10] Vgl. die grundlegenden Studien von Reinhard und Schilling, repräsentativ zum Beispiel: *Wolfgang Reinhard*, Zwang zur Konfessionalisierung, ZHF 10 (1983), 257 - 277. *Heinz Schilling*, Die Konfessionalisierung im Reich. Religiöser und gesellschaftlicher Wandel in Deutschland zwischen 1555 und 1620, in: HZ 246 (1988), 1 - 45.

[11] *Linda und Marsha Frey*, A Question of Empire. Leopold I and the War of Spanish Succession, 1701 - 1705, New York 1983, 55.

hatten, war es auch nicht gleichgültig, daß die Heiratspolitik noch von konfessionellen Affinitäten geprägt war. Wenn Philipp Wilhelm von Pfalz-Neuburg mehrere Töchter erfolgreich „unterbringen" konnte, dann doch mit der charakteristischen Einschränkung seines Biographen, der „Schwiegervater des zumindest katholischen Europas seiner Zeit" gewesen zu sein[12]. Eine besondere Einfallsschneise konfessioneller Vorbehalte waren die geistlichen Staaten des Reichs, die auch aus existentieller Furcht vor Säkularisation und Umsturzplänen zu defensiver Vorsicht gegenüber protestantischen Mächten neigten[13]. Auch der durch das Papsttum hineinkommende konfessionelle Aspekt ist trotz seiner seit 1648 abnehmenden politischen Geltung nicht zu vernachlässigen; man sollte nicht vergessen, daß sich wie Ranke auch der moderne Rekonstrukteur des Staatensystems seit Ludwig XIV., Max Immich, mit einer Papstmonographie für diese Aufgabe „legitimierte"[14]. Vor allem aber konnte die konfessionelle Identität der interagierenden Staaten politische Gegnerschaften verstärken oder konterkarieren, das politische Bündnisverhalten stützen oder disfunktional durchkreuzen. Das konfessionelle Argument mußte, je nachdem, ob es mit dem politischen gleichlief oder gegenläufig war, die politische Lagerbildung verabsolutieren oder relativieren.

Was hat das für das System von Krieg und Frieden bedeutet? Es wäre interessant, einmal methodisch zu untersuchen, wann konfessionelle Argumente im zwischenstaatlichen Verkehr einen eher kriegstreibenden Charakter hatten und inwieweit die Berufung auf eine gemeinsame Religion auch friedensdienliche Aspekte entwickelte. Eine solche Gewichtung muß allerdings jeweils auch das Verhältnis zu anderen friedensrelevanten Faktoren mitbedenken und gerät zudem in der Epoche eines noch keineswegs existenzgesicherten Staatensystems in besondere Interpretationsschwierigkeiten hinsichtlich der in Rechnung zu stellenden Zwischenstaatlichkeiten. Die Problemverwicklung soll darum besser an einem Fallbeispiel angerissen werden, das es erlaubt, die Probleme ein wenig zu sortieren und in eine historische Perspektive zu rücken. Das freilich an einem prominenten Fall: dem habsburgisch-französischen Grundgegensatz im Zeitalter Ludwigs XIV. und dem Versuch seiner Überwindung.

---

12 *Hans Schmidt,* Philipp Wilhelm von Pfalz-Neuburg (1615 - 1690) als Gestalt der deutschen und europäischen Politik des 17. Jahrhunderts, Bd. 1, Düsseldorf 1973, 18. Grundsätzlich zur Problematik *Johannes Kunisch* (Hrsg. in Zusammenarbeit mit Helmut Neuhaus), Der dynastische Fürstenstaat. Zur Bedeutung von Sukzessionsordnungen für die Entstehung des frühmodernen Staates (Historische Forschungen, 21), Berlin 1982.

13 Vgl. *Alfred Schröcker,* Ein Schönborn im Reich. Studien zur Reichspolitik des Fürstbischofs Lothar Franz von Schönborn, Wiesbaden 1978, 20.

14 So Below und Meinecke im Vorwort zu *Max Immich,* Geschichte des europäischen Staatensystems 1660 - 1789, Darmstadt 1967, unter Bezugnahme auf *ders.,* Papst Innozenz XI., Berlin 1900.

I.

Die Gegnerschaft zwischen dem Haus Habsburg und dem französischen Königshaus hat bekanntlich die diplomatischen Strukturen der Frühen Neuzeit mehr als 250 Jahre lang bestimmt. Im 15. Jahrhundert aus dem Kampf um die Vorherrschaft in Italien entstanden, weitete sich der Konflikt rasch zu einem „Duell um Europa" aus, wie Heinrich Lutz die konkurrenzfixierte Kriegsserie anschaulich bezeichnet hat[15]. In einem langen 16. Jahrhundert hatte es so ausgesehen, als ob die Habsburger in Gestalt Kaiser Karls V., der spanischen Monarchie Philipps II. oder der neuformierten Hauseinheit zu Beginn des Dreißigjährigen Krieges das Duell gewinnen könnten; im 17. Jahrhundert schien Ludwig XIV. auf dem Wege dazu zu sein, und im 18. Jahrhundert pendelte sich mit Hilfe Englands das Gleichgewicht ein. Aber erst im Jahre 1756 wurde das Renversement der Allianzen vollzogen, deren Kernstück der Ausgleich zwischen den antagonistischen Kontinentalmächten, ein Bündnis zwischen Wien und Versailles gewesen ist. Als „diplomatische Revolution" ist diese außenpolitische Sensation des 18. Jahrhunderts treffend bezeichnet.

In seinem schon klassischen Werk hat nun Max Braubach 1952 „Vorstadien der diplomatischen Revolution" freigelegt. Es sind dies Anfänge, Projekte und Episoden einer Annäherung zwischen den verfeindeten Höfen, denen Braubach detailliert nachging und sie bis in die Zeit Ludwigs XIV. zurückverfolgte[16]. Das historische Erkenntnisinteresse des Bonner Historikers war wohl etwas von der sich anbahnenden deutsch-französischen Aussöhnung der 1950er Jahre mitbestimmt; deutlich setzt das Buch Gegenakzente gegenüber einer historiographischen Tradition, die in der Geschichte von Reich und Frankreich nur Erbfeindschaft am Werke gesehen hatte. Das ehrenwerte Engagement des Historikers berührt bis heute sympathisch, auch wenn das Interesse an dieser Friedenschance heute in eine etwas grundsätzlichere und – vielleicht wieder aus einer anderen Zeit heraus – andere Perspektive und Sprache zu rücken ist und die folgenden Überlegungen auch die Kehrseite einer möglichen Entspannung nicht übersehen lassen. Jedenfalls gründen die Beobachtungen Braubachs auf einem breiten Aktenbefund und sind zum Teil auch in der gedruckten großen französischen Instruktionensammlung überprüfbar[17]. Anderes ist durch neuere For-

---

[15] *Heinrich Lutz,* Friedensideen und Friedensprobleme in der Frühen Neuzeit, in: Gernot Heiss/Heinrich Lutz (Hrsg.), Friedensbewegungen. Bedingungen und Wirkungen (Wiener Beiträge zur Geschichte der Neuzeit, 11), Wien 1984, 28 - 54, 31.

[16] *Max Braubach,* Versailles und Wien von Ludwig XIV. bis Kaunitz. Die Vorstadien der diplomatischen Revolution im 18. Jahrhundert (Bonner Historische Forschungen, 2), Bonn 1952, 1 - 104.

[17] Recueil des instructions données aux ambassadeurs et ministres de France depuis les Traités de Westphalie jusqu'à la Révolution française. Bd. 1: Autriche, hrsg. v. A. Sorel, Paris 1884.

schung heute noch zu ergänzen. Insgesamt handelte es sich in der Zeit Ludwigs XIV. vor allem um drei historische Entspannungs- und Kooperationsversuche:

Das erste Beispiel war der geheime Erbschaftsvertrag vom 19. Januar 1668. Angesichts des allgemein erwarteten und zwischen den Höfen umkämpften Anfalls des spanischen Erbes wurden bereits seit 1663 Teilungspläne als beste Lösung ins Gespräch gebracht, so durch den Mainzer Kurfürsten und Erzkanzler Johann Philipp von Schönborn auf dem Regensburger Reichstag. In der Entspannungsphase am Ende des Devolutionskrieges gelang es dem französischen Gesandten Grémonville in Wien in einem komplizierten Spiel, in dem am Ende mit Lobkowitz und Auersperg das profranzösische wie das prospanische Parteihaupt am Kaiserhof gewonnen waren, in der Tat einen geheimen Teilungsvertrag abzuschließen. Der bis ins 19. Jahrhundert wirklich geheim gebliebene Vertrag sah eine Kooperation der Mächte bei der Durchsetzung des Teilungsprojekts in Spanien und gegenseitige militärische Unterstützung vor, wies also sogar Bündnischarakter auf, wenngleich er in den politischen und personellen Wechselfällen keinen Bestand bis zum tatsächlichen Eintritt des Erbfalls hatte[18]. Doch blieb die spanische Erbfrage nicht nur ein Streit-, sondern auch ein Anknüpfungspunkt, trieb nicht nur zu Konflikten, sondern – nach dem Zeugnis der umfangreichen Quellen – auch zu Verhandlungen[19].

Zum zweiten Mal verdichteten sich die diplomatischen Initiativen im Umkreis des Pfälzischen Erbfolgekriegs oder Orléansschen Kriegs[20]. „L'histoire diplomatique renait!" wurde ein Werk im Vorwort seines Herausgebers angekündigt, das unlängst dem Ursprung des Krieges auf fast tausend Seiten nachging und so unter anderem auch deutlich macht, daß der Krieg mit Kaiser und Reich für die französische Diplomatie keine vorgezeichnete Einbahnstraße gewesen ist[21]. Auch die Sondierungen und Vermittlungen, die den Krieg begleiteten und in denen sich der notorisch französische Parteigänger im Reich, Wilhelm von Fürstenberg, noch einmal hervortat, lockten mit einem grundsätzlichen Interessenausgleich und kooperativen

[18] *Braubach,* Versailles (Anm. 16), 9 - 13, zu ergänzen um die weitergehende Beurteilung von *Jean Bérenger,* An Attempted 'rapprochement' between France and the Emperor. The Secret Treaty for the Partition of the Spanish Succession of 19 January 1668, in: Ragnhild Hatton (Hrsg.), Louis XIV and Europe, London 1976, 133 - 152, bes. 146 und 152, Anm. 47. Der zuerst 1965 erschienene Aufsatz setzt sich allerdings mit der hier skeptischen Position Braubachs und der deutschen Forschungstradition nicht auseinander.

[19] Vgl. allein *Mignet,* Négociations relatives à la succession d'Espagne, 4 Bde., Paris 1835 - 1842, hier Bd. 2, 324ff.

[20] Vgl. zu den internationalen Bezeichnungsdifferenzen mit dem Vorschlag „Orléansscher Krieg". *Heinz Duchhardt,* Altes Reich und Europäische Staatenwelt 1648 - 1806 (Enzyklopädie deutscher Geschichte, 4), München 1990, 22.

[21] *Charles Boutant,* L'Europe au grand tournant des années 1680. La Succession palatine, Paris 1985. Vorwort von André Corvisier, vgl. bes. 350ff., 863 - 870.

Zukunftsperspektiven[22]. Die berüchtigte Rijswijker Klausel von 1697, die am Ende des Krieges das auf dem Normaljahr 1624 gründende Reichsreligionsrecht des Westfälischen Friedens für die Kurpfalz durchbrach, war doch ein greifbares Ergebnis einer begrenzten Zusammenarbeit. Der französische Gesandte in Wien und spätere Marschall und Staatsmann Villars suchte diese Annäherungspolitik fortan zu intensivieren.

Einen dritten Höhepunkt und zugleich eine neue Qualität erreichte diese Ausgleichspolitik am Ende des Spanischen Erbfolgekriegs. Nach Beseitigung des unmittelbaren Konfliktstoffes durch die Teilung des spanischen Reiches war der historische Moment günstig. In Wien war man noch über den Sonderfrieden des englischen Verbündeten mit Frankreich verärgert, aber auch in Frankreich beunruhigte das aufsteigende England unter wechselnder Führung, so daß Interessen der Kontinentalmächte zu konvergieren begannen und über eine dauerhafte Verständigung gesprochen wurde. Die üblichen Vermittlungen, Sondierungen und Friedensverhandlungen erreichten schließlich in direkten Konsultationen und koordinierten Aktionen zwischen Villars und Prinz Eugen eine hochrangige Ebene, wenngleich das Ausmaß einer außenpolitischen Modifizierungsbereitschaft Eugens und der österreichischen Seite nicht leicht zu beurteilen ist[23]. Einschränkend wäre auch zu bedenken, daß ewige Gültigkeitsdauer schon zum Protokoll der Friedensverträge gehörte und dies in einem einmal näher zu untersuchenden und zu gewichtenden Maße in dieser Zeit auch für den Begriffskreis um Freundschaft, Verständigung und Union galt[24]. Die berühmten „letzten Instruktionen" Ludwigs XIV. vor seinem Tod, namentlich diejenige für den Wiener Gesandten du Luc vom 3. Januar 1715, scheinen aber doch eine echte Umorientierungschance geboten zu haben, die noch nicht genutzt wurde[25].

---

[22] *Braubach,* Versailles (Anm. 16), 14 - 17 und ausführlicher *ders.,* Wilhelm von Fürstenberg und die französische Politik im Zeitalter Ludwigs XIV. (Bonner Historische Forschungen, Bd. 36), Bonn 1972, 414, 487.

[23] Vgl. neben *Braubach,* Versailles (Anm. 16) die ausführliche Diskussion bei *ders.,* Prinz Eugen von Savoyen. Eine Biographie, 5 Bde., München/Wien 1963 - 1965, Bd. 3, 248 - 276. Das Fazit erkennt auf ein „gut Stück Ernsthaftigkeit", aber nur im Notfall Bereitschaft zu einem echten Wechsel der Bündnisse (276). Neuere noch zurückhaltendere Gewichtung bei *Hermann Weber,* Prinz Eugen und Frankreich, in: Johannes Kunisch (Hrsg.), Prinz Eugen von Savoyen und seine Zeit. Eine Ploetz-Biographie, Würzburg 1986, 104 - 112, bes. 110 - 112, während *Heinz Duchhardt,* Krieg und Frieden im Zeitalter des Prinzen Eugen, ebd., 22 - 30, 29 den Eugenschen wie konfessionellen Anteil an der Annäherung höher veranschlagt.

[24] Zur Gültigkeitsdauer das Grundlagenwerk *Jörg Fisch,* Krieg und Frieden im Friedensvertrag. Eine universalgeschichtliche Studie über Grundlagen und Formelemente des Friedensschlusses (Sprache und Geschichte, 3), Stuttgart 1978, 361. Weitere Beobachtungen in *Heinz Duchhardt,* Gleichgewicht der Kräfte, Convenance, Europäisches Konzert. Friedenskongresse und Friedensschlüsse vom Zeitalter Ludwigs XIV. bis zum Wiener Kongreß (Erträge der Forschung, 56), Darmstadt 1976, 76 - 86 sowie demnächst in *Johannes Burkhardt,* Der Dreißigjährige Krieg, Frankfurt a. M. (im Druck).

[25] Instructions, Bd. 1: Autriche (Anm. 17), Nr. IX, 154 - 183. Dazu *Braubach,* Versailles (Anm. 16), 45 - 104.

Ein Anknüpfungspunkt und Hauptargument für all diese Pläne und Schritte der Annäherung war nun stets die Berufung auf die gemeinsame katholische Religion. Es wäre gut und „zum Besten der allein seeligmachenden Religion“, heißt es etwa mitten im Kriege vermittelnd, wenn die „Confidenz“ zwischen den beiden katholischen Mächten „ein wenig redressiert“ werden könnte[26]. Der Ruf nach vertrauensbildenden Maßnahmen appellierte schon habituell an die konfessionelle Solidarität. Der „gemeinsamen Religion halber“, für „das Beste der Religion“, weil es „der Religion dienen“ würde, erscheint eine Verständigung zwischen den Mächten wünschenswert; das „Interesse der Religion“ fordere es oder gar „das Interesse Gottes“[27]. Entsprechend werden in der offiziellen französischen Instruktionensprache Wohl, Interesse und Nutzen der katholischen Religion zur stehenden Formel, die eine völlige Versöhnung und Union mit dem Kaiser verlangten: „Le bien de la religion“, „l'intéret de la religion catholique“ oder deren „véritables intérets“ sowie auch noch 1725 „l'avantage de la religion catholique“[28]. Auch im Echo und in den Beratungen Wiens sprach für ein Zusammengehen mit Frankreich „die Sicherung unserer Heiligen Religion“[29]. Denn gerade für die Religion, so hieß es auf dem Höhepunkt der französischen Bündniskampagne selbstkritisch, sei der machtpolitische Zwiespalt schädlich gewesen, jetzt aber könnten das Interesse der Religion und die weltlichen Interessen zusammengehen[30]. Natürlich gab es auch andere ideelle Argumente für eine Verbesserung der Beziehungen, aber mehr noch als der Sorge für Ruhe und Frieden Europas oder den Familienbanden – den liaisons du sang – wurde doch der Religion zugetraut, gemeinsame Interessen zu mobilisieren. Die Religionsinteressen müßten „plus que tout autre motif réunier le Roi et l'Empereur“, meinte die Instruktion für du Luc[31].

Angesichts solcher Rhetorik stellt sich die Frage, inwieweit die Rücksicht auf die Religion auch ein wirkliches Motiv gewesen ist. Eine besondere Altersreligiosität Ludwigs XIV. unter dem Einfluß frommer Kreise am Hofe, auf die in diesem Zusammenhang gern verwiesen wird, mag am Ende hilfreich gewesen sein, geht aber den Historiker als eine im politischen Entscheidungsraum sachlich wie zeitlich nicht recht spezifizierbare Kategorie nichts weiter an[32]. Eine Rolle hat sicher gespielt, daß an vielen dieser Initiativen Personen geistlicher Staaten oder konfessionell aktiver Ausrichtung beteiligt waren, geistliche Kurfürsten und Fürsten und päpstliche Nuntien

---

[26] Kollonitsch an Fürstenberg, 9. Jan. 1693, bei *Braubach,* Versailles (Anm. 16), 15.

[27] Zitate bei *Braubach,* Versailles (Anm. 16), 24, 72, 82; 22.

[28] Recueil Bd. 7 (Bavière), 4 (bezogen auf Österreich) bei *Braubach* (Anm. 16), 50 Anm. 15; Recueil Bd. 1: Autriche, 176; ebd., 220.

[29] Bei *Braubach* (Anm. 16), 96.

[30] Instruktion für du Luc 1715, Recueil Bd. 1: Autriche (Anm. 17), 159.

[31] Recueil Bd. 1: Autriche (Anm. 17), 176.

[32] Vgl. *Duchhardt,* Protestantisches Kaisertum (Anm. 3).

oder andere Vermittler aus dem Umkreis der Reichskirche oder der römischen Kurie. Das Papsttum kultivierte in der Frühen Neuzeit das überparteiliche Ideal eines „padre comune" der katholischen Fürsten, zu dessen Amtspflichten immer wieder Mahnungen zu Frieden und Versöhnung zwischen den verfeindeten Vormächten gehörten. Gerade in dieser Epoche kursierten wieder entsprechende Friedensdenkschriften, und die französische Diplomatie hat in diesem Sinne auch mit der Kurie kooperiert und römische Vermittlungsdienste in Anspruch genommen[33]. Aber religiöse Sprache und Sache wiesen doch auch auf die Höfe selbst zurück, für deren konfessionelle Solidarität sich auch praktische Veranlassung bot.

Zum einen waren das gemeinsame Vorbehalte und Projekte gegen den durch England erstarkenden protestantischen Norden Europas. Die Englische Revolution von 1688, die erst endgültig die konfessionellen wie bündnispolitischen Weichen gegen Rom und Frankreich stellte, wurde in ihren Folgen von Ludwig XIV. lange nicht anerkannt. Die kryptokatholische und verdeckt profranzösische Politik der restituierten Stuarts hatten im politischen Kalkül Ludwigs XIV. einen hohen Stellenwert gehabt, und das jakobitische Königtum im französischen Exil blieb für Versailles ein Hoffnungsträger. Zwar mußte 1697 die Thronfolge Wilhelms III. anerkannt werden, aber davor und danach unterstützte Ludwig XIV. die jakobitische Sukzession bis hin zu Umsturzplänen und Landungsmanövern. Der konfessionell-legitimistische Aspekt dieser Politik, der die Beziehungen zu England nachhaltig belastete, bot aber bei dessen Wiener Verbündeten einen gewissen Ansatzpunkt. So hat Kaiser Leopold 1692 in französischen Friedenssondierungen das jakobitische Anliegen wohlwollend unterstützt und selbst einen Kompromiß vorgeschlagen, der eine Tolerierung der englischen Katholiken und nach dem Tod des Oraniers die Nachfolge des Sohnes des gestürzten Stuartmonarchen vorsah[34]. Noch nach dem Tod der Königin Anna im August 1714 tauchte für einen Moment wieder die Idee einer Nachfolge des Stuartprätendenten auf, und auch in Wien erweckte die Aussicht der nicht mehr zu verhindernden hannoverschen Sukzession und Personalunion Sorgen für die Wahrung des macht- und konfessionspolitischen Status quo für den Kaiser[35]. Die französischen Instruktionen malen denn auch ein kräftiges Bild von einem übermächtigen protestantischen Nordeuropa, in dem neben England-Hannover von Brandenburg, Dänemark und Schweden im Bunde mit weiteren Reichsständen die Rede ist[36].

---

[33] *Braubach,* Versailles (Anm. 16), 27f. Zum Hintergrund päpstlicher Vermittlungsbemühungen vgl. *Burkhardt,* Abschied vom Religionskrieg (Anm. 73), 19 - 24.

[34] *Claude Nordmann,* Louis XIV and the Jabobites, in: Ragnhild Hatton (Hrsg.), Louis XIV and Europe, London / Basingstoke 1976, 82 - 111, 86.

[35] *Braubach,* Versailles (Anm. 16), 97f.

[36] Recueil Bd. 1: Autriche (Anm. 17), 154 - 183; Recueil, Bd. 2: Suède, 247 - 276. Vgl. *Braubach,* Versailles (Anm. 16), 67, 74.

Zum anderen bezog sich die praktische Interessenwahrung direkt auf den Konfessionsstand des Reiches und benachbarter beiderseitiger Interessenssphären. Es ist symptomatisch, daß mit der Rijswijker Klausel das erste bleibende Ergebnis der geheimen Kooperation ein konfessionspolitisches gewesen ist, das der Gegenreformation am Rhein einen späten Triumph bescherte, allerdings auch Gegenaktivitäten weckte. Bei Beendigung des nächsten Krieges wiederholte sich in gewisser Weise dieses Spiel durch eine konzertierte Intervention der beiden Mächte in der Schweiz zugunsten der katholischen Religionspartei[37]. Vor allem aber verklammerte sich die mehr europäische Sorge vor einer protestantischen Übermacht England-Hannovers in Frankreich mit den mehr reichspolitischen Sorgen vor einer protestantischen Übermacht Hannover-Englands am Kaiserhof. Die Idee eines protestantischen Kaisertums, mit der die evangelischen Kurfürsten und Mächte immer wieder umgingen, schien durch das zusätzliche verstärkte Gewicht der neuen hannoverschen Kurstimme noch einmal aktuell zu werden oder wurde doch dem Kaiserhof von der französischen Diplomatie gezielt als Bedrohung vorgestellt[38].

Die Ansätze zu einer Entspannungspolitik zwischen Versailles und Wien gründeten also auf einer sprachlich konventionellen, aber eher wieder zunehmenden und intensivierten Beschwörung der gemeinsamen Religion, auf der Partizipation von Amtsträgern und Anwälten des konfessionellen Sonderinteresses und auf der Aufnahme realen Konfliktstoffs im Reich und in Europa. Es gab in dieser Bündnisinitiative echte religionspolitische Hoffnungen und Befürchtungen, die aber doch auch etwas dramatisiert wirken. Wie ernst ist das konfessionelle Argument zu nehmen? Was sollte es eigentlich leisten?

II.

In seinem einer anderen Zeit gewidmeten Religionskriegsaufsatz hat Konrad Repgen von der Frage der Motivation grundsätzlich die öffentliche Legitimation als die für den Historiker maßgebliche Ebene abgehoben[39]. Das ist eine erhellende, wenn auch in der Praxis zu strenge Unterscheidung, schon weil die Möglichkeit, etwas legitimieren zu können, leicht selbst zum Handlungsmotiv wird, und weil im speziellen Falle gerade das Religionsargument mit Rücksicht auf anderskonfessionelle Bundesgenossen selten ganz öffent-

---

[37] Näheres bei *Braubach,* Versailles (Anm. 16), 55 f.

[38] Recueil Bd. 1: Autriche, 156 - 158. Vgl. mit weiteren Quellen *Duchhardt,* Protestantisches Kaisertum (Anm. 3), 247 ff.

[39] *Konrad Repgen,* What is a 'Religious War'? in: Politics and Society in Reformation Europe. Essays for Sir Geoffrey Elton on his 65th birthday, London 1987, 311 - 328, 313. Vgl. zum methodischen Hintergrund auch ders., Kriegslegitimationen in Alteuropa. Entwurf einer historischen Typologie (Schriften des Historischen Kollegs, 9), München 1985, auch in HZ 241 (1985), 27 - 49.

lich war. Aber das Abrücken von der Motivationsebene weist in die richtige Richtung. Ein Argument, formal zwischen Motivation und nachträglicher Legitimation, soll etwas bewirken – beim Partner, bei der eigenen Partei oder auch zur Selbstvergewisserung –, und das muß nicht nur das sein, was es sagt. Schon Braubach hat es nicht bei religiösen Motiven belassen, die er – mit Vorsicht – mitwirken sieht, sondern die politisch-funktionale Seite der Sache angedeutet[40]. Denn um in der Diplomatie miteinander ins Gespräch zu kommen und Entgegenstehendes vergessen zu lassen, mußte man an Gemeinsamem heranziehen, was man hatte, und hier kam die Religion gerade gelegen. Selbst Konsultationen und koordinierte Interventionen von Mächten lassen nicht den Schluß zu, daß den Beteiligten die Sache selbst von primärer Bedeutung ist; es ging bei diesen kleinen konfessionellen Geländegewinnen eher um erste diplomatische Demonstrationen der vertrauensvollen Zusammenarbeit. Und was die konfessionellen Bedrohungsvorstellungen angeht, namentlich durch das protestantische Kaisertum, so hat der Erforscher dieses historischen Langprojektes klargestellt, daß in dieser Zeit kaum noch eine unmittelbare Realisierungschance bestand, es aber doch noch als „Integrationsfaktor der katholischen Seite" wirkte[41].

Das konfessionelle Argument sollte dabei nicht etwa fromm über eine andersartige politische Interessenlage hinwegtäuschen, in der in Wahrheit vieles für eine bündnispolitische Umorientierung sprach. Das Argument hatte vielmehr ein selbst hochideologisiertes Gegenargument zu entkräften und relativieren: das Geschichtsbild. Der habsburgisch-französische Antagonismus hatte nicht nur schon 200 Jahre bestanden, sondern er war in der historisch-politischen Publizistik des 17. Jahrhunderts auch sorgfältig gepflegt worden. Die Flugschriften des Dreißigjährigen Krieges wie die Polemik um Lisola und Leibniz ergingen sich nicht nur in historisch nachwirkenden Schuldzuweisungen, sondern argumentierten dabei selbst schon historisch, wer von beiden „Charlequintische oder Gustav-Adolphische Consilia" hege[42]. Auch in den Instruktionen an die Gesandten wurde der Antagonismus der beiden Häuser als ein schon geschichtlicher Sachverhalt behandelt und erläutert, mit dem man rechnen müsse, ja als natürliche und gleichsam ererbte Gegnerschaft – „l'opposition si naturelle comme héréditaire"[43]. Der Begriff des Erbfeindes kam auf oder wurde von dem türkischen ‚Erbfeind des christlichen Namens' auf den innerchristlichen ‚Reichsfeind' übertragen. Noch Maria Theresia sprach im Rückblick vom „Erbfeind

---

[40] *Braubach,* Versailles (Anm. 16), 87.

[41] *Duchhardt,* Protestantisches Kaisertum (Anm. 3), 204ff.

[42] *Gottfried Wilhelm Leibniz,* Securitas Publica (1670), in ders., Sämtliche Schriften und Briefe, hrsg. von der Deutschen Akademie der Wissenschaften zu Berlin, 4. Reihe: Politische Schriften, Bd. 1, Berlin 1971, 174 - 207, 175. Vgl. *Alfred Francis Pribram,* Franz Paul Freiherr von Lisola, Leipzig 1894, 353f.

[43] Instruktion für Vitry 1679, Recueil 1: Autriche (Anm. 17), 71, wiederholt 1680, 81.

meines Erzhauses von Anfang an"; nach der Wende von 1756 sagte sie dann „der bisherige Erbfeind"[44]. Diese sich verselbständigende historische Tradition, deren Einfluß sich in vielen Beratungen beider Seiten nachweisen ließe, war nicht ohne praktische Relevanz. In dem berühmten französischen Kronrat vom 10. November 1700, der mit dem Beschluß zur Annahme des spanischen Testaments den Spanischen Erbfolgekrieg auslöste, wurden noch einmal die Verständigungsmöglichkeiten mit Österreich erwogen. Die Entscheidung fiel unter ausdrücklichem Hinweis auf die historischen Exempel bis zurück zu Karl V., die nicht an redliche Teilungsabsichten der anderen Seite glauben ließen[45]. Dieses Argument findet sich mehrfach.

Wie man sieht, wäre also auch einmal über historische Argumente und ihre Funktion in den zwischenstaatlichen Beziehungen nachzudenken. Zu beachten ist dabei das statische Geschichtsbild und Exempeldenken der Frühen Neuzeit, die diesen habsburgisch-bourbonischen Gegensatz noch zusätzlich stabilisierten und perpetuierten. Noch 1738, als die diplomatische Revolution fast gelungen wäre, berichtete der venezianische Gesandte kopfschüttelnd über einen derartigen Bruch mit allen diplomatischen Traditionen, der nicht gutgehen könne. Nicht ohne professionelle Befriedigung registrierte dann sein Nachfolger, daß die Bedenken berechtigt gewesen waren und zwischen den verfeindeten Häusern wieder die immer gleichen und feststehenden Maximen galten – „le massime sempre eguali e costanti"[46]. Erst das innovationsfreundliche Klima seit der Jahrhundertmitte hat dann den Traditionsbruch begünstigt – man kann bis in die Einzelheiten der Sprache seit den 1750er Jahren das aufgeklärte Pathos gegen „alte Vorurteile" für ein „neues System" und eine vorwärtsgewandte „Revolution" in den diplomatischen Argumenten für den Bündniswechsel nachweisen[47]. Umso nötiger aber war es, Gegenargumente zu finden, solange

---

[44] Denkschrift Maria Theresias an Daun, 1759 im Anhang von: *Johannes Kunisch,* Das Mirakel des Hauses Brandenburg. Eine Studie zum Verhältnis von Kabinettspolitik und Kriegsführung im Zeitalter des Siebenjährigen Krieges, München/Wien 1978, 98. Vgl. typische Stellen bei *Heinz Duchhardt,* (Hrsg.), Quellen zur Verfassungsgeschichte des Heiligen Römischen Reiches Deutscher Nation, Darmstadt 1983, 59, 64, 135 - 142 und bei *Hans Hubert Hofmann* (Hrsg.), Quellen zum Verfassungsorganismus des Heiligen Römischen Reiches Deutscher Nation (Freiherr von Stein-Gedächtnisausgabe, 13), Darmstadt 1976, 250, 226ff.

[45] Nach den Aufzeichnungen von de Torcy. Vgl. *Legrelle,* La diplomatie française et la succession d'Espagne, Bd. 4, Paris 1892, 816 - 819. Ähnlich auch in der Instruktion für Villars 1698, Recueil Bd. 1: Autriche (Anm. 17), 135.

[46] Finalrelation Capello 1744, in: *Alfred Ritter von Arneth* (Hrsg.), Die Relationen der Botschafter Venedigs über Österreich im 18. Jh. (Fontes rerum Austriacarum, 12), Wien 1863, 221. Vgl. zuvor Finalrelation Erizzo 1738, 151.

[47] Hierzu beabsichtige ich eine eigene Studie; vgl. vorläufig *Burkhardt,* Frühe Neuzeit (Anm. 8). Zum geschichtstheoretischen Hintergrund vgl. die Grundlagenbeiträge in dem Sammelband *Reinhart Koselleck,* Vergangene Zukunft, Frankfurt 1979, sowie vielfach konvergierend *Johannes Burkhardt,* Strukturelemente der neueren historischen Wissenschaften, in: August Nitschke (Hrsg.), Verhaltenswandel in der Industriellen Revolution, Stuttgart 1975, 73 - 91.

Bündnistradition und vormoderne Geschichtsauffassung übereinstimmend dafür sprachen, am guten „alten System" nicht zu rühren.

So fungierten die konfessionellen Argumente deutlich als Gegenideologie. Die geschichtsbildgestützte aggressive Abgrenzungsideologie zwischen den Mächten wurde durch eine religiöse Integrationsideologie neutralisiert – mit sehr begrenztem und nicht anhaltendem Erfolg. Der historische Moment ging 1715 ungenützt vorbei, teils weil die französische Diplomatie doch noch verschiedene Spiele gleichzeitig spielen wollte, teils wegen einer gewissen Entschlußlosigkeit in Wien: das historische Argument war stärker. Braubach kompensierte sein Bedauern über das Scheitern einer frühen Freundschaft mit Frankreich, indem er diesen Ansatz einer europäischen Neuorientierung zum versöhnlichen Zukunftsprogramm erklärte[48]. Und in der Tat scheint so doch einmal die Berufung auf die Religion einen Beitrag zur Entschärfung eines kriegstreibenden europäischen Dauerkonfliktes geleistet zu haben. Hatte hier – um es zuzuspitzen – die Chance bestanden, daß das konfessionelle Argument zum Hebel einer Entspannungspolitik hätte werden können?

III.

Die Annäherung auf der Grundlage der Religion enthielt zwei problematische Konsequenzen. Das erste Problem entstand daraus, daß das konfessionelle Integrationsargument auch den alten europäischen Universalismus wiederbelebte. Denn gerade die universalistischen Leitbegriffe waren religiös definiert und beschworen eine christlich-überstaatliche Einheit: „Christianitas", „Chrestienté", eine im weiteren Sinne für Europa stehende, im engeren aber vor allem die katholischen Fürsten meinende Christenheit[49]. Auch die imperiale Terminologie von Kaiser und Reich hielt einen sakrosankten Anspruch des dominium mundi aufrecht. Selbst die „Monarchie" von Gottes Gnaden bezeichnete noch keineswegs sicher den Einzelstaat, sondern konnte heilsgeschichtlich überbaut sein und ganz wörtlich auf die „Einherrschaft" in Europa zielen, im Sinne der teils publizistisch bekämpften, teils aber auch als gottgewollt verteidigten „monarchia universalis"[50]. Der Gebrauch einer religiösen Einigungsterminologie in den „zwischen-

---

[48] *Braubach,* Versailles (Anm. 16), 67.

[49] Zum Beispiel: Eine Verständigung sei „du bien de toute la chréstienté", Recueil, Bd. 1: Autriche (Anm. 17), 93 (1684). Vgl. allgemein *Pierre Blet,* Die Idee der Christianitas im Frankreich des 17. Jahrhunderts. Vorstellung und Wirklichkeit, in: Gregorianum 57 (1976), 285 - 305. Zu Inkonsequenzen solcher Stilisierungen vgl. auch *Victor-L. Tapié,* Louis XIV's Methods in Foreign Policy, in: Ragnhild Hatton, Louis XIV and Europe, London 1976, 3 - 5, 8f.

[50] *Franz Bosbach,* Monarchia universalis. Ein politischer Leitbegriff der frühen Neuzeit (Schriftenreihe der Historischen Kommission bei der Bayerischen Akademie der Wissenschaften, 32), Göttingen 1988.

staatlichen" Zusammenhängen stand so gerade deren Entfaltung im Wege und wies eher auf die universalchristliche Einheit zurück. Immer noch befand sich Europa schließlich in einer Übergangssituation zwischen einem vorstaatlichen Universalverband und dem kommenden Staatensystem[51].

In diesem alteuropäischen Universalismus aber herrschte ein hierarchisches Ordnungsideal. Vielen erschien das werdende Staatensystem noch als Anarchie, gleichsam ein europäisches Interregnum, in dem der oberste Rang vakant und wieder zu besetzen war[52]. Die klassischen Kandidaten dafür waren Papst und Kaiser; nachdem diese ihren Anspruch nicht mehr realisieren konnten, erhob ihn Ludwig XIV. Die Kaiserkandidaturen der französischen Könige hatten diesen Sinn, ludovizianische Propagandaschriften nannten den König gelegentlich schon Kaiser: l'empereur[53]. Aber auch das französische Königtum als solches erhob den Anspruch; die sorgfältig gepflegten Titel eines „Allerchristlichsten König" – Roi Très Chrestien – und „erstgeborenen Sohnes der Kirche" hieß im politischen Klartext: in der Christenheit die Nummer eins. Solche christlichen Prioritätsformeln wurden im 17. Jahrhundert leicht zum „Haupt der Christenheit" und zum „mächtigsten Herrscher" Europas oder gleich der Welt ausgeweitet, und zwar im Wettstreit mit den habsburgischen Panegyrikern.

In diesem „hegemonialen" Zusammenhang ordnet sich auch die Aufhebung des Edikts von Nantes. Lange hat man das Vorgehen gegen die Hugenotten vor allem unter dem innenpolitischen Vorzeichen der Herstellung der Glaubenseinheit im französischen Staat gesehen[54]. Zu Recht wird heute aber auch auf die außenpolitischen Bezüge des Revokationsedikts von Fontainebleau verwiesen, das in einer bestimmten historischen Situation keine Rücksicht mehr auf protestantische Bündnispartner nahm[55]. Es spricht viel

---

[51] Anders als ältere Literatur wie Immich sieht die deutsche Geschichtswissenschaft, daß das Staatensystem sich im 17. Jh. nicht ändert, sondern erst zu formieren beginnt. Vgl. zum Beispiel das Vorwort zu *Johannes Kunisch* (Hrsg.), Expansion und Gleichgewicht (ZHF, Beiheft 2), Berlin 1986.

[52] Vgl. dazu demnächst meine ausführlicheren Überlegungen in *Burkhardt,* Dreißigjähriger Krieg (Anm. 24).

[53] So *Antoine Aubery,* Des justes prétentions du Roi sur l'Empire 1667, nach *Duchhardt,* Protestantisches Kaisertum (Anm. 3), 221.

[54] Ebenso entschieden wie falsch andere Lesarten abwehrend, zum Beispiel: "Observer like the prince of Orange, for whom the measure was inspired by the political calculation that it would bind to France all other Catholic interests in Europe, and so destroy any chance of organising a new coalition against Louis were almost certainly wrong". *John Stoye,* Europe Unfolding 1648 - 1688 (The Fontana History of Europe), London 1969, 366.

[55] Vgl. vor allem 1985 *Duchhardt,* Die Konfessionspolitik Ludwigs XIV. und die Aufhebung des Edikts von Nantes (Anm. 3), der den außenpolitischen Rahmenbedingungen und Perspektiven „ein mindestens gleiches Gewicht" (35) zuerkennt, wenn sie nicht sogar primär gewesen seien. Im Ansatz auch unter Betonung der religiösen Komponente und langen Entwicklung *Jean Orcibal,* Louis XIV et les protestants, Paris 1951 und *ders.,* Louis XIV and the Edikt of Nantes, in: Ragnhild Hatton (Hrsg.), Louis XIV and Absolutism, London 1976, 154 - 176, 160.

dafür, daß der Entschluß dazu gleichsam hinter die innen- wie außenpolitische Alternative zurückging und der „innere Kreuzzug" die Führungsstellung des französischen Königs in der katholischen Christenheit unterstreichen sollte. Richelieus berühmtes Wort über den französischen König als dem größten Monarchen auf Erden war an einen „Ketzersieg", den Fall von La Rochelle, geknüpft gewesen[56]. Die spanischen Pamphletisten haben sich in dem Rangstreit den Hinweis nicht entgehen lassen, daß der „Allerchristlichste König" mit seinen Ketzern nicht so gut fertig werde wie der „Katholische König" mit den seinen. Es ist symptomatisch, wie das Revokationsedikt von 1685 als ein Triumph für das ganze katholische Europa präsentiert wurde[57]. Vielleicht hängt aber auch die auffallend zurückhaltende Reaktion anderer katholischer Mächte und selbst des Papsttums mit der Reserve gegenüber dem damit angemeldeten religiös-politischen Führungsanspruch der französischen Krone zusammen[58].

Auf diese Weise trug aber das religiöse Argument selbst dazu bei, den Konflikt am Leben zu erhalten, den es eigentlich überwinden sollte. Denn die Integration der katholischen Rumpfchristenheit mußte doch sofort die alte Frage nach dem Platz eins in der Christenheit aufwerfen und den habsburgisch-französischen Antagonismus reaktivieren. So haben die ersten Anregungen von dritter Seite, die den französischen König zu einem Bündnis mit dem Kaiser anspornten, zunächst damit argumentiert, daß er dadurch zum „souveränen Protektor der Christenheit" werden würde[59]. Da hätte sich indes der Kaiser unterordnen müssen, so daß die christlich herbeiargumentierte Einheit die alte Rangfrage erst recht aufwarf. Das konfessionelle Argument hatte so gleichsam eine Nebenwirkung, die wenig Erfolgschancen ließ und selbst eher konflikttreibend wirkte. Im Extremfall bestand hier die Gefahr eines Religionskrieges besonderer Art um den innerkatholischen Führungsanspruch.

Der argumentative Ausweg lief darauf hinaus, daß die beiden katholischen Supermächte sich die Welt teilen oder sie eigentlich gemeinsam beherrschen könnten. Schon in der ersten Annäherungsphase spielte eine angebliche Maxime Rudolfs II. eine förderliche Rolle, nach der Kaiser und König vereint zu gemeinsamen Schiedsrichtern der Christenheit berufen seien – „les arbitres de la Chréstienté unis ensemble"[60]. Die Zwietracht bei-

---

[56] Vgl. *Hermann Weber,* Die Hugenottenfrage zur Zeit Ludwigs XIII., in: Heinz Duchhardt (Hrsg.), Der Exodus der Hugenotten, Köln/Wien 1985, 9 - 28, 24: „le plus puissant monarque du monde et le prince le plus estimé". Vgl. 22.

[57] Vgl. *Ernest Lavisse,* Louis XIV, Paris 1978, Bd. I, 484.

[58] Zum Faktum der Zurückhaltung vgl. *André Latreille,* La Révocation de l'édit de Nantes vue par les nonces d'Innocent XI, in: Bulletin de la Societé de l'Histoire du Protestantisme Français 103 (1957), 231.

[59] Fürstenberg 1687 bei *Braubach,* Versailles (Anm. 16), 13.

[60] Grémonville an Ludwig XIV., 22. Januar 1668 als Wiener Diktum, *Mignet* (Anm. 19), Bd. 2, 438f.

der Häuser nütze nur den anderen Mächten, schrieb etwa Villars, während die Union alle unter ihre Autorität beugen würde[61]. Das dominium mundi erscheint hier gleichsam halbiert; aus dem Universaldominat wird ein Universal-Kondominat. Der „Eifer für die Religion und das berechtigte Verlangen, den alten Vorrang über die anderen Mächte zu bewahren" nämlich zwinge „die beiden bedeutendsten Häuser Europas" zur Zusammenarbeit[62]. Das richtete sich vor allem gegen die protestantischen Seemächte, die „den wahren Göttern der Erde die Gesetze vorschreiben wollen"[63]. Ein solches Universalkondominat zur Verhinderung des Aufkommens dritter Mächte wäre aber doch, wenn es denn überhaupt realisierbar gewesen wäre, keine staatensystemverträgliche Lösung gewesen, sondern hätte eher retardierend gewirkt. Einen Schritt in die richtige Richtung zu einer friedlicheren Welt des staatlichen Nebeneinanders kann man darin jedenfalls kaum sehen.

Das andere Problem lag auf der Hand: die konfessionelle Integration brauchte auch das konfessionelle Feindbild. In der zitierten Sorge vor einer Götterdämmerung der katholischen Universalmächte hatte sich das Ressentiment gegenüber den protestantischen Mächten schon gemeldet. Wenn es in der zentralen französischen Instruktion die „Interessen der Religion" waren, die mehr als alles andere den König und den Kaiser „gegen deren Feinde innerhalb und außerhalb des Reiches" verbinden sollten, dann waren damit auch diese Feinde nicht politisch, sondern primär konfessionell definiert. Selbst von Ketzern und Häretikern ist in politisch-diplomatischen Zusammenhängen die Rede; der ältere Kaunitz meinte in der Wiener Konferenz, eines Tages werde man sich doch gegen sie mit Frankreich verbünden müssen. Bei den geistlichen Ratgebern und Vermittlern fielen die Empfehlungen oft noch drastischer und offensiver aus. „Der König hat die Häresie aus seinen Landen verjagt", meinte der Bischof von Passau im Hinblick auf das Vorgehen Ludwigs XIV. gegen die Hugenotten, „warum könnten wir uns nicht verständigen, um sie auch anderswo zu schwächen?"[64]. Daß nach dem Spanischen Erbfolgekrieg „die alte Jalousie der Präpotenz nun nicht mehr stattfindet, sondern pro bono religionis die Katholizität zusammenstehen muß, um die Präpotenz der acatholicorum zu schwächen", lautet ein Diskussionsbeitrag aus Kurköln dazu[65], der sich zwischen den Sprachen nicht recht entscheiden kann, umso deutlicher aber zwischen den Konfes-

---

[61] *Braubach,* Versailles (Anm. 16), 83.

[62] Denkschrift für Kardinal Trémoille, 26. März 1707 bei *Braubach,* Versailles (Anm. 16), 27.

[63] *Braubach,* Versailles (Anm. 16), 83.

[64] Nach einem Bericht von Villars am 4. November 1699, deutsch zitiert von *Braubach,* Versailles (Anm. 16), 22.

[65] Joseph Clemens an Karg, 13. März 1714, bei *Max Braubach,* Joseph Clemens von Köln als Vermittler zwischen Versailles und Wien, in: Annalen des historischen Vereins für den Niederrhein 146/147 (1948), 232f., auch in: ders., Diplomatie und geistiges Leben im 17. und 18. Jh. Gesammelte Abhandlungen, Bonn 1969, 289 - 300.

sionsparteien. Für die Teilnahme an einem solchen konfessionellen Kampfbund gab es auch weitere Kandidaten; schon des längeren warb die französische Diplomatie mit den gefährlichen Plänen der protestantischen Fürsten – „a s'opposer aux pernicieux desseins des princes protestants“ – in Bayern um Anschluß[66].

Auf der konfessionellen Gegenseite wuchs denn auch seit 1685 die Furcht, daß Ludwig XIV. Europa nicht nur eine Universalmonarchie, sondern eine Universalreligion mit Waffengewalt auferlegen wolle[67]. Das war wohl gar nicht so weit von den Wunschvorstellungen entfernt, die tatsächlich gehegt wurden. „Le rêve français d'une nouvelle Europe catholique?“, überschrieb Charles Boutant treffend Beobachtungen zu entsprechenden Blockbildungsideen, und das Beispiel Friedrichs des Großen hat später bewiesen, einen wie starken Handlungsanreiz „Politische Träumereien“ bieten können[68]. Entsprechend stark war auch umgekehrt der zugleich antikatholische und antifranzösische Affekt in England, und zwar in Presse, Parlament, Diplomatie, wie im fortan protestantisch dienstverpflichteten Königshaus. Wenn Ragnhild Hatton den ersten englischen König aus dem Hause Hannover als einen aufgeschlossenen frühaufgeklärten Monarchen zeichnete, so hat Jeremy Black dazu mit freundlicher Ironie angemerkt, das Portrait Georgs I. bedürfe noch der Ergänzung um den protestantischen Kreuzfahrer. Denn auch in diesem Umkreis wurden konfessionelle Unionspläne geschmiedet, und trotz eines gewissen außenpolitischen Pragmatismus galt doch im 18. Jahrhundert: „Anti-Catholicism was a major part of British political culture and ideology“[69].

Es ist klar, worauf das hinauslief. Neben der dynastischen Konfrontation der konkurrierenden Universalmächte stand eine konfessionelle Lagerbildung der europäischen Staaten zur Debatte. Das konfessionelle Argument konnte zwar zwischen Wien und Versailles Annäherungen erleichtern und so in innerkatholischer Begrenzung dem Frieden dienen. Zu einer Entspannung in Europa trug das jedoch kaum bei, denn die Abkehr von den alten Konfrontationen zielte nicht auf die Auflösung der Lager, sondern auf neue Lager, Bündnisse und Konfrontationen, so daß sicherheitspolitisch für die „Ruhe Europas“ in Wahrheit wenig zu gewinnen war. Diese Konsequenz eines konfessionellen Integrationsarguments mit eingebautem Feindbild

---

[66] So 1687/88. Zitiert bei *Boutant,* L'Europe du grand tournant (Anm. 21), 865.

[67] *Ragnhild Hatton,* Louis XIV and his Fellow Monarchs, in: dies. (Hrsg.), Louis XIV and Europe, London 1976, 16 - 59, 43.

[68] *Boutant* (Anm. 21), 863 - 873; vgl. *Erika Bosbach,* Die 'Rêveries Politiques' in Friedrichs des Großen politischem Testament von 1752 (Kölner Historische Abhandlungen, 3), Köln/Graz 1960.

[69] *Jeremy Black,* British Foreign Policy in the Age of Walpole, Edinburgh 1985, 119, 127; vgl. das ganze Kapitel 6: "A Confessional Policy? Religion and British Foreign Policy", 118 - 138.

lassen es für Europa noch weniger friedensdienlich erscheinen als der konfessionalisierte Universalanspruch.

Eher drohte das Argument mit der Konfession noch tiefere Gräben zwischen Staatengruppen aufzuwerfen. Wie weit konnten religiöse Argumente trotz ihres nicht immer wörtlich zu nehmenden funktionalen Charakters bellizistische Energien freisetzen? Ob wohl gelegentlich durchschlagende Religionskriegstendenzen in Teilsegmenten des Pfälzischen Krieges und anderswo, die erste Diskurse um den Begriff des „Religions-Krieges" und Bemühungen, gegen Ludwig XIV. Martin Luther publizistisch ins Feld zu schicken, zu Tage förderten[70], zu großer Form aufgelaufen wären? Hätte Europa mit einem Rückgang hinter die Bündniskonstellation von 1635, mit einer Revision der Intervention Frankreichs in den Dreißigjährigen Krieg auf der konfessionell „falschen" Seite, die sich zur Diskreditierung des großen Religionskrieges als die richtige erwies, um 1715 wieder fertig werden können? Gewißheit kann es hier nicht geben, denn die Probe aufs Exempel hat bis zum Tode Ludwigs XIV. nicht stattgefunden.

IV.

Im Jahre 1718 erschien das erste von zweihundertvierzig Totengesprächen, in denen David Faßmann die Prominenten dieser Welt sich nach ihrem Ableben im Jenseits miteinander unterhalten ließ. Die erste dieser okkulten Begegnungen in Fortsetzungen, eine zugleich antikisierende wie populäre Einkleidung eines frühaufgeklärten Räsonnements über die „Große Politik", fand zwischen Kaiser Leopold I. und Ludwig XIV. statt. Nachdem die Potentaten noch einmal höflich miteinander gestritten, aber einander auch ihre Probleme und Konflikte erläutert hatten, kamen sie einander so nahe, daß schließlich der „liebste Ludwig" dem „wertesten Leopold" versichert, er würde nicht das geringste mehr gegen den Kaiser unternehmen, wenn er „noch einmal in der Welt regieren sollte"[71]. Der versöhnliche Schluß dieses

---

[70] Eine frühe begriffsgeschichtliche Buchung bei *Repgen,* What is a 'Religious War?' (Anm. 39), 323: Discours Von den Religions-Kriegen ins gemein / Und in specie, Ob auch der jetzige einer seye Oder nicht? (Freystadt, 1689). – Luther in *Martin Rabenac:* Christliches Bedencken über die außgeschickten Wär-Wölffe Des Aus einem Aller-Christlichsten in einen Aller-Unchristlichsten verwandelten Franzosen-Königes, Cöln 1689, vgl. *Hans von Zwiedineck-Südenhorst,* Die öffentliche Meinung in Deutschland im Zeitalter Ludwigs XIV. 1650 - 1700. Ein Beitrag zur Kenntnis der deutschen Flugschriften-Litteratur, Stuttgart 1888, Nr. 1689. – Religionskriegerische Schriften gegen den Kaiser bei: *Paul Schmidt,* Deutsche Publizistik in den Jahren 1667 - 1671 in: MIÖG 28 (1907), 577 - 630, 597 ff.

[71] *(David Faßmann),* Gespräche in dem Reiche derer Todten. Erste Entrevue: Zwischen Leopoldus I., Römischer Kaiser und Ludovicus XIV., König in Frankreich, Leipzig 1718, 75. Zur historischen Einordnung vgl. *Fritz Valjavec,* Die Entstehung der politischen Strömungen in Deutschland. Unveränderter Nachdruck der Erstausgabe von 1951. Mit einem Nachwort von Jörn Garber (Athenäum-Droste-Taschenbücher Geschichte), Düsseldorf 1978, 94 f.

frühen historiographischen Vorläufers von Braubach mag am Ende dazu anregen, das dem König als Gedankenspiel einmal zu erlauben. Was wäre geschehen, wenn es Ludwig XIV. zu Lebzeiten gelungen wäre, mit Kaiser Leopold oder einem seiner Nachfolger, Joseph I. oder Karl VI., zu einer Verständigung zu gelangen? Wenn die „Neuorientierung des europäischen Staatensystems" (Braubach) durch das konfessionelle Argument bis 1715 tatsächlich gelungen wäre?

Kontrafaktische Überlegungen sind methodisch problematisch. „Was wäre wenn?" zu fragen, gilt in der Geschichtswissenschaft als nicht schulgerecht, wenngleich hier in letzter Zeit auch bemerkenswerte intellektuelle Lockerungsübungen zu registrieren sind[72]. In einem programmatischen Kontext, in dem neben den Rahmenbedingungen auch die Handlungsspielräume interessieren, liegt es jedenfalls nahe, auch an die möglichen Folgen zu denken, wenn die Entscheidung anders ausgefallen wäre. In diesem Fall wird das der historischen Phantasie dadurch erleichtert, daß die bilaterale Entspannungsutopie doch noch eingelöst wurde, die Verständigung zwischen den beiden Mächten gelang, die diplomatische Revolution sich tatsächlich vollzog – mit einer Phasenverschiebung von 50 Jahren.

Die wenig ermutigende Folge aber war der Siebenjährige Krieg, der schwerste Konflikt der Epoche und noch mehr. Obwohl es sich um eine ganz andere Epoche handelte, eine Zeit, in der schon Lessing schrieb, die französische Enzyklopädie erschien und Aufklärung angesagt war, geschah 1756 noch Erstaunliches[73]: Versailles und Wien nutzten zur Anbahnung und zum Ausbau ihres Bündnisses wiederum das konfessionelle Argument. Viele Reichsstände, die sich plötzlich zwischen dem neuen französisch-österreichischen oder englisch-preußischen Block entscheiden mußten, orientierten sich an der Konfession. Die päpstliche Diplomatie nahm engagiert für die „katholischen Waffen" Partei, auch wenn sie außer ideologischer Schützenhilfe nur noch kleine Hilfsdienste leisten konnte, ja sie erhoffte sich eine Wiederaufnahme der Gegenreformation. Eine Gruppe katholischer Aktivisten plante bei einem österreichisch-französischen Sieg das seit dem Westfälischen Frieden gültige Reichskonfessionsrecht auszuhebeln, so daß der namhafteste Reichsrechtler Johann Jacob Moser meinte, nur die Tatsache, daß keine Religionspartei den Krieg gewann, habe den Umsturz der ganzen Reichsverfassung verhindert. Auf der Gegenseite aber war zur Propagierung

---

[72] Vgl. *Peter Burg,* Die Funktion kontrafaktischer Urteile am Beispiel der Bauernkriegsbewegung, in: GWU 34 (1983), 768 - 779. Zu bedenken wären danach wohl hier kontrafaktische Urteile des Typs 2 zur „Ermittlung des Spielraums für geschichtliches Handeln" und vor allem des Typs 3 zur „Ermittlung der Folgen einer nicht realisierten Möglichkeit" (777). Meine Überlegungen sind wohl eher ein – so streng nicht gemeintes – Spiel mit der Entwicklungsperspektive.

[73] Zum folgenden siehe den Nachweis *Johannes Burkhardt,* Abschied vom Religionskrieg. Der Siebenjährige Krieg und die päpstliche Diplomatie, Tübingen 1985 (Bibliothek des Deutschen Historischen Instituts in Rom, 61), 487.

des außenpolitischen Bündniswechsels das konfessionelle Argument das meistgebrauchte überhaupt gewesen, und die englische Publizistik nahm nun die Gelegenheit wahr, Friedrich den Großen zum protestantischen Helden gegen den „Papismus" aufzubauen[74]. In Preußen selbst ging man mit Plänen für einen evangelischen Fürstenbund und Säkularisationen um, während die preußische Propaganda derweil – überzogen, aber nicht ganz grundlos – den Gegnern unterstellte, einen Religionskrieg zu führen.

All das war das Ergebnis eines europäischen Bündniswechsels, der mit dem habsburgisch-französischen Kernbündnis die politischen Fronten weitgehend mit den konfessionellen zur Übereinstimmung brachte – die katholischen Alliierten hatten noch auf einige nichtkatholische Reichsstände und Hilfsmächte Rücksicht zu nehmen, trafen aber nicht mehr auf katholische Gegner. Wenn so dieser Krieg in der zweiten Jahrhunderthälfte, in der die Geltung des konfessionellen Arguments weit herabgesetzt war, einen nicht mehr zentralen, aber einen auch nicht zu unterschätzenden Religionskriegsaspekt auf Grund der Bündniskonstellation erhielt, dann kann man ermessen, was wohl geschehen wäre, wenn die Entspannung zwischen Wien und Versailles schon im Zeitalter Ludwigs XIV. gelungen wäre – in einer Zeit, in der die Gegenreformation gerade erst auslief, das Papsttum noch etwas galt, das Staatensystem sich erst emanzipierte, die protestantische Thronfolge in England noch reversibel erschien, das Reichskonfessionsrecht gerade seine letzten großen Bewährungsproben zu bestehen hatte, kurz: Konfession noch ein politisch weit wichtigeres Argument war. Die Nichtübereinstimmung politischer und konfessioneller Lagerbildung, ein nicht unbeträchtlicher Rest von Disfunktionalität und mehrdimensionalen Loyalitäten, hat bellizistische Konfliktbündelungen, die bis zum Religionskrieg gehen konnten, in der Außenpolitik erschwert und beschränkt, wie auch umgekehrt die Religion die Verabsolutierung politischer Konfrontationen relativieren konnte. In der gegebenen historischen Situation aber erhielt so der habsburgisch-bourbonische Gegensatz auch eine präventive Funktion: Wenn sich das ludovizianische Zeitalter so wenig ein Ruhmesblatt in der Geschichte des Friedens erworben hat wie in der Geschichte der religiösen Toleranz, so hat doch gerade der nicht überwundene Antagonismus zwischen Versailles und Wien der Zeit den großen Religionskrieg erspart.

---

[74] Vgl. *Manfred Schlenke*, England und das friderizianische Preußen 1740 - 1763, München 1963, 198 - 235.

Verzeichnis der Mitarbeiter

Prof. Dr. *Johannes Burkhardt,* Katholische Universität, Ostenstraße 26, 8078 Eichstätt

Prof. Dr. *Heinz Duchhardt,* Historisches Seminar der Westfälischen Wilhelms-Universität, Domplatz 20 - 22, 4400 Münster/W.

Prof. Dr. *Johannes Kunisch,* Historisches Seminar der Universität zu Köln, Albertus-Magnus-Platz, 5000 Köln 41

Prof. Dr. *Klaus Malettke,* Seminar für Neuere Geschichte der Philipps-Universität, Wilhelm-Röpke-Straße 6 C VIII, 3550 Marburg/L.

Prof. Dr. *Marie-Luise Recker,* Historisches Seminar der Johann Wolfgang Goethe-Universität, Gräfstraße 76, 6000 Frankfurt/M. 1

Prof. Dr. *Bernhard Sicken,* Historisches Seminar der Westfälischen Wilhelms-Universität, Domplatz 20 - 22, 4400 Münster/W.